MW01143282

Civilisation Française Quotidienne

Michel Paoletti
Ross Steele

NOUVELLE ÉDITION

HATIER / Didier

Imprimé en France

ISBN 2-278-07393-1

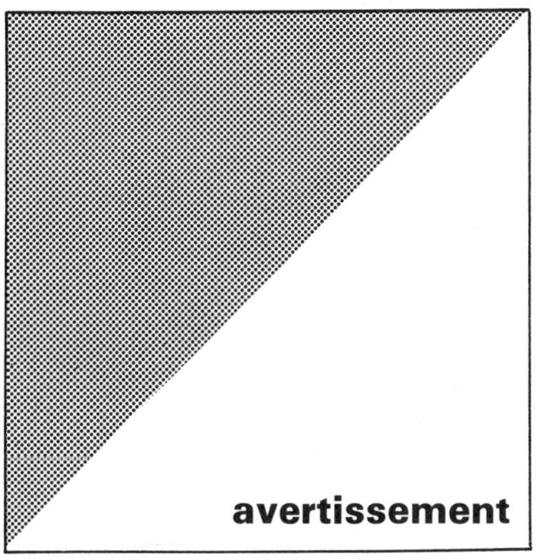

Il n'est plus nécessaire aujourd'hui de rappeler à quel point l'enseignement de la langue est inséparable de la réalité sociale à laquelle cette langue s'applique. Les manuels de civilisation se sont multipliés pour répondre à la place prise par celle-ci dans les programmes. « Civilisation française quotidienne » s'efforce de ne pas succomber aux mythes et aux modes, et de donner une image complète et authentique de la France d'aujourd'hui à partir de textes d'origines variées et de niveaux divers, allant de la langue parlée à la langue littéraire.
Il bénéficie de l'apport inappréciable du professeur Ross Steele qui enseigne, à l'Université de Sydney en Australie, la langue et la civilisation française et est l'auteur de nombreux ouvrages de civilisation. M. Ross Steele a bien voulu accepter d'apporter sa contribution à ce nouveau livre, pour lequel son regard, de l'extérieur, sur notre société, m'a permis de corriger des conceptions souvent trop nationales.
L'analyse de la vie quotidienne permet de faire apparaître plus fortement un des thèmes qu'on retrouve dans de nombreux chapitres du livre, celui du changement. Toutes les sociétés changent, mais les modifications qu'a connues la société française depuis la fin de la Seconde Guerre mondiale ont été particulièrement importantes. La structure de la société, les institutions, les catégories sociales, les modes de vie, n'ont en effet plus grand-chose de commun avec ceux de la société bourgeoise et paysanne de la IIIe République. On pourrait décrire cette évolution en disant que le paysan s'est transformé en agriculteur et que le bourgeois a été remplacé par le « cadre ». Bien sûr, des attitudes et des comportements traditionnels subsistent encore. Ils sont en harmonie parfois, en conflit le plus souvent, avec la société nouvelle. On les découvrira à travers les différents chapitres de ce livre qui ne cherche pas à cacher les contradictions, les tensions mêmes, provoquées par les changements profonds à l'intérieur de la société française. Une des manières d'utiliser cet ouvrage serait d'ailleurs d'examiner les contradictions de la société d'une manière systématique.
Les documents visuels permettent de présenter les images qui font partie du paysage familier des Français dans leur vie quotidienne. C'est ainsi qu'on trouvera dans « Civilisation française quotidienne » des reproductions de publicités, petites annonces, dessins et bandes dessinées... Comme les textes, ces documents doivent être analysés et discutés. Le livre est complété par une collection de diapositives dont l'orientation est d'être aussi proche que possible d'un reportage. Il espère constituer le noyau autour duquel un ensemble de documents sur la vie des Français d'aujourd'hui peuvent se coordonner et nous l'avons donc voulu aussi complet, solide et vrai que possible.

M. Paoletti.

P.S. : Je souhaiterais très vivement recevoir des remarques des utilisateurs qui peuvent m'écrire c/o Hatier - 8, rue d'Assas - 75006 PARIS

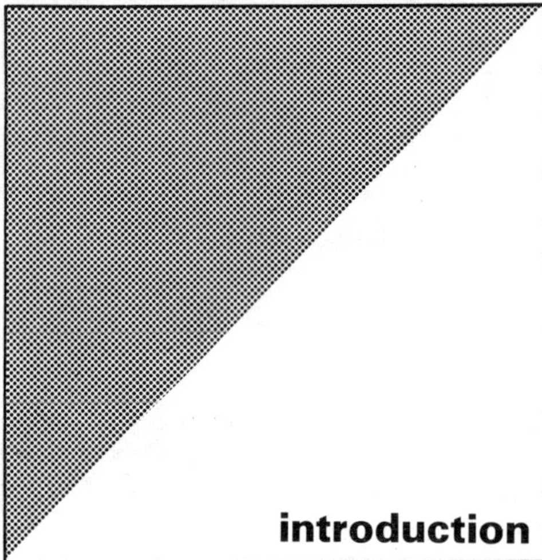

introduction

Cette nouvelle édition de « Civilisation Française Quotidienne » est différente, mais pourtant familière à ceux qui connaissent les deux précédentes éditions. On reconnaîtra dans le contenu, la forme et l'approche auxquelles on était accoutumé, mais de nombreux changements ont été apportés aux textes et documents. Ceux-ci n'ont pas été changés en fonction de leur date de parution, mais en fonction de leur pertinence conservée ou perdue.
Certains chapitres ont subi des modifications plus importantes que d'autres : c'est le cas de « la famille » et de « l'enseignement », deux thèmes où se révèlent particulièrement les affrontements entre la nécessaire transmission de connaissances et de valeurs, et la non moins nécessaire adaptation de la société aux besoins nouveaux. On notera d'une manière générale, la présence plus forte de résultats d'enquêtes sur les attitudes et les comportements des Français, l'augmentation du nombre de textes sur les jeunes, sur les femmes, et l'introduction de textes et documents sur des sujets importants ou révélateurs de l'évolution de la France, comme l'entrée de l'ordinateur dans la vie quotidienne, le débat sur l'histoire, les débuts de la décentralisation.
On rappelle que le manuel est composé de 13 chapitres réunissant des textes et documents authentiques avec des commentaires des auteurs autour des thèmes suivants :

1. La famille.
2. A la maison.
3. La cuisine et la gastronomie.
4. Les courses et la consommation.
5. Les loisirs et les vacances.
6. L'environnement quotidien.
7. Activités professionnelles et groupes sociaux.
8. Le pouvoir à l'intérieur de l'entreprise.
9. L'activité économique.
10. Le citoyen et le pouvoir politique.
11. L'enseignement.
12. L'information.
13. La vie intellectuelle et culturelle.

On pourrait classer les chapitres 1 à 7 dans la catégorie « Vie sociale », les chapitres 8 et 9 dans la catégorie « Vie économique », le chapitre 10 dans la catégorie « Vie politique », les chapitres 11 à 13 dans la catégorie « Vie culturelle », pour retrouver un classement traditionnel. Cependant ce classement rigide serait trompeur. Par exemple : dans les chapitres 2, « A la maison », 4, « Les courses et la consommation », se trouvent des éléments importants de la vie économique. De même, les annonces publicitaires qui illustrent différents chapitres font partie de la vie culturelle.
Pour chaque chapitre, on retrouvera un appareil pédagogique présenté de la manière suivante :
• une courte introduction reprenant les thèmes généraux du chapitre ;
• pour tous les textes et documents, une explication des connotations culturelles d'abord (en majuscules), et des mots difficiles ensuite (en minuscules) ;
• des exercices pour certains textes et documents, qui permettent une étude de langue dans un contexte précis de civilisation ;
• des exercices sur l'ensemble du chapitre.

Pour rendre plus aisée et plus complète l'utilisation du livre, nous avons établi un **tableau de lecture « transversale »** des chapitres ; ce tableau n'est pas exhaustif et bien d'autres thèmes transversaux peuvent être imaginés, mais il permet de montrer qu'il existe des voies différentes de la lecture chapitre par chapitre de ce livre. Ce tableau se trouve à la page 8.
Enfin, dans l'appareil pédagogique qui accompagne chaque chapitre, nous proposons trois nouveaux jeux destinés à encourager les étudiants à approfondir les connaissances qu'ils ont acquises.

Le jeu des preuves a été conçu pour donner aux étudiants l'occasion de vérifier leur compréhension du chapitre.

Le jeu de l'interview a comme objectif de sensibiliser les étudiants aux attitudes et aux moyens d'expression des différentes générations et catégories socioprofessionnelles.

Le jeu interculturel : *vive les différences !* invite les étudiants à chercher les raisons des différences socioculturelles qui séparent leur société de la société française dans le système des valeurs propre à chaque société.

Selon la manière dont on l'utilisera, ce manuel pourra se prêter à des cours d'un semestre ou d'une année entière.

Les auteurs.

RÈGLES DES JEUX

LE JEU DES PREUVES

Vous devez répondre à chaque question en justifiant votre réponse par un exemple précis. Il se peut que d'autres participants au cours donnent une réponse ou des exemples différents.

Discutez alors ensemble afin de proposer une réponse qui présente la diversité des opinions et explique les raisons de cette diversité. Il est bien entendu permis d'utiliser les documents supplémentaires que vous (ou le professeur) aurez apportés en classe. Ces documents peuvent inclure des sondages faits à des époques différentes pour montrer une évolution de comportements et d'attitudes, des publicités, des interviews avec des francophones enregistrées sur cassette sonore ou sur bande vidéo et des résumés d'émissions télévisées.

LE JEU DE L'INTERVIEW

Vous êtes journaliste francophone.

Après avoir lu le(s) texte(s) indiqué(s), vous interviewez un(e) autre étudiant(e) qui joue un des rôles indiqués, ou vous imaginerez une interview avec une personne de votre choix qui illustre un des thèmes du chapitre.

Quelques conseils

1. Précisez bien le public qui va écouter ou lire votre interview, et l'organisme pour lequel vous travaillez : une station de radio ou de télévision, un journal (populaire, spécialisé) ou la partie du journal dont vous êtes responsable (informations générales, économiques, sportives, culturelles...), un magazine (populaire, humoristique, féminin, pour jeunes...).

2. Préparez une fiche d'identité socio-culturelle de la personne (ou des personnes) que vous interviewez : sexe, âge, milieu social, éducation, situation professionnelle, relations sociales, passe-temps, goûts culturels.

3. N'oubliez pas d'adapter la langue de l'interview à la situation sociale et à la personnalité des personnes qui parlent. Par exemple Martine-Anaïs (p. 23) utilise les expressions familières des jeunes de son âge alors que sa mère et sa grand-mère parleraient une langue plus « correcte », typique des personnes de leur génération et de leur milieu.

4. Le succès de l'interview dépendra en grande partie des questions que vous poserez. Il est souhaitable donc d'écrire à l'avance les premières questions pour que l'interview commence bien.

LE JEU INTERCULTUREL : VIVE LES DIFFÉRENCES !

Vous improvisez une discussion avec des francophones sur un des thèmes du chapitre. Vous présentez votre point de vue dans le contexte des comportements et des attitudes de votre communauté, région ou pays.

Les personnes qui jouent le rôle des francophones expliquent les différences et les contrastes relatifs à leur communauté, région ou pays. Ensuite vous cherchez ensemble les raisons de ces différences. Ceci doit vous amener à analyser les images folkloriques et les stéréotypes qui constituent généralement des obstacles à la connaissance réelle d'une société étrangère.

Pour illustrer une des approches possibles à la discussion interculturelle, nous proposons l'interview suivante qui évoque des comparaisons entre les valeurs de deux sociétés. Française, professeur aux États-Unis où elle habitait depuis treize ans, Michèle Sarde a donné une interview à *Jacinte* au moment de la publication de son livre, *Regard sur les Françaises*.

Interview de Michèle Sarde

Jacinte : Votre nationalité française en Amérique où vous êtes professeur est-elle un charme ou un handicap?

Michèle Sarde : A la fois un charme et un handicap. Un charme, parce que les Américains considèrent *a priori* la Française comme une femme séduisante, coquette, agréable. Un handicap, parce que tout le monde vous trouve aussitôt *charming*, le mot est ironique et un peu méprisant. De manière générale, l'accent français plaît. Ce qui est moins agréable, c'est d'être enfermée dans des stéréotypes.

Jacinte : Quel est pour l'étranger le stéréotype de la Française?

La Française est la superfemme. Elle résume tous les clichés prononcés sur les femmes en général : faiblesse, coquetterie, veulerie, trahison... elle résume toute une série d'aliénations!

Jacinte : Pauvre Française... Mais croyez-vous à la particularité de la Française par rapport aux autres femmes occidentales, allemande, italienne, suédoise ou espagnole?

Je crois en l'individu. Mais je crois aussi dans les déterminations culturelles. Dans les comportements, les attitudes, les mentalités, les rapports avec les hommes, les rapports au monde ou professionnels, il y a une façon de se comporter qui est assez typiquement française. L'individu échappe rarement à ces déterminations culturelles. Mais le plus souvent il n'en a pas conscience. Il faut avoir vécu dans deux cultures, dans deux pays différents, pour que les différences profondes et typiques des sociétés vous apparaissent. Moi-même je n'ai pris conscience de ma différence, ou de ma particularité de Française, que parce que j'étais jetée dans un milieu différent, l'Amérique.

Jacinte : Pour une Française, l'Amérique c'est l'Eldorado, l'aventure, la liberté?...

Il y a en France une mythologie de l'Amérique, qui n'est pas toujours vraie. C'est la mythologie de l'Ouest, de la Californie, de San Francisco. Mais la vie américaine, c'est aussi le Middle West, et les villes comme Cincinnati ou Minneapolis, où des femmes qui ne travaillent pas peuvent mourir d'ennui. Je crois qu'il manque à l'Amérique deux choses : l'art de vivre et les relations humaines. Pour l'art de vivre, rien ne vaut l'Europe. L'Amérique vaut par l'efficacité, le professionnalisme. Quant aux relations humaines, elles sont très différentes là-bas et décevantes pour les Européens : un des grands principes de la vie américaine est la mobilité, et par conséquent un des grands principes de l'éducation américaine est « ne pas s'attacher ». Ne pas s'attacher à ses amis est là-bas presque un principe de vie.

Jacinte, janvier 1984.

Dans une discussion interculturelle il faudrait que des représentant(e)s des deux sociétés donnent leur point de vue pour permettre des échanges d'opinions plus enrichissants. La Française interviewée trouve le mot *charming* « ironique et un peu méprisant ». Un(e) Américain(e) pourrait expliquer que dans son système de valeurs sociales ce mot exprime une appréciation sincère d'une qualité individuelle. La Française trouve que l'art de vivre manque à l'Amérique. Un(e) Américain(e) pourrait montrer qu'il existe un art de vivre américain basé sur d'autres principes qui sont peut-être aussi valables. La discussion est ainsi ouverte pour chercher l'origine des attitudes dans le système des valeurs culturelles de chaque société dans le but de comprendre et de respecter les différences ainsi révélées. C'est pourquoi nous appelons ce *jeu interculturel* : VIVE LES DIFFÉRENCES !

Pour donner au *jeu interculturel* un contexte plus précis et plus vivant, nous proposons que les Francophones avec qui vous dialoguez soient les familles et les étudiants présentés dans les diapositives « Civilisation Française Quotidienne ». Ces familles représentent des catégories socio-économiques différentes et donc une diversité d'attitudes et de modes de vie.

La famille d'un agriculteur : Jean-Pierre et Yvette Auclair (34 ans). Ils ont deux fils âgés de 10 et 8 ans et deux filles de 6 et 3 ans.

La famille d'un cadre : Dominique et Marie-Hélène Fontaine (36 ans). Ils ont deux fils âgés de 10 et 8 ans et une fille de 2 ans. Dominique travaille comme directeur financier dans une petite entreprise du secteur aéronautique.

La famille d'un ouvrier : Olivier et Jacqueline Vincent (37 ans). Ils ont deux fils âgés de 11 et 9 ans et deux filles de 12 et 10 ans. Deux des enfants sont adoptés. Olivier est ouvrier qualifié dans une entreprise de menuiserie.

La famille d'un professeur : Maurice et Geneviève Sautet (37 ans). Ils ont trois filles : Colette (12 ans), Florence (9 ans) et Nicole (5 ans). Maurice est professeur de lycée et Geneviève est documentaliste.

Les étudiants expriment les préoccupations des jeunes :
Philippe (20 ans) étudiant en sciences ;
Marie-Jeanne (19 ans) étudiante en lettres ;
Mohammed (22 ans), Tunisien et Véronique (20 ans), Française, étudiants à l'École des Beaux-Arts.

Les diapositives montrent la vie quotidienne de ces personnes. Vous pourriez également imaginer d'autres membres de la famille (grands-parents, cousins...) ainsi que des amis ou des voisins.

Il s'agit, dans le *Jeu interculturel*, de choisir parmi les familles ou les étudiants, la ou les personnes avec qui vous allez échanger des informations et des opinions sur votre société et la leur, en tenant compte des différences socio-économiques. C'est ainsi que de chapitre en chapitre, le comportement et les attitudes de ces personnes seront développés et que les conversations qu'ils auront avec vous seront de plus en plus vivantes et riches en détails socio-culturels.

POUR UNE LECTURE TRANSVERSALE (EXEMPLES)

Comme cela a été indiqué dans l'introduction, « civilisation française quotidienne » peut se lire et s'utiliser dans l'ordre des chapitres, mais on peut aussi en recomposer les éléments dans un ordre différent, ou encore sélectionner ces derniers en fonction de thèmes privilégiés. On peut par exemple vouloir relever certains des blocages de la société française, ou au contraire mettre en valeur l'effort de transformation auquel elle a été soumise; on peut rechercher les contradictions entre les tendances à l'ouverture sur le monde et celles au repli ; on peut s'intéresser aux caractéristiques des français en général ou des différents groupes socioprofessionnels... Bref, il est indispensable de ne pas considérer que « civilisation française quotidienne » est monolithique et s'impose tel qu'il est présenté.

Afin de faciliter cette souplesse d'utilisation, on trouvera ci-dessous, pour quatre approches thématiques différentes de la société française, retenues comme exemples, la liste des textes (ou illustrations, le cas échéant) qui, chapitre par chapitre, peuvent apporter un éclairage à chacun des thèmes :

1. **Les attitudes.**
2. **Les traditions.**
3. **Les changements sociaux.**
4. **Les changements économiques et politiques.**

1. LES ATTITUDES

Chapitre 1

« le rôle des parents », p. 13
« âme en peine », p. 15
« les images actuelles de la femme », p. 16
« les Françaises entre la famille et le travail », p. 19
« trop de travail, c'est la raison n° 1 de la dénatalité », p. 21
« les attitudes des jeunes », p. 21
« divorce », p. 25

Chapitre 4

« les jeunes et la consommation », p. 72

Chapitre 5

« un sondage Paris-Match-Ifres », p. 92

Chapitre 6

« avant tout, je suis paysan », p. 98
« vivre en banlieue plutôt que dans le centre-ville » (sondage), p. 103
« moins de complexes à Brest », p. 112

Chapitre 7

« l'accès aux responsabilités », p. 121
« ceux qui paient la crise », p. 123
« les Français jugent les professions libérales », p. 123
« un ouvrier juge son travail », p. 126
« les espoirs de Mai », p. 126

Chapitre 11

« opinions d'élèves de grandes écoles », p. 200
« école privée, école publique », p. 202
« les élèves et l'école », p. 202

Chapitre 13

« la place de l'intellectuel dans la société », p. 228
« le nouvellisme », p. 229
« les Français et la culture », p. 231
« qui va au cinéma ? », p. 242

2. LES TRADITIONS

3. LES CHANGEMENTS SOCIAUX

4. LES CHANGEMENTS ÉCONOMIQUES ET POLITIQUES

Chapitre 2

« Télématique : le petit écran miracle », p. 41

Chapitre 3

« le succès des fast-food », p. 52

Chapitre 4

« la carte à puce », p. 69
« l'équipement des ménages » (tableau), p. 70
« comment vivrons-nous demain ? », p. 73

Chapitre 5

« la France bon marché », p. 81

Chapitre 6

« la Défense », p. 109

Chapitre 8

« un chef d'entreprise moyenne », p. 138
« un conflit dans l'entreprise », p. 141
« licenciements aux cycles Peugeot », p. 143
« le contrôle de l'État sur l'économie
après les nationalisations » (graphique), p. 148

Chapitre 9

« la disparition des paysans », p. 155
« T.G.V. », p. 158
« Airbus », p. 158
« Ariane/Spacelab », p. 158
« allocution du ministre du Commerce Extérieur », p. 163
« un entretien avec le vice-président
de la commission de Bruxelles... »., p. 165

Chapitre 10

« les Français n'aiment pas l'État,
mais ils en attendent tout », p. 170
« les vœux du Président de la République », p. 176
« la décentralisation en marche », p. 178

Chapitre 13

« le nouvellisme », p. 229

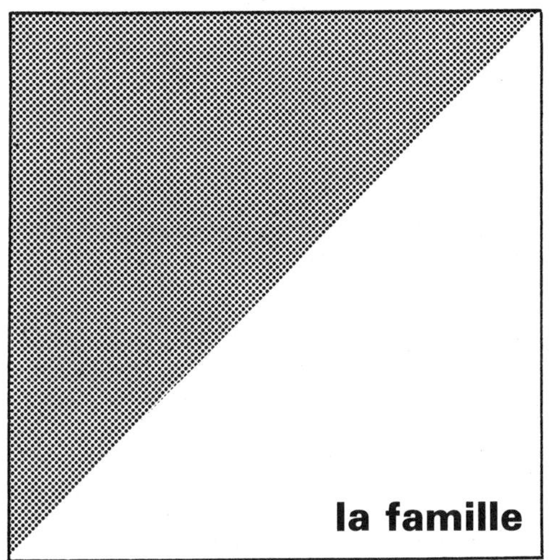

la famille

La famille est le premier contact de l'enfant avec le monde extérieur. Elle est étroitement liée à la culture et à la vie économique, sociale et politique d'un pays.

Certains gouvernements ont même voulu en faire l'élément essentiel de la société. Par exemple, de 1940 à 1944, la devise de l'État français était : « Travail, Famille, Patrie ». Pour mieux comprendre cette devise, il faut se souvenir qu'à l'époque, le tiers des Français était des paysans, et que la France vivait « à l'heure de son clocher ».

Autour du clocher du village, en effet, les maisons abritaient des familles rurales de génération en génération, sans que rien ne donne l'impression de changer. Et pourtant la société a changé. Les familles paysannes patriarcales, où plusieurs générations réunies sous le mêmc toit cohabitaient sous l'autorité de l'aïeul, ont presque disparu aujourd'hui.

Ce n'est pas que la famille soit menacée. Elle a même résisté à la perte de la plus grande partie de sa fonction économique : les familles bourgeoises ont moins de biens à transmettre à leurs enfants ; les familles d'agriculteurs et d'ouvriers n'ont plus besoin pour survivre que chaque enfant travaille dès l'adolescence. Quant aux vieilles familles de la noblesse, elles ont un intérêt surtout historique.

La famille continue donc de jouer un rôle important. On le voit dans la presse, où il y a souvent des articles et des sondages sur la famille.

LA FAMILLE D'AUJOURD'HUI

l'évolution de la famille

« La famille est le lieu du bonheur » (Valéry Giscard d'Estaing). « Familles, je vous hais ! » (André Gide). Qui a tort, qui a raison ? De toutes les institutions — État, armée, Église, Université — la famille est celle qui a le mieux résisté aux contestations. Peut-être parce qu'elle reste, malgré sa faiblesse numérique et ses éclatements, la cellule de base, quasi naturelle, de la société.

Personne, en tout cas, n'y échappe. Même les célibataires qui, s'ils ne fondent une famille, sont issus d'une famille. Mais, flattée par les uns, honnie par les autres, la famille ne sait plus très bien, dans les sociétés occidentales, quelle est sa mission et quel peut être son avenir.

Les secousses ne lui auront pas été épargnées. Citons-en quelques-unes. D'abord le nombre de ses membres diminue. La grande fratrie est une rareté. Les enfants d'un même couple aujourd'hui se comptent sur... les deux ou trois premiers doigts d'une main.

Ensuite les liens se sont distendus entre les générations. Jadis pouvaient cohabiter trois générations (des grands-parents aux petits-enfants). Désormais, c'est un exploit ou une plaie.

La famille a perdu son unité géographique. L'urbanisation, la mobilité des travailleurs à la recherche d'un emploi, ont dispersé les cellules familiales dans le tissu social et territorial. On s'écrit parfois, on se téléphone, mais la fréquence des échanges, globalement, s'est amenuisée.

Autre élément de « déstabilisation » de la famille : le travail des femmes. Non que celles-ci soient plus nombreuses à travailler, mais celles d'aujourd'hui le font loin de leur maison, donc de leurs enfants. A quoi s'ajoute le fait que la prise en charge de plus en plus précoce par la collectivité non seulement de l'instruction, mais de l'éducation et même de « l'élevage » des jeunes (crèches, halte-garderies, nourrices), contribue à faire éclater — pendant une grande partie de la journée — la cellule familiale.

L'unité familiale demeure cependant, comme l'attestent la fréquence des retrouvailles, les visites et le type de vacances ou de loisir choisis, mais c'est une unité potentielle. Elle ne devient réelle que pour les heures d'inoccupation, de la contemplation de la télévision au « farniente » balnéaire. Jadis unité de reproduction, d'éducation, d'apprentissage du métier (d'agriculteur), la famille a perdu une grande partie de ces pouvoirs et paraît souvent le lieu de la consommation et de l'affectivité.

Faut-il redouter cette évolution ? Certains spécialistes disent que, par ces temps de crise, il existe une tendance au repli sur la famille comme si la crainte du lendemain faisait se recroqueviller les plus hardis.

Bruno Frappat, *Le Monde*, Dossiers et Documents, février 1980.

Qu'est-ce donc que la famille ? Est-ce « le père, la mère et les enfants » ou « toutes les personnes d'un même sang » comme le dit le dictionnaire Larousse ?

Les Français d'aujourd'hui parlent de la famille dès qu'il y a des enfants. Ils n'accordent qu'une importance secondaire à la situation juridique du couple (marié ; divorcé ; non marié). Ce qu'ils attendent le plus de la famille, c'est d'avoir des enfants.

La plupart des Français attendent également d'elle qu'elle prépare les enfants à réussir dans leur vie professionnelle et qu'elle leur transmette des traditions, des attitudes et les goûts de leurs parents.

Le sondage suivant relève la manière dont les parents d'aujourd'hui jouent leur rôle vis-à-vis de leurs enfants.

le rôle des parents

Pour tenter de dresser un portrait de ces parents de 1983, nous avons usé d'une méthode lourde mais révélatrice : le sondage. Un sondage que nous avons voulu particulièrement sérieux, précis et proche des préoccupations des éducateurs.

Les résultats de ce sondage sont à la fois rassurants et surprenants :

• Premier enseignement rassurant : les parents de 1983 prennent leur rôle d'éducateurs au sérieux. Ils cherchent avant tout à se montrer disponibles, tendres, confiants à l'égard de leur enfant, même s'ils se sentent désarmés lorsqu'il grandit. Ils ont un profond désir de contrôler son développement. De le protéger plutôt que de favoriser son autonomie. C'est là un trait fort de l'éducation d'aujourd'hui.

• Les parents sont plus traditionnels qu'on ne le croyait. Conservateurs et modernistes ne sont séparés que d'un point, 49 % des parents affirmant vouloir donner une éducation plutôt proche de celle qu'ils ont reçue eux-mêmes, 50 % souhaitant innover.

Père et mère sont presque toujours sur la même longueur d'onde lorsqu'il s'agit de l'éducation des enfants : 7 % seulement d'entre eux s'avouant « souvent » en désaccord sur ce sujet.

Voilà pour le côté rassurant, presque traditionnel. Mais il est d'autres découvertes dans ce sondage, qui donnent sa « couleur » au portrait des parents de 1983.

• L'attitude du père et de la mère change radicalement au fur et à mesure que l'enfant grandit. Très tendres lorsque l'enfant est petit, ils ont tendance à devenir plus fermes avec l'écolier, plus soucieux de l'avenir avec l'adolescent. Mais, surtout, leur tâche d'éducateurs leur apparaît de plus en plus difficile à assumer : 54 % des parents pensent qu'il est « facile » d'élever un bébé ou un petit enfant ; 46 % sont du même avis lorsque celui-ci a de 6 à 11 ans, mais 71 % des parents trouvent difficile de s'occuper de l'éducation d'un adolescent. C'est sans doute ce qu'on appelle l'angoisse d'être parents.

• Autre signe des temps : parmi les qualités que les parents souhaitent transmettre à leur enfant, ils privilégient celles qui peuvent assurer une bonne insertion sociale : la tolérance, la confiance en soi, la politesse et le bon caractère. Mais ils placent au dernier rang des vertus utiles le goût du risque et l'enthousiasme. Nous préparent-ils une société de fonctionnaires ?

• Autre évolution sensible : votre fille, madame, n'est plus muette. Près des trois quarts des parents (70 %) estiment que garçons et filles doivent recevoir la même éducation. Cette opinion est corroborée par les réponses données aux questions concrètes : sur la plupart des points, garçons et filles sont traités de la même manière. Restent cependant quelques nuances : les filles sont plus protégées, plus « tenues », les garçons, eux, jouissent d'une éducation plus souple et plus riche.

• Et la morale ? Elle est solide, rassurez-vous. Il n'est « jamais excusable », pour la majorité des parents, de chaparder dans un magasin, de faire l'école buissonnière et même de voyager sans payer dans le train ou le métro. En revanche, le sexualité n'est plus un tabou : 60 % des parents affirment en parler tranquillement avec leurs enfants. Le nouveau cauchemar, c'est la drogue.

L'Express, 23 décembre 1983.

la famille source de tradition

Élizabeth et Martine, quinze ans, vont dans la même institution privée à Saint-Nazaire. Filles de médecin, elles travaillent bien et sont amies intimes. Pourtant, leur histoire étant différente, elles n'appréhendent pas la vie de la même façon. Le grand-père d'Élizabeth était déjà médecin. Le cabinet a juste été retapissé et repeint quand le fils a pris la succession de son père. La plaque a aussi changé : de généraliste, le docteur N... est devenu gynécologue. Le grand-père de Martine, contremaître sur les Chantiers de l'Atlantique, était lui-même fils de pêcheur.

Élizabeth aimerait aller à Paris rejoindre son frère, qui y vit depuis un an. Elle n'aime que la danse, et aucun métier ne la tente particulièrement. Ce qu'elle attend de ses parents ? Elle ne sait pas trop ; la maison de La Baule, ça oui parce qu'elle adore la plage ; aller le mercredi après-midi à Nantes avec sa mère voir les boutiques et l'écouter raconter comme elle a connu papa, le jour où, ayant perdu sa chaussure, elle rentrait chez elle en clopinant, un pied nu, l'autre chaussé.

Elle est à Sainte-Ursule, parce que c'est l'école du coin. Elle est étonnée si on lui parle de traditions familiales. Non, il n'y a pas de tradition chez eux, sauf le dîner hebdomadaire chez son grand-père, les week-ends à La Baule où l'on retrouve toujours les mêmes gens et les chasses en automne ; si c'est ça qu'on appelle les traditions... Elle ne pense pas au mariage ni aux garçons, bien qu'elle soit un peu amoureuse d'un copain de La Baule, qui fait sa première année de médecine à Nantes. Ah ! elle oubliait : pour ses dix-huit ans, sa mère lui a promis le camée de son arrière-grand-mère. Elle l'attend avec impatience.

Martine est plus loquace. Elle attend de ses parents beaucoup de choses. D'abord qu'on lui offre les études que son père a dû se payer lui-même. Et puis qu'on lui prodigue des encouragements pour en faire ensuite, parce qu'elle avoue être un peu paresseuse. Elle aimerait bien aussi les recettes des cotriades et d'autres plats de poissons que sa grand-mère préparait au retour des pêcheurs. Elle les trouve délicieux, pour en manger de temps en temps, quand ses grands-parents veulent lui faire plaisir. Et l'exemplaire des *Misérables* dont son père a bercé son enfance, en lui lisant tous les dimanches matin un chapitre ou deux. Elle en a gardé une tendresse pour le vieil Hugo, d'autant que, avec sa barbe et son bon regard chaud, il était bien rassurant sur la page de garde du volume. Un beau volume rouge et or, un livre de prix d'autrefois, qui avait appartenu à son arrière-grand-père.

Aimerait-elle être médecin ? Elle n'en sait trop rien, mais elle voudrait faire mieux que son père. Certes, médecin, c'est déjà très bien par rapport à contremaître, mais chaque génération doit faire mieux que la précédente, la dépasser en quelque sorte. Si on ne progresse pas, dit-elle, on recule. Il faut toujours avancer et aller plus haut.

Le Monde de l'éducation, septembre 1983.

Les couples d'aujourd'hui n'ont pas résolu tous les problèmes de la vie en commun, même si la libération des mœurs a pu en atténuer certains et si le divorce par consentement mutuel a rendu plus facile la rupture des liens du mariage. Entre 1968 et 1980, le taux de nuptialité (nombre de mariages par rapport à la population) est tombé de 7,7 % à 6,2 %, et entre 1968 et 1978, le taux de divorces a augmenté de 0,7 à 1,3 %. Les difficultés sentimentales continuent à s'exprimer dans les rubriques spécialisées de certains magazines féminins.

âme en peine

Nous deux est un magazine féminin traditionnel, qui fait partie de la « presse du cœur ».

Je suis mariée depuis un an. Je n'ai jamais voulu céder à mon mari avant le mariage (oui, les principes ça existe encore !). Il vient de m'apprendre que, durant nos fiançailles, il avait eu quelques aventures. D'après lui, c'est sans conséquence. Moi, j'ai le cœur gros et j'en arrive à manquer de confiance en lui.

âme en peine

N'ayez pas des réactions d'enfant, s'il vous plaît ! Vos principes, vous avez parfaitement fait de les appliquer, votre mari vous en estime encore davantage, trop peut-être puisque il vous a parlé de ces quelques aventures prématrimoniales, pensant que vous pouviez comprendre qu'elles n'avaient aucune, mais alors aucune importance.

N'ayez le cœur gros que d'amour et gardez votre belle confiance en lui. Dites-lui sur le ton de la plaisanterie : « Occupe-toi donc de moi, sinon, moi qui n'ai connu qu'un seul homme jusqu'ici, je pourrais bien avoir des envies de comparaison ! » Il comprendra la petite allusion, cependant vous aurez su ne pas vous montrer mesquine. Tous mes vœux de bonheur.

Nous Deux, Éditions Mondiales, 1983.

LE MARIAGE, UNE VALEUR EN BAISSE

- **En 1972, date charnière,** le nombre des mariages a culminé à 416 000. Depuis, il n'a cessé de diminuer pour arriver à 312 000 en 1982, soit 100 000 de moins.
- **Parallèlement, l'âge moyen au mariage s'est élevé.** En dix ans, il est passé de : 24,4 à 25,1 ans pour les hommes et de 22,4 à 23 ans pour les femmes.
- **A Paris 1/3 des femmes de 30 ans sont célibataires** et ce phénomène s'accentue dans l'ensemble des grandes villes.
- **Dans les générations passées, 95 % des femmes se mariaient.** On estime que ce taux sera au maximum de 80 à 85 % pour les jeunes générations actuelles et plus probablement de 70 %.

LA MONTÉE DU DIVORCE

- **En France, actuellement,** 1 mariage sur 4 se termine par un divorce (dont 1 pour 3 à Paris et 1 pour 5 en province).
- **En 1900,** on comptait 1 divorce pour 20 mariages. En 1960, on comptait 1 divorce pour 10 mariages.
- **La France n'est pas leader.** Aux États-Unis, et en Suède, on enregistre 1 divorce pour 2 mariages. Au Danemark et en U.R.S.S. : 1 sur 3.
- **Les demandes de séparation** sont les plus nombreuses entre 25 et 29 ans. Cinq ans est l'ancienneté la plus fréquente au moment du divorce : 35 % ont moins de 40 ans.
- **64 % des femmes sont demandeuses de divorce** dont une forte proportion d'actives.

LA COHABITATION GAGNE DU TERRAIN

- **Elle a triplé en six ans.** 5 % en 1975, 11 % en 1981, soit 400 000 couples.
- **Elle concerne surtout les moins de 35 ans** dont une énorme proportion (45 %) vit en région parisienne, mais la province et le rural ne sont pas épargnés.
- **Elle touche toutes les classes sociales** et en priorité les cadres supérieurs, les étudiants et les chômeurs. Les ruraux et les artisans cohabitent moins souvent.
- **56 % des Français considèrent que la cohabitation est normale,** 35 % sont un peu choqués, 7 % sont réprobateurs.
- **En cas d'échec.** Dans la liste des raisons suivantes qui peuvent motiver un couple à vivre en union libre, quelle est celle qui vous semble la plus déterminante ?

(*Source :* Le Point - novembre 1982)

Le mariage est une institution dépassée et contraignante :	15 %
Un membre du couple a déjà été marié et ne souhaite pas revivre un mariage ou un divorce :	12 %
L'union libre est plus intéressante du point de vue fiscal :	11 %
En cas d'échec du couple, la séparation est plus facile :	53 %
Ne se prononcent pas :	9 %

Dominique DESOUCHES,
Journal *Marie-France.*

LA FEMME DANS LA FAMILLE

« Gardienne du foyer », la femme a eu dans presque toutes les sociétés, la responsabilité d'entretenir la maison et d'élever les enfants pendant que l'homme travaillait au-dehors. C'est dire que la femme paraît, dans cette conception, le pivot de la famille.

Aujourd'hui, les tâches et les responsabilités sont plus souvent partagées entre mari et femme. D'ailleurs, plus de la moitié des femmes françaises de 15 à 64 ans travaillent à l'extérieur. Si, en rentrant, elles trouvent tout à faire à la maison, elles ont sans doute raison de vouloir « se libérer ».

les images actuelles de la femme

TROIS CONCEPTIONS EXTRÊMES

D'après les enquêtes effectuées dans notre groupe de recherches, il y a une minorité de personnes qui restent très attachées à l'image traditionnelle de la femme.

Dans cette optique, elle est un être dépendant, passif, toujours relatif à l'homme ; elle a certaines qualités : intuition, sens des relations humaines, etc. ; du point de vue pratique, elle est agile, adroite, a le sens du détail. En contrepartie, elle est capricieuse, coquette [...]. Pour les personnes qui voient la femme ainsi, son vrai rôle, c'est d'être mère, qui est non seulement le plus beau rôle, mais le seul qu'elle soit capable d'assumer — « sa nature » le veut ainsi, elle est faite pour cela et rien d'autre.

D'autres personnes, peu nombreuses, en donnent une image négative. Être inférieur, fait seulement pour des tâches subalternes et dépendantes, elle peut, par exemple, être une excellente secrétaire, mais il faut qu'elle soit sous les ordres d'un patron qui la forme ; elle ne pourra jamais avoir d'autorité ou mener à bien un travail personnel. Les tâches ménagères sont, ici, dévalorisées. Si la femme est faite pour elles, c'est qu'elle n'est bonne qu'à cela. D'autres prennent le contrepied : la femme est égale et identique à l'homme ; certains vont même jusqu'à dire qu'il n'y pas plus de différence entre un homme et une femme qu'entre la couleur des yeux de deux personnes. C'est un groupe peu nombreux de rares hommes et de féministes qui sont parfois un peu agressifs. [...]

En milieu ouvrier, l'image traditionnelle (mais pas dans son aspect le plus négatif) revient très souvent, contrairement à ce qu'on pourrait croire si l'on regarde certaines conditions de vie. C'est que l'image de la femme au travail n'est pas tellement attirante dans un milieu où le travail s'est longtemps présenté comme un véritable esclavage, surtout pour les femmes qui n'ont pas de qualification professionnelle et qui ont la lourde charge du foyer qui les attend à la sortie : pour certaines, cela a été une véritable libération de ne plus travailler dans ces conditions-là et de rester chez elles. [...]

C'est également dans ce milieu que le mari aide le plus sa femme sauf lorsqu'il est écrasé par les heures supplémentaires qui sont une véritable catastrophe. Bref, dans le milieu ouvrier, l'image de la femme « bien », de la femme « comme il faut », c'est celle de la mère au foyer.

Dans les milieux très aisés, on est traditionnel, beaucoup plus consciemment, car on est libre de choisir. On n'est plus sous la contrainte des conditions de vie. Très souvent on est favorable à l'idée d'égalité, mais on sent un frein très net dès qu'on parle d'application pratique. Le principe de la femme au foyer reste très fort par crainte des bouleversements sociaux que cette émancipation pourrait entraîner. La classe moyenne montre le plus d'ouverture ; c'est là où les travaux ménagers sont le plus partagés d'une façon égalitaire, là où la femme connaît le moins de contradictions profondes. Le milieu est plus libre tant à l'égard des principes bourgeois que des conditions de vie.

Chez les étudiants, c'est assez particulier. Ils sont issus de milieux bourgeois dans l'ensemble, mais ont des principes très égalitaires de jeunes intellectuels. Lorsqu'ils précisent leurs conceptions pour l'avenir, on est frappé du nombre de garçons qui désirent que leur femme reste au foyer alors qu'un nombre élevé de filles demandent à continuer à travailler après leur mariage. Discordance donc entre les deux sexes dès avant le mariage. La différence est considérable : 74 % des filles et 40 % des garçons affirment ces positions (dont 10 % des filles et 6 % des garçons jusqu'à la naissance des enfants).

Marie-José Chombard de Lauwe, *Les Cahiers Français n° 171, « Vivre au féminin »*, mai-août 1975, La Documentation Française.

Ces images de la femme sont imposées aux jeunes dès l'enfance. Les manuels scolaires, les bandes dessinées, la publicité véhiculent le plus souvent des images conventionnelles et favorables à l'homme (garçons : autonomie, courage, compétence; filles : affectivité, soumission, peur). De nombreuses revues féminines traditionnelles contribuent à illustrer l'idée de la femme-objet dont la féminité n'est là que pour servir les désirs de l'homme.

La femme en tout cas garde un rôle prépondérant à la maison.

la main masculine à la pâte

Il doit y avoir quelque chose dans l'articulation du pouce des hommes qui empêche de saisir correctement un fer à repasser. A moins que le défaut ne se situe dans la conformation de l'index, ou la disposition générale des tendons. On ne voit pas, sinon, ce qui expliquerait le fait que pratiquement pas un seul époux ou concubin ne repasse. Ce triste constat a été établi scientifiquement par une enquête de l'Institut national des études démographiques sur la participation des pères aux tâches ménagères.

Elle n'est pas lourde, cette participation. Quatre mille femmes ayant un enfant de moins de seize ans ont été interrogées sur la part que prenait le père à huit tâches types : faire les lits, le ménage, la cuisine, la vaisselle, le repassage, le marché, donner des soins aux enfants, s'occuper de leur travail scolaire. A chaque fois, les sondées ont précisé si l'homme participait *« toujours ou presque », « la moitié du temps », « quand il est en congé », « exceptionnellement »,* ou *« jamais »*. La participation est considérée comme sérieuse quand elle se situe dans les deux premières catégories.

C'est plutôt rare. 26 % des époux de femmes qui travaillent, et 41 % des maris de femmes au foyer ne font carrément jamais une seule des tâches retenues régulièrement. Les autres en font au moins une, c'est-à-dire en moyenne trois quand la femme travaille et deux quand elle est à la maison.

Quand il faut s'y coller, les hommes commencent par faire le marché, activité *« la plus fréquente, ou plutôt la moins rare »* comme le notent les auteurs de l'étude. Les commerces reçoivent 44 % des maris de femmes au travail et 33 % de ceux de femmes au foyer. Juste après, viennent les enfants, qu'il s'agisse de changer les Pampers du petit ou de faire réciter les leçons du grand. Moins affriolante mais passablement bien assumée par les hommes, la vaisselle occupe la troisième place, avec ou sans lave-vaisselle.

Là s'arrête l'intervention active et régulière des hommes. Leur présence se raréfie lorsqu'il est question de cuisine, de ménage, de faire les lits. Elle devient quasiment inexistante au moment du repassage. L'exception notable est constituée par le jeu avec les enfants, que l'on rangera ou pas dans les corvées, comme on voudra. Pour jouer, 52 % des pères sont là au moins autant que les mères.

Les plus aidants sont les plus jeunes, en moyenne ceux qui sont nés après 1946.

On ne s'étonnera donc pas de voir que Simone de Beauvoir, symbole de l'émancipation féminine de l'après-guerre, ait fait une émission de télévision inspirée de son livre le « Deuxième Sexe ».

le Deuxième Sexe à la télévision

Pour beaucoup de femmes, qu'elles soient féministes ou non, 1949, c'est l'année de la parution du « Deuxième Sexe », de Simone de Beauvoir. Sans doute, l'un des très rares ouvrages du genre de ces trois dernières décennies à continuer de provoquer pas mal de remous de par le monde, et surtout aux États-Unis. New York avait déjà son « Club Simone de Beauvoir » — mais oui ! —, Philadelphie aura prochainement son colloque consacré au « Deuxième Sexe », qui se porte donc toujours bien. Simone de Beauvoir aussi. A soixante-quinze ans, après la publication des « Lettres au Castor », de Jean-Paul Sartre, et au moment où l'on parle de plus en plus d'un « nouveau féminisme », et peut-être même d'un certain refroidissement des belles révoltes d'antan, Simone de Beauvoir a éprouvé le besoin de s'interroger sur le sort des héritières du « Deuxième Sexe ». Elle vient de commencer le tournage d'une série télévisée réalisée par Josée Dayan et Françoise Verny, qui ont volontairement renoncé au style « écrivain dans un fauteuil bon chic bon genre » de l'interview classique. Bien sûr, Simone de Beauvoir interviendra longuement, mais cédera aussi sa place à Sophia Loren, qui dira ce que c'est qu'être actrice, montrer son corps, s'exposer. Indira Gandhi parlera des rapports du pouvoir, de la politique et des femmes dans un pays où l'on brûle encore les jeunes épouses qui ont le malheur de déplaire à leur belle-mère ! Élisabeth Badinter (« L'Amour en plus ») sera interrogée par Simone de Beauvoir sur le thème de l'instinct maternel. Autre présence-choc : celle de la théoricienne américaine Kate Millett. Mais on entendra également des inconnues dont les témoignages risquent d'être tout aussi percutants et significatifs que ceux des intellectuelles. A quoi pense une prostituée, une Algérienne, fille d'immigrés ? Quelles sont les espérances des femmes du Maghreb, des États-Unis, de l'Inde, de la Chine, pays que Simone de Beauvoir parcourt inlassablement depuis de si nombreuses années ?

Elle, 14 novembre 1983.

De nombreuses lois ont été votées depuis une quinzaine d'années pour éliminer les inégalités dont souffrent les femmes : réforme de l'autorité parentale, maintenant partagée entre le père et la mère, égalité de salaires et d'emploi, réforme du divorce, contraception et interruption volontaire de grossesse, de telle sorte que les femmes sont aujourd'hui protégées légalement contre les différentes formes de discrimination.

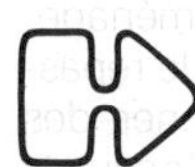

les Françaises entre la famille et le travail

- 90 % des Françaises estiment qu'être mère est aussi important que de travailler.
- 59 % d'entre elles croient qu'avoir un emploi est indispensable au bonheur.
- 60 % pensent que le travail à temps partiel est pour elles la meilleure solution.
- 81 % des femmes jugent que le développement de la contraception est un grand progrès.
- 49 % d'entre elles approuvent l'avortement.
- 39 % condamnent l'interruption volontaire de grossesse.
- 60 % des hommes affirment qu'il faut encore améliorer la condition féminine.

A la fois féministe et traditionnelle, telle apparaît la Française à l'aube de 1984.

Féministe parce qu'elle est persuadée que travailler est indispensable à son bonheur (59 %) afin d'assurer son indépendance (50 %) ; parce qu'elle estime que, dans la société d'aujourd'hui, être un homme ou une femme n'a pas une importance capitale (73 %) tout en reconnaissant (65 %) que la condition des femmes pose encore nombre de problèmes.

Mais ces affirmations ne peuvent masquer le côté très traditionnel aussi de ses aspirations. A 90 %, les Françaises pensent qu'être mère est aussi capital que travailler et que, parmi de nombreux domaines (métier, mariage, maison, enfants, religion, couple, vie sociale, sexualité...) elles placent en tête de leurs préférences pour réussir leur vie, les enfants (52 %) et le couple (46 %).

Cette contradiction qui ressort du sondage de la Sofres traduit en fait la recherche toujours difficile pour la femme — mais qui constitue pourtant un désir profond — de réussir à mener de front une vie de famille classique et une activité professionnelle.

Question — Quels sont, parmi les domaines suivants, les deux qui vous paraissent être les plus importants pour le bonheur des femmes ?

	Le métier	Le mariage	La maison	Les enfants	La religion	Le couple	La vie sociale	La sexualité	Sans opinion
Ensemble des Français	30	22	12	51	2	42	22	6	3
Homme	26	24	14	49	2	38	23	8	4
Femme	33	20	11	52	3	46	22	4	2

Le total des pourcentages est supérieur à 100, les personnes interrogées ayant pu donner deux réponses.

Question — Est-ce que, personnellement, vous accordez beaucoup d'importance ou pas beaucoup d'importance... (Question posée uniquement aux femmes.)

		Beaucoup d'importance	Pas beaucoup d'importance	Sans opinion
A votre façon de vous habiller........	100 %	55	42	3
A la mode	100 %	29	68	3
A votre forme physique	100 %	72	26	2
Au maquillage	100 %	34	64	2
A la pratique du sport...............	100 %	42	56	2

Réponses aux questions en %.

Le Figaro, 10 janvier 1984,
sondage S.O.F.R.E.S.

LES JEUNES, LA FAMILLE ET LE MONDE ADULTE

la dénatalité

Après avoir été un des pays d'Europe les plus peuplés, la France, depuis le début du XIXe siècle, a vu sa croissance démographique diminuer.

En 1984 la population de la France est d'environ 55 millions d'habitants. En 1982 le nombre des naissances a été supérieur à 800000. C'est le chiffre le plus élevé depuis 1974. Cependant le taux de fécondité par femme demeure inférieur au taux nécessaire pour assurer le renouvellement des générations (2,10).

STRUCTURE PAR ÂGE DE LA POPULATION

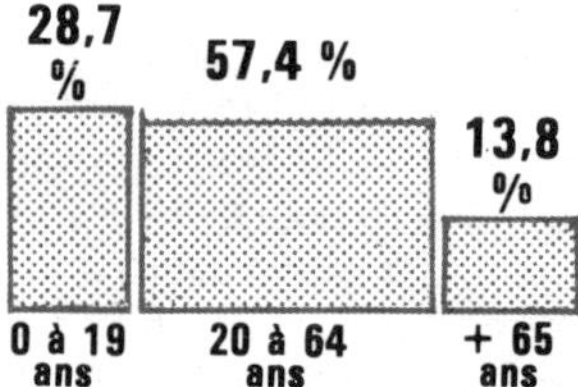

Un sondage réalisé par F. Magazine-S.O.F.R.E.S. en octobre 1978 révèle que les hommes français sont davantage responsables de la baisse de la natalité que les Françaises. Les hommes estiment que, dans une famille, deux enfants est le nombre raisonnable et idéal tandis que plus de 50 % des femmes pensent qu'il faut avoir trois enfants. Selon le même sondage, le nombre d'hommes qui envisagent la vie sans enfants est quatre fois plus grand que le nombre de femmes.

une politique de la famille

Ce phénomène de dénatalité est une des raisons qui incite le gouvernement à promouvoir une politique familiale.

Cette politique s'exerce dans quatre directions principales : les allocations familiales ; l'aide au logement ; le statut social de la mère de famille ; les mesures destinées à faciliter la vie familiale. La natalité est une des priorités du IXe Plan (cf. chap. 8). Il s'agit d'éviter à la fois la diminution de la population et une proportion trop grande de personnes âgées par rapport aux jeunes générations qui travaillent.

natalité : la dégringolade

• **Elle a commencé à baisser considérablement** entre 1965 et 1975. Elle connaît, en 1983, une chute considérable, qualifiée de « fracture » par certains démographes. Il y aurait 50000 naissances en moins.

• **Elle touche tout l'hexagone,** y compris les régions traditionnellement fertiles comme l'Ouest et le Nord de la France.

• **On constate une disparition des extrêmes** et notamment des familles nombreuses. Les enfants de rang 4 et plus ne se trouvent plus que chez les étrangers immigrés en France. Le modèle « idéal » tournerait autour de deux ou trois enfants.

• **Actuellement, avec un taux de 1,75 % enfant,** les femmes françaises n'assurent plus le renouvellement des générations. Il faudrait 2,1 enfants.

• **Le phénomène est identique** dans les autres pays occidentaux.

• **En 1981, 100000 enfants sont nés de mères non mariées** (célibataires, veuves ou divorcées), soit une naissance sur 12. En 1960 ces cas ne représentaient que 6 % de la natalité.

Dominique DESOUCHES,
Journal *Marie-France.*

trop de travail : c'est la raison n° 1 de la dénatalité

Voici différentes mesures que les pouvoirs publics pourraient prendre pour inciter les Français à avoir plus d'enfants. Parmi celles-ci, quelles sont celles qui vous semblent le plus efficaces ?

Augmenter fortement les allocations familiales	16
Accorder des réductions d'impôts plus importantes	20
Donner des primes importantes à partir de la naissance du troisième enfant	8
Faciliter les possibilités de travail à temps partiel	46
Allonger la durée du congé de maternité	13
Verser un salaire pour le père ou la mère qui décide de rester à la maison pour élever ses enfants	54
Augmenter fortement le nombre de crèches et de garderies	29
Interdire l'avortement	16
Interdire la vente de contraceptifs (la pilule)	5
Sans opinion	8

Réponses en % (1)

(1) Le total des pourcentages est supérieur à 100, les personnes interrogées ayant pu donner plusieurs réponses.

Le Nouvel Observateur, 14 janvier 1983.

la nouvelle classe des jeunes

La croissance soudaine mais brève du nombre des naissances provoquée par la fin de la Deuxième Guerre mondiale a entraîné la transformation la plus rapide que la société française ait connue. La jeunesse, en particulier, est apparue aux yeux de tous comme une catégorie sociale distincte, avec des besoins, des attitudes, des idéaux différents de ceux du reste de la population.

On fabrique des produits adaptés à ce marché (idoles de la chanson, presse des jeunes, vêtements...) ; on a pris l'habitude d'interroger les jeunes sur tous les sujets pour connaître leurs inquiétudes et leurs aspirations.

les attitudes des jeunes

Voici des sondages qui révèlent les attitudes des jeunes envers la famille et le monde des adultes.

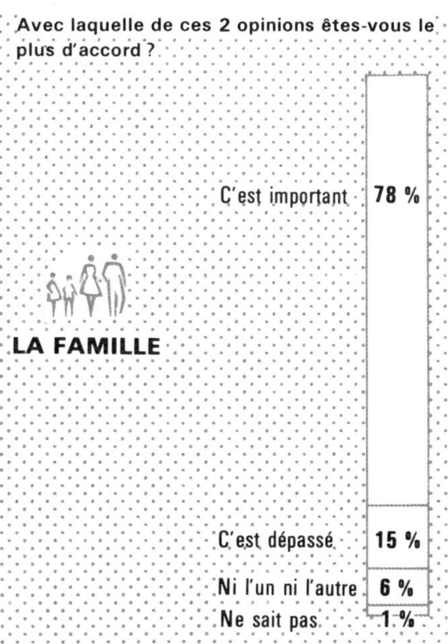

D'après *Le Point*, 8 octobre 1979.

. Par rapport à vos parents, pensez-vous avoir plus ou moins de chances qu'eux en ce qui concerne :

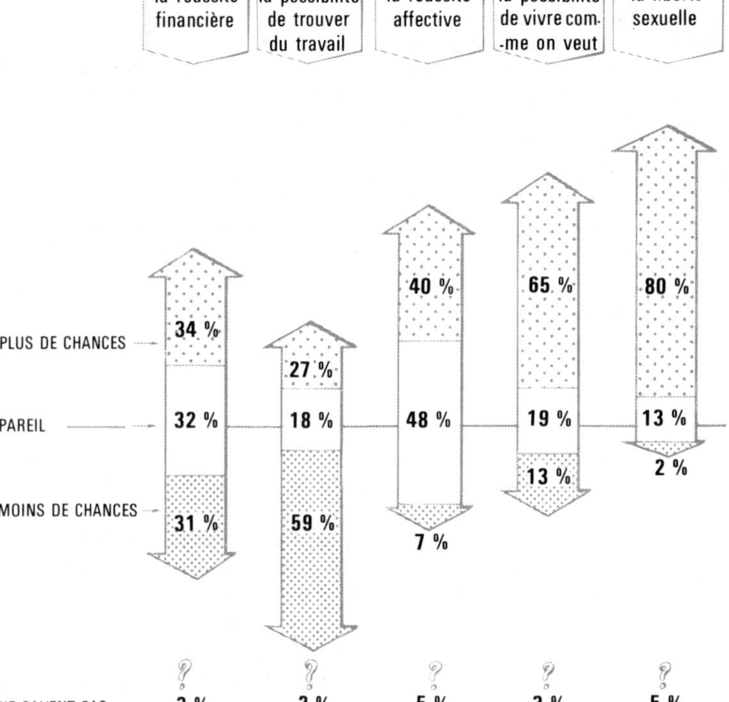

D'après *Le Point*, 8 octobre 1979.

Je vais vous citer des mots. Pour chacun d'eux, dites s'il représente pour vous quelque chose de très important ou quelque chose de pas très important.

	Très important	Pas très important	Sans opinion	Total
L'argent	71	28	1	100
La famille	93	6	1	100
La politique	17	71	12	100
L'amour	81	15	4	100
Le syndicalisme	16	68	16	100
Le travail	89	11	—	100
La musique	67	32	1	100
Le sexualité	57	36	7	100
La patrie	39	51	10	100
La révolution	16	66	18	100
L'armée	29	62	9	100
La religion	33	57	10	100
Le sport	75	24	1	100
Les droits de l'homme	76	21	3	100
Les voyages	80	19	1	100

Le Nouvel Observateur, 25 mars 1983.

le passage à la responsabilité

Col de veste remonté, petites lunettes noires, Pierre se plaint : « Mes parents me donnent chaque mois de 150 à 200 francs. En trois jours, j'ai tout claqué. »

S'astreindre à un travail régulier demeure une originalité (12 %). En revanche, les jobs de fortune, baby-sitting, distribution de prospectus, courses, sont de plus en plus recherchés (39 %), surtout par les garçons des milieux aisés. Aux États-Unis, ce travail parallèle, courant chez les étudiants, constitue un « rite de passage » pour l'entrée dans la vie. Pas en France. Quarante pour cent des enfants reçoivent de l'argent régulièrement de leurs parents. Et davantage, même, dans les grandes villes. Mais 59 % — surtout les filles — le reçoivent au jour le jour. Une habitude bien ancrée : grappiller l'argent des commissions. Christine et Martine sont filles d'ouvriers : « Il faut absolument pouvoir travailler à 14 ans. » Leur avis est très partagé et prend à contre-pied les partis de gauche. Le rapport Peyrefitte sur la violence, publié en juillet, proposait l'aménagement de la fin de la scolarité, pour effacer ce malaise des collégiens malgré eux. Certains théoriciens de l'enfance croient que le nouveau rite de passage dans le monde des adultes est aujourd'hui la première union sexuelle. Idée fausse : seuls 3 % des adolescents partagent ce sentiment. Au contraire : la preuve de ce passage, pour la majorité (51 %), est ainsi définie : « lorsqu'on commence à travailler et à gagner de l'argent ». La nouveauté est ailleurs : c'est qu'ils se moquent d'être des adultes. même les 35 % qui considèrent déjà qu'ils le sont.

L'Express, 5 septembre 1977.

Martine-Anaïs, un instantané

Martine-Anaïs a 20 ans. Son père travaille. Pas sa mère. Elle a une sœur de 25 ans, infirmière. Milieu aisé.

• *Études*

Elle a poursuivi ses études jusqu'en terminale et a raté son bac. Bonne élève jusqu'en seconde, elle s'est rendu compte qu'elle n'avait « plus rien à en retirer ». Cela dit, elle a toujours eu de bons rapports avec ses profs, qu'elle faisait rire. Ce qu'elle garde de l'école : des bonnes copines, un bon anglais.

• *Petits boulots*

Elle veut être indépendante financièrement, partir de chez ses parents. En avant pour les petits boulots. La voilà vendeuse (mais elle n'est pas assez aimable avec les clients), hôtesse sur patins devant un fast-food (mais il fait froid et c'est fatigant). On la retrouve plus tard animatrice dans une radio libre (non payée) puis chanteuse dans un groupe rock (pas très bon).

• *Avenir*

Elle décide alors de revenir chez ses parents préparer le métier qu'elle a toujours voulu faire : comédienne. Elle s'inscrit dans une agence de mannequins, fait quelques photos, entre dans une agence de comédiens.

• *Famille*

« Je veux un enfant ; de préférence une fille. Pour le mariage, je n'ai aucune idée ; on verra plus tard. »

• *Politique*

« Je ne me sens pas très concernée. » Pourtant, elle a voté et ne rate jamais les infos à la télé, mais, avoue-t-elle, « je suis trop préoccupée par moi-même. Je ne vois pas le lien entre ma vie et la vie politique pour le moment ».

• *Relations avec les parents*

Plutôt bonnes. « Ils ne mettent pas de frein à ce que je veux faire. Ça m'aide à être bien dans ma peau. »

• *Loisirs*

« J'aime voir des amis, sortir, voyager, faire de la natation. Mais ce qui me fait surtout envie en ce moment, c'est travailler, trouver un rôle, m'exprimer, dans le théâtre ; pour le reste, on verra après. »

Jacinte, janvier 1984.

un point de vue étranger

vision américaine de l'éducation et de la famille françaises

Quels sentiments, quelles attitudes, habitudes, valeurs et techniques les parents inculquent-ils à leurs enfants ? Quels sont les points de vue français sur la socialisation ?

Le premier de ces points de vue porte sur l'enfance, sur la conception que les Français en ont. La famille française accueille l'enfant avec enthousiasme. Elle veut avoir des enfants ; elle estime qu'un ménage sans enfants est incomplet ; en fait, c'est souvent pour en avoir qu'on se marie, et parfois le ménage dure parce qu'on en a : les enfants donnent à la famille sa raison d'être et son unité. Toutefois, il est admis que l'enfant n'est pas une fin en soi. L'enfance n'est que la première étape de la vie ; la vie adulte est le vrai but. L'enfant n'a pas de valeur en soi ; il n'est qu'un apprenti adulte.

Comme les Français, nous le savons, respectent le passé, l'âge et la tradition ; comme ils placent la vie adulte au-dessus de la jeunesse, il s'ensuit que le bonheur immédiat de l'enfant n'est pas essentiellement important. L'enfant doit apprendre que la vie est dure et difficile, qu'il faut s'y préparer sérieusement ; selon l'expression dont se servent souvent les parents : « La vie n'est pas faite pour s'amuser. » Il doit être prêt à affronter le bonheur et le malheur, indifféremment, sans surprise. Le bébé, dépourvu de toute raison et sans discernement, peut sans danger être choyé ; mais dès qu'il s'acquiert un certain contrôle rationnel de l'existence sous ses divers aspects, on n'a plus le droit de le gâter.

Le second point de vue concerne l'étude, l'acquisition de connaissances. Aussi longtemps que l'enfant reste privé de discernement, il ne peut évidemment pas s'instruire par lui-même. Être humain en puissance, il est aussi un monstre en puissance, surtout s'il est abandonné à lui-même, car l'être humain contient en lui-même le bien et le mal. Il faut donc le modifier pour la vie sociale, le mouler ; la matière première ne se transforme pas toute seule. Par tradition et par principe, il ne vient à l'idée de personne de laisser s'exprimer en toute liberté cette future personnalité. Toute initiative et tout critère en matière de socialisation doivent provenir d'éducateurs attitrés, seuls capables de faire jouer les forces rationnelles, parents, maîtres, professeurs et tous les adultes compétents en matière d'éducation et d'instruction.

La socialisation française doit donc, de par sa nature, être établie sur l'autorité : l'enfant apprend chez lui exactement comme il apprend dans ses livres de classe. On lui enseigne d'abord les principes, ensuite les applications de ces principes, puis, on vérifie, on s'assure qu'il a compris et assimilé. L'école laisse peu de place à son imagination.

Le troisième point est celui de la responsabilité des parents. C'est à eux essentiellement qu'incombe le devoir de transformer en un adulte acceptable par la société celui qui, si ses mauvais instincts n'étaient pas réprimés, pourrait devenir un monstre : leur enfant, auquel il faut donner le sentiment de ses propres responsabilités et de ses limitations, clairement et légalement définies.

Lorsqu'aux États-Unis un enfant ou un adolescent commet un acte blâmable, c'est d'abord l'enfant ou l'adolescent que l'on incrimine parce qu'on estime qu'il est habitué à une grande indépendance et théoriquement tout au moins entraîné à connaître ses responsabilités. En France, ce sont toujours les parents qui sont tenus moralement et légalement responsables des actes de leurs enfants.

L. Wylie et A. Bégué,
Les Français, reprinted by
permission of Prenctice Hall. Inc.,
Englewood Cliffs, New Jersey.

DIVORCE

Ça a assez duré
je me décide!
PORTE MACHIN
Ce soir je suis
en pleine forme
il va m'entendre!
HA HA!
André je demande
le divorce!
tu comprends
j'en ai marre
de faire la bonne!
Chuis encore pas mal,
je peux encore
trouver
t'en fais pas!
FAMIPRIX
FAMIPRIX
les concessions
à sens unique
moi j'en ai
ma claque!
fous jamais rien
à la maison,
toujours vautré
devant la télé...
FAMIPRIX
je sens que
ça va être
la corrida!
'soir
je lui dis demain,
ce soir j'ai la
flemme...
BRETÉCHER

APPAREIL PÉDAGOGIQUE 1

Présentation

Le chapitre « la famille » traite des parents et des enfants. Il n'est pas placé en tête du livre pour des raisons philosophiques mais parce qu'il traite, au fond, de la vie quotidienne sous un aspect qui concerne tous les gens, sous l'aspect le plus « familier ». On y trouve donc des indications sur les changements dans le rôle du couple, qui se comparent au changement dans le rôle de la mère de famille et de la femme, sur les enfants et leurs attitudes, leur éducation chez eux, l'évolution de leur nombre et de leur rôle, sur les lois et les institutions relatives à la famille.

Comme tout le livre, le chapitre montre les changements récents dans la société française : les membres de la famille deviennent plus autonomes ; l'égalité entre eux augmente. Cependant la famille, avec tous ses liens affectifs, continue à exister.

P. 12 L'ÉVOLUTION DE LA FAMILLE

VALÉRY GISCARD D'ESTAING : Président de la République française de 1974 à 1981.
ANDRÉ GIDE (1869-1951) : écrivain qui a recherché les moyens de libérer l'individu de toutes ses attaches familiales et sociales.
LA FAIBLESSE NUMÉRIQUE : les familles sont aujourd'hui composées d'un nombre moins grand d'enfants qu'autrefois.
LES CRÈCHES, LES HALTE-GARDERIES : endroits où les mères qui travaillent peuvent laisser leurs jeunes enfants pendant la journée.
la contestation : critique.
être issu de : sortir de.
honni : rejeté.
la secousse : (ici) difficulté.
la fratrie : ensemble des frères et des sœurs.
se distendre : devenir moins fort.
la plaie : (ici) situation désagréable.
s'amenuiser : diminuer.
la prise en charge... collectivité : l'État s'occupe des enfants de plus en plus tôt.
les retrouvailles (f. pl.) : action de retrouver des personnes après une séparation.
le « farniente » balnéaire : des vacances reposantes au bord de la mer.
la consommation : (ici) l'utilisation des biens de consommation.
le repli : retour.
faire se recroqueviller... hardis : (ici) ôter le courage de prendre des initiatives individuelles aux gens les plus audacieux.

Discussion sur le texte

1. Quelles sont les difficultés que la famille a rencontrées en tant qu'institution ?
2. Qu'est-ce qui explique que la famille existe encore aujourd'hui ?
3. D'après le texte, dressez une liste comparée des fonctions de la famille autrefois et aujourd'hui.

Exercices de langue

1. Relevez dans le texte les termes qui expriment une idée de « déstabilisation » de la famille.
2. Donnez le verbe correspondant aux substantifs suivants : la contestation ; l'éclatement (m) ; l'urbanisation (f) ; l'instruction (f) ; les retrouvailles (f. pl.) ; la contemplation ; la reproduction ; la consommation ; l'évolution (f) ; le repli.

P. 13 LE RÔLE DES PARENTS

désarmés : mal préparés.
une bonne insertion sociale : une entrée facile dans la société.
tenues : ici, contrôlées.
chaparder : voler.
faire l'école buissonnière : s'absenter sans raison de l'école.

P. 14 LA FAMILLE, SOURCE DE TRADITIONS

INSTITUTION PRIVÉE : c'est dans la tradition des familles en province ayant un rang social privilégié d'envoyer leurs enfants dans une école privée.
SAINT-NAZAIRE : ville en Bretagne.
CHANTIERS DE L'ATLANTIQUE : nom des chantiers de Saint-Nazaire où l'on construit des bateaux.
PÊCHEUR : l'industrie de la pêche est une des principales ressources de la Bretagne.
LA BAULE : la plage de La Baule en Bretagne attire de nombreux vacanciers en été.
NANTES : grande ville en Bretagne.
LES CHASSES : certains bourgeois de province organisent des parties de chasse le week-end pendant la saison de la chasse.
VICTOR HUGO (1802-1885) : écrivain célèbre. Son roman *les Misérables* raconte la réhabilitation par la générosité et les sacrifices d'un ancien prisonnier, Jean Valjean, qui, avec d'autres personnages du livre, reste encore pour de jeunes lecteurs le symbole de certaines valeurs morales.
UN LIVRE DE PRIX : un livre donné aux meilleurs élèves de la classe à la fin de l'année scolaire.
appréhender : voir.
le cabinet : un médecin donne ses consultations dans un cabinet.
la plaque : enseigne placée à la porte et qui indique le nom et la spécialité du médecin.
le généraliste médecin qui fait de la médecine générale à la différence d'un médecin spécialiste.
l'école du coin (fam.) : l'école qui est proche.
le camée : petit bijou très apprécié pour la finesse de ses couleurs et sa fabrication ancienne.
être plus loquace : parler davantage.
prodiguer : donner.
la recette : recette de cuisine.
dépasser : aller plus loin.

Discussion sur le texte

1. Comparez la famille d'Élizabeth et celle de Martine concernant :
a. leur passé,
b. leur niveau de vie actuel.
2. Pourquoi Élizabeth et Martine sont-elles des amies intimes ?
3. Comment leurs attitudes envers la vie sont-elles différentes ? Pourquoi ?
4. A votre avis, quelle sera la vie de chacune d'elles dans dix ans ?

P. 15 ÂME EN PEINE

ÂME EN PEINE : nom que se donne la lectrice du journal dans sa lettre. La deuxième partie du texte est la réponse du journal.
avoir le cœur gros : avoir le cœur lourd (de tristesse).
pas mesquine : généreuse.

P. 15 QUESTIONS SUR LE TABLEAU

1. Analysez le tableau pour montrer l'évolution rapide des mœurs en ce qui concerne le mariage, le divorce et la cohabitation.
2. Pourquoi, à votre avis, l'âge du mariage s'est-il élevé ?
3. Le fait que les deux conjoints ont de plus en plus souvent une activité professionnelle a-t-il des conséquences sur le mariage ou le divorce ?
Expliquez pourquoi.

Votre sondage

Voici quelques questions. Posez-les à plusieurs personnes de votre entourage. Classez les réponses et interprétez les résultats. Serait-il possible d'en proposer plusieurs interprétations ?
a. Pour vous, célibataire, fonder une famille, ce serait...
... La décision la plus importante de votre vie ?
... Une des décisions les plus importantes de votre vie ?
... Une décision plutôt moins importante que certaines autres ? (Précisez la nature des autres décisions.)
b. Des gens s'installent à deux et vivent en couple sans se marier : il peut s'agir d'un mariage à l'essai. En général, une telle expérience constitue-t-elle selon vous...
... Plutôt un danger pour la solidité des familles futures ?
... Plutôt une chance pour la solidité des familles futures ?
... Ni l'un ni l'autre ?
c. Il peut s'agir aussi d'un choix durable de vivre ensemble sans se marier.
A votre avis, les couples qui font un tel choix ont-ils en général...
... Autant de chance de durer que les couples mariés ?
... Moins de chance de durer que les couples mariés ?
... Ni l'un ni l'autre ?

P. 16 LES IMAGES ACTUELLES DE LA FEMME

LA FEMME AU TRAVAIL; LA MÈRE AU FOYER : observez dans ces deux expressions comment s'opposent les idées de *femme* et *mère* et de *travail* et *foyer*. L'expression *la femme au travail* se réfère au monde économique moderne et implique une certaine égalité des rôles entre l'homme et la femme ; l'expression *la mère au foyer* se réfère à la conception traditionnelle du rôle de la femme s'occupant uniquement de sa maison (son foyer) et de sa famille. Bien entendu *la mère au foyer* travaille de longues heures et *la femme au travail* n'est pas dispensée d'être aussi mère au foyer.
LES HEURES SUPPLÉMENTAIRES : les heures de travail rémunérées en plus du nombre d'heures normal et obligatoire ; pour l'ouvrier, les heures supplémentaires sont souvent nécessaires pour équilibrer le budget familial mais évidemment elles obligent le mari à passer moins de temps en famille.
subalterne : peu important.
mener à bien : réussir.
prendre le contre-pied : avoir l'opinion opposée.
à la sortie : en rentrant après le travail.
écrasé : surchargé.

aisé : riche.
sous la contrainte : victime.
être issu de : naître dans.

Images et stéréotypes

1. A partir de la liste suivante d'adjectifs, composez un stéréotype masculin et un stéréotype féminin : discipliné(e), capricieux(euse), émotif(ive), calme, frivole, bavard(e), méthodique, ambitieux(euse), arriviste, faible, combatif(ive), passif(ive), curieux(euse), égoïste, matérialiste, créateur(trice), lucide, intuitif(ive), doux(ce), pudique, objectif(ive), raisonneur(euse).
Discutez ensuite la justesse et les origines des opinions toutes faites sur l'« homme-type » et sur la « femme-type ».
2. Dans ce texte, l'auteur présente l'image traditionnelle, positive et négative, de la femme. Donnez pour chacun des autres membres de la famille (c'est-à-dire le mari, les enfants, les grands-parents, les beaux-parents) une image traditionnelle positive ou négative.

Exercices de langue

1. a. Après avoir vérifié dans un dictionnaire les deux sens principaux du mot *ménage* (m), regroupez les expressions suivantes selon ces sens : faire le ménage, faire bon ménage avec quelqu'un, un jeune ménage, un ménage uni, un ménage à trois, des ménages de toute origine, s'occuper de son ménage, une scène de ménage.
Ensuite rédigez des phrases où vous utiliserez quatre de ces expressions.
b. Quelle est la différence entre une *ménagère* et une *femme de ménage* ?
c. Rédigez deux phrases où vous utiliserez *les travaux ménagers* et *les tâches ménagères*.
d. Le « Salon des arts ménagers » est un des plus grands salons annuels à Paris. Qu'est-ce qu'on y trouve exposé ?
2. Donnez des mots ou expressions ayant un sens contraire aux mots et expressions suivants pris dans le texte : dépendant, passif, dévouement (m), agile, adroite, le sens du détail, capricieuse, discorde (f), inférieur, égale, identique, agressifs, attirante, favorable.

P. 17 LA MAIN MASCULINE A LA PÂTE

(**Mettre la main à la pâte** : aider.)
repasser : on repasse les vêtements après les avoir lavés et séchés.
un(e) concubin(e) : terme administratif pour désigner des personnes qui cohabitent sans être mariées.
carrément : absolument.
s'y coller : (ici) aider aux travaux domestiques.
Pampers : marque de couches pour bébé, passée comme non commun dans le langage publicitaire et dans le langage usuel.
faire réciter les leçons : faire dire à haute voix, par l'enfant, les leçons pour vérifier s'il les a bien apprises.
affriolante : séduisante.
passablement bien assumée : assez bien faite.
se raréfier : devenir moins fréquent.
quasiment : presque.
la corvée : travail obligatoire et désagréable.
après 46 : après l'année 1946. Après la Deuxième Guerre mondiale, il y a eu une forte augmentation de la population par les naissances. Cette nouvelle génération a des idées et des modes de vie moins traditionnels que les générations d'avant la guerre.

Discussion sur le texte

1. « Pas un seul époux ou concubin ne repasse. » Ce constat est-il particulier à la France ? Qu'en est-il dans votre pays, à votre avis ?
2. Ce type d'enquête sur la participation des pères aux tâches ménagères a-t-il été réalisé dans votre pays ? Faites votre propre recherche et apportez les documents trouvés dans vos journaux et revues spécialisées ou non.
3. Peut-être vivez-vous dans un pays où le rôle de la femme et celui de l'homme sont conçus de manière totalement différente. Veuillez alors exposer ces différences et en donner les raisons sociales et/ou religieuses.
4. La Deuxième Guerre mondiale a-t-elle eu chez vous les mêmes conséquences sur les idées et les modes de vie qu'en France ?
5. A votre avis quel est l'intérêt d'une telle enquête ?

P. 18 LE DEUXIÈME SEXE A LA TÉLÉVISION

SIMONE DE BEAUVOIR (née en 1908) : cette femme écrivain et intellectuelle a profondément contribué à la création du mouvement féministe en France. Son ami, Jean-Paul Sartre, appelait affectueusement Simone de Beauvoir « Castor ».
BON CHIC BON GENRE : expression utilisée pour désigner l'élégance et les bonnes manières acceptées par la bourgeoisie. Elle apparaît souvent sous la forme abrégée « b.c.b.g. ».
LE MAGHREB : ce terme désigne les trois pays d'Afrique du Nord : l'Algérie, la Tunisie et le Maroc.
pas mal de remous : beaucoup de discussion.
se porter bien : être en bonne santé.
antan : autrefois.
le sort : destin.
percutant : impressionnant.

Discussion sur le texte

1. Connaissez-vous d'autres livres contestataires sur la condition féminine qui soient parus au cours de ces trois dernières décennies ? Veuillez les citer et parler de leurs auteurs.
2. Quel est l'intérêt du Deuxième Sexe à la télévision ? Pensez à l'image de la femme présentée dans les journaux féminins traditionnels.
3. Comment une image plus vraie sera-t-elle présente par le Deuxième Sexe au cours des séquences télévisées ? Qu'est-ce qui constitue en général pour les médias les sujets « d'intérêt féminin » ?
4. Que pensez-vous de l'assassinat d'Indira Gandhi, une femme au pouvoir ?

P. 19 LES FRANÇAISES ENTRE LA FAMILLE ET LE TRAVAIL

à l'aube de : au début de.
de front : en même temps.

P. 23 LE PASSAGE A LA RESPONSABILITÉ

150 à 200 francs : l'équivalent de cette somme en 1985 serait de 500 à 700 francs.
GRAPPILLER L'ARGENT DES COMMISSIONS : si les jeunes vont acheter quelque chose à la demande de leurs parents, ils essaient de garder la monnaie qui reste afin d'augmenter leur argent de poche.
TRAVAILLER A 14 ANS : par une loi de 1967, la scolarité obligatoire a été prolongée de 14 à 16 ans. Une loi de 1974 a abaissé l'âge de la majorité civile de 21 ans à 18 ans.
LEUR AVIS PREND A CONTRE-PIED LES PARTIS DE GAUCHE : selon les partis de gauche, c'est l'éducation qui constitue le principal moyen de donner à tous les jeunes les mêmes chances. Si les jeunes des classes ouvrières quittent l'école à 14 ans, ils seront condamnés à occuper des situations inférieures pendant toute leur vie.
LE RAPPORT PEYREFITTE SUR LA VIOLENCE : rapport publié en juillet 1977 par le ministre de la Justice, M. Alain Peyrefitte, et qui avait pour but d'étudier les causes de la violence dans la société et les moyens de la diminuer.
COLLÉGIENS : c'est dans des Collèges d'Enseignement Secondaire que les élèves font la première partie de leur enseignement secondaire. Les collégiens qui doivent rester contre leur gré au collège parce qu'ils n'ont pas encore 16 ans sont des « collégiens malgré eux ».

Discussion sur le texte

1. Est-ce que vos parents vous donnent de l'argent de poche? Est-ce que vous en recevez régulièrement? Chaque semaine? Au jour le jour? Combien en recevez-vous? Comment le dépensez-vous? Est-ce que vous en mettez de côté? Si oui, dans quel but?
2. Donnez d'autres exemples de « jobs de fortune » ou de « gagne-pain ». Avez-vous un tel travail? Pourquoi?
Dans votre pays, est-ce qu'un tel travail est considéré comme le moment du passage à l'âge adulte?
3. On a proposé que les jeunes qui veulent quitter l'école à 14 ans puissent le faire à condition de devenir des apprenti(e)s. Qu'en pensez-vous?
4. Êtes-vous d'accord avec l'affirmation selon laquelle les jeunes « se moquent d'être des adultes » ? Pourquoi les jeunes d'aujourd'hui se poseraient-ils moins le problème de savoir s'ils vont passer d'un état de jeunesse à un état adulte?
Pourquoi alors les jeunes d'autrefois avaient-ils envie d'arriver à l'âge adulte aussi vite que possible?
Vous-même, voulez-vous prolonger votre jeunesse? Comment?

P. 23 MARTINE-ANAÏS

TERMINALE : la dernière année du lycée à la fin de laquelle on se présente au baccalauréat.
SECONDE : première année du lycée.
UNE RADIO LIBRE : station de radio privée qui n'a pas beaucoup de ressources financières.
milieu aisé : famille assez riche.
le boulot (fam.) : travail.
les infos (fam.) : les bulletins d'informations; les actualités.
être bien dans sa peau (fam.) : être à l'aise.

P. 24 VISION AMÉRICAINE DE L'ÉDUCATION ET DE LA FAMILLE FRANÇAISES

inculquer : enseigner.
la socialisation : procédé par lequel on apprend les règles de la vie en société.
apprenti : (ici) futur adulte.
choyé : gâté.
à eux qu'incombe : eux qui ont.
incriminer : accuser.

Étude contrastive

1. Êtes-vous d'accord avec les auteurs de ce texte sur l'éducation des enfants en France?
2. D'après ce que vous savez de l'éducation des enfants français, trouvez-vous que les enfants dans votre pays reçoivent une meilleure éducation?

P. 25 DIVORCE

Questions sur la bande dessinée

1. Quelles sont les tâches de cette femme quand elle quitte son travail?
2. Quel est le passe-temps de son mari?
3. Qu'est-ce qui empêche cette femme de demander le divorce ce soir-là? Commentez.

Exercices de langue

1. Le texte des dessins est rédigé en français familier et imite la prononciation. Récrivez le texte en français standard.
2. Situation : la femme n'a pas la « flemme » ce soir-là et elle demande le divorce! Imaginez le dialogue. Utilisez le contenu des images.

EXERCICES SUR LE CHAPITRE

Questions générales

1. Quelle est l'image actuelle de la famille exprimée par la publicité?
2. D'une manière générale, diriez-vous que la famille d'aujourd'hui est plus ou moins unie que celle d'il y a vingt ou trente ans? Pourquoi?
3. Imaginez ce que serait pour vous la famille idéale.

Question d'opinions

Affirmation de base : la famille est condamnée. Parmi les raisons suivantes, lesquelles pourraient être utilisées par les gens qui pensent que cette affirmation est vraie et lesquelles par les gens qui pensent que cette affirmation est fausse ?

1. les enfants étouffent au sein de la famille et s'en échappent le plus vite possible,
2. la famille reste l'élément de base de la société,
3. la famille apporte un milieu affectif irremplaçable,
4. le divorce est devenu beaucoup plus fréquent,
5. les jeunes veulent de moins en moins fonder une famille,
6. la famille continue à transmettre la partie essentielle des connaissances,
7. la société évolue trop vite,
8. la famille sert de moins en moins à transmettre la fortune.

Images et stéréotypes

1. Trouvez dans la publicité courante des exemples de la femme présentée comme une fonction (par exemple, mère, épouse, objet sexuel, etc.) plutôt que comme une personne.
2. Vous êtes rédacteur/rédactrice d'un magazine hebdomadaire (a) pour hommes, (b) pour femmes. Vous devez choisir des photographies pour illustrer un article sur les nouvelles images de la femme. Recherchez et décrivez les illustrations que vous choisirez.

Exercice de langue

Voici une liste de noms de métier au féminin : rédactrice, reporter, correspondantes, maquettiste, dessinatrice, photographe.
a. Donnez pour chacun sa forme masculine.
b. Ajoutez à cette liste dix noms de métier sous leur forme masculine et féminine.

Débats de civilisation

1. Croyez-vous que l'unité de la cellule familiale restera aussi forte dans l'avenir qu'elle l'est aujourd'hui ou qu'elle aura tendance à s'affaiblir ? Pourquoi ?
2. Certaines personnes estiment que la société contemporaine a créé les postes de l'assistante sociale, du psychiatre et du conseiller conjugal afin de prolonger la vie de la cellule familiale. Discutez.
3. « Hors la famille, point de salut. » Est-ce que cette maxime contient toujours une part de vérité ?
4. « la famille suit l'évolution de la société avec un temps de retard. » Qu'en pensez-vous ? Donnez des exemples.

LE JEU DES PREUVES *cf.* p. 5

1. Est-ce que la famille occupe une place importante dans la vie en France aujourd'hui ?
2. Est-ce que les parents français ont renoncé à essayer de transmettre certaines traditions à leurs enfants ?
3. Est-ce que les jeunes français veulent quitter leur famille aussi vite que possible pour vivre indépendamment ?
4. Est-ce que les Français se marient autant aujourd'hui ?
5. Est-ce que les autorités françaises sont satisfaites de l'évolution de la population ?
6. Est-ce que les hommes acceptent volontiers de partager les travaux domestiques avec les femmes en France ?
7. Est-ce que le bonheur familial est considéré comme une valeur importante en France ?

LE JEU DE L'INTERVIEW *cf.* p. 5

Relisez « la famille source de traditions » (p. 14) et « Martine-Anaïs, un instantané » (p. 23). Ensuite, vous interviewez une personne du même âge, mais qui appartient à un milieu social différent de celui d'Élizabeth, de Martine, ou de Martine-Anaïs.

THÈMES DU JEU INTERCULTUREL *cf.* p. 6

Quelle est l'attitude des parents envers les enfants ?
Que pensez-vous du mariage et de la cohabitation ?
Quelle est la participation des hommes aux travaux domestiques ?

à la maison

MAI 1985 N° 81 30 F
Décoration
INTERNATIONALE
EDITIONS DU REGARD - MAURIAC
CHOLODENKO - CANAL - JOSETTE JANSSEN
PALAIS GANGI - TOURS

MAISON
FRANÇAISE
L'ART DE VIVRE
EN 85 ?
RÉPONSE EN 4 TABLEAUX
LA SALLE DE BAINS
EN VEDETTE
LE STYLE EMPIRE
REVISITÉ
ISABELLE HUPPERT
CHEZ ELLE

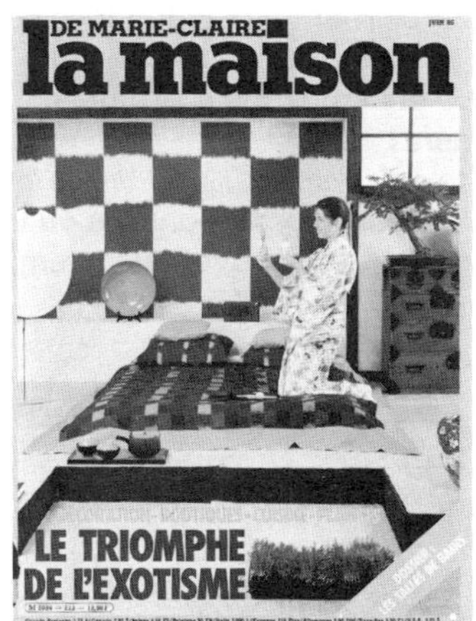
DE MARIE-CLAIRE
la maison
LE TRIOMPHE
DE L'EXOTISME

LA MAISON RURALE

Chaque Français garde probablement dans sa mémoire le souvenir d'une maison rurale liée aux souvenirs d'enfance. C'était la maison familiale, où l'on passait ses vacances. C'était le lieu où des « trésors » étaient entassés dans les greniers.

Ces trésors étaient généralement sans valeur, même si quelquefois on y retrouvait un meuble ancien, rare et précieux, ou un tableau oublié de grand peintre. Finalement, ce qui avait le plus d'importance, c'étaient les vieux coffres remplis de livres à moitié usés par le temps, de jouets d'enfants démodés et cassés, de lettres anciennes, permettant de reconstituer l'histoire de la famille.

Cet entassement d'objets était le résultat d'actions qui se répétaient de génération en génération : on gardait tout et on ne jetait rien. On retrouvait même quelquefois des boîtes sur lesquelles était écrit : « Bouts de ficelle ne pouvant servir à rien » !

LA RÉSIDENCE SECONDAIRE

Pendant un certain temps, les Français, attirés par un nouveau mode de vie, se sont éloignés de leur origine paysanne pour aller vers la ville et la civilisation industrielle. Aujourd'hui, on constate un retour à la campagne ; les Français achètent, quand ils en ont les moyens, une résidence secondaire où ils vont passer leurs vacances et leurs week-ends. C'est le refuge de ceux qui se sentent mal à l'aise dans les villes, qui fuient le bruit et la pollution ; c'est aussi une sorte de retour au passé et à la nature.

Un ménage français sur cinq dispose d'une résidence secondaire. La plupart des propriétaires de résidences secondaires appartiennent aux catégories sociales les plus riches et vivent dans les grandes villes. Au plaisir de posséder une maison à la campagne s'ajoute l'idée que c'est un bon investissement.

Dans ce contexte, restaurer une vieille maison devient aussi un art, et les journaux immobiliers ou les journaux de décoration décrivent des rénovations exemplaires.

Breguet

DOMAINE DE OZOIR-LA-FERRIERE

CD 350
77330 OZOIR-LA-FERRIERE - T. (6) 029.22.82

A 25 km de la porte de Bercy par la N 4, à Ozoir-la-Ferrière, directement en lisière de la forêt d'Armainvilliers, Breguet construit un domaine de maisons individuelles de 111 à 174 m², 5 à 7 pièces, toutes sur de grands terrains. Garage 1 ou 2 voitures. Un environnement superbe et exceptionnel tout proche d'un centre-ville.

Hall d'accueil ouvert en semaine de 14 à 19 h sauf mardi et mercredi. Samedi, dimanche et jours fériés de 10 à 19 h.

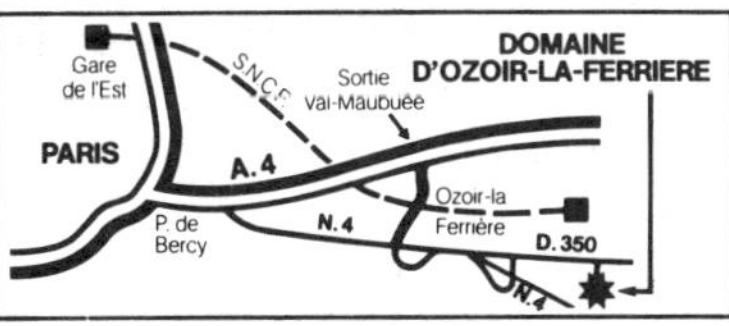

Le Figaro magazine, 14 janvier 1984.

ventes aux enchères

Vente au Palais de Justice à Versailles, le mercredi 22 février 1978, à 10 heures.

UNE PROPRIÉTÉ à VIEILLE-ÉGLISE

(Yvelines)

GRANDE-RUE

Compr. entrée, cuisine, séjour, 3 chambres, 2 cab. de toil., w.-c. - Grenier - Grange - Buanderie - Cave - Cour - Jardin - Ann. 2 p. - Grenier. **Cont. 860 m².**

MISE A PRIX : 355 300 FRANCS

S'adresser à Versailles **Mᵉ SOUFFLET,** avocat, 7, rue du Prés et pour visiter **Mᵉ MARTEAU,** huissier, 38, rue Gambetta, Rambouillet. Tél. 44.83.66.34.

Le Monde, 15 février 1978.

L'APPARTEMENT

Si des attaches familiales lient concrètement les Français à la province ou à la campagne, si les mêmes attitudes culturelles se retrouvent de génération en génération, la France a cependant beaucoup changé car elle est un pays aujourd'hui urbanisé à plus de 70 %. C'est donc l'appartement, le grand ensemble regroupant plusieurs immeubles, qui constituent le cadre de vie de la majorité des Français.

La population des villes françaises est très dense et les logements des habitants ont perdu toute ressemblance avec les maisons rurales.

A l'occasion de grands travaux de rénovation urbaine dans le centre de Paris, quelques vieux quartiers ont retrouvé leur prestige passé. Les constructions nouvelles essaient d'y imiter le style des anciens immeubles et hôtels particuliers.

Les constructeurs d'immeubles ajoutent souvent aujourd'hui des services aux appartements qu'ils vendent. Ceci reflète le souci d'améliorer la qualité de la vie des citadins en général. Mais cette tendance se développe d'autant plus vite qu'il existe maintenant un marché qui augmente rapidement : les personnes âgées sont de plus en plus nombreuses dans la population et surtout ont de plus grandes ressources financières. Ces personnes âgées recherchent des appartements bien équipés et complétés par différents services : plats préparés, restaurants, infirmerie et soins médicaux, sécurité, aide ménagère.

LA MAISON INDIVIDUELLE

Mais, depuis quelques années, le goût de la plupart des Français pour la maison individuelle s'est manifesté de plus en plus, et aujourd'hui le nombre de maisons individuelles construites chaque année en France dépasse celui des logements en immeuble collectif. Les nouvelles maisons individuelles sont souvent groupées en petits « villages » éloignés du centre des villes.

ÊTRE PROPRIÉTAIRE OU LOCATAIRE

On n'est pas toujours propriétaire du logement où l'on vit. En 1973, 43 % des ménages étaient locataires dans leur résidence principale, environ 11 % étaient logés gratuitement (par exemple, par leur employeur), environ 46 % étaient propriétaires ou en train de le devenir.

Les petites annonces immobilières des journaux donnent une bonne idée de ce qu'est le marché immobilier. On y trouve des rubriques « location » aussi bien que des rubriques « vente » ou « location-vente ».

Portrait d'un célibataire

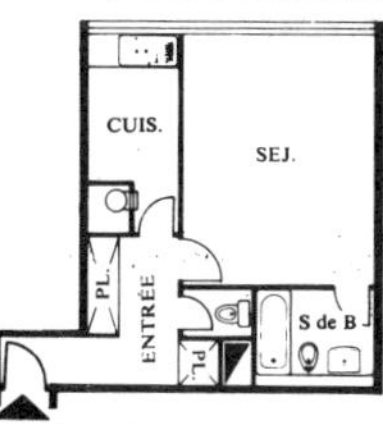

Il faut le reconnaître, un célibataire aime sortir.
Il aime aussi recevoir, mais c'est souvent impossible quand on habite un studio ... ...sauf au FONTENOY.
Un séjour de 20 mètres carrés dans un studio, c'est rare...
Surtout quand on y trouve, totalement indépendante, une cuisine de 7 mètres carrés...
Et qu'en plus, on dispose de deux placards...
Mais alors... et pourtant si! Les W.-C. sont séparés de la salle de bains...
Et dans la salle de bains? Il y a quand même une vraie baignoire de 1,60 m.
Décidément, ils sont rares les studios du FONTENOY. Ce n'est pas étonnant qu'ils fassent envie à tout le monde, et pas seulement aux célibataires...

Portrait d'un jeune couple

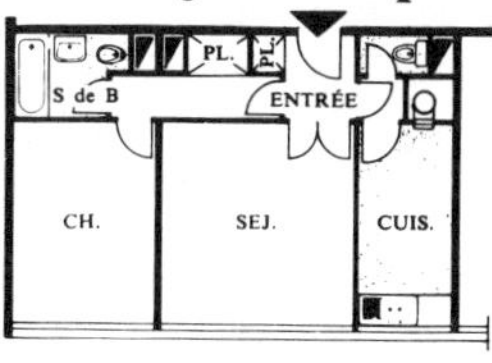

Ils sont deux maintenant, bientôt peut-être trois, mais ils peuvent envisager l'avenir avec sérénité car ils savent qu'ils vivront à l'aise dans leur 2 pièces au FONTENOY.
Ils recevront souvent leurs amis dans le vaste séjour de 20 m², largement éclairé.
Ils disposent, en outre, d'une cuisine entièrement aménagée de 8 m².
Leur chambre totalement indépendante est assez grande pour être meublée, même avec la grosse commode de belle-maman.
Ils aiment beaucoup leur vraie salle de bains avec sa grande baignoire (et les W.-C. sont séparés).

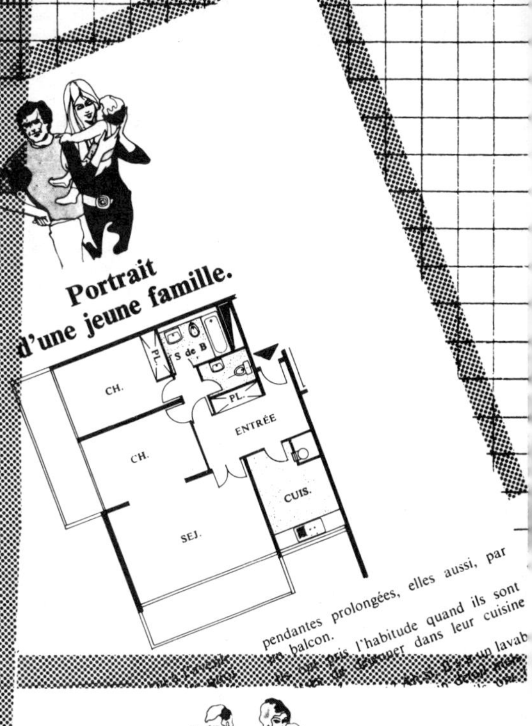

23 TYPES DIFFÉRENTS D'APPARTEMENTS A VOS MESURES

Portrait d'une grande famille.

CH. DR. PL. ENTRÉE CUIS. CH. SEJ. CH. S de B PL. CH.

Ils forment une belle famille et sont heureux de se retrouver tous les jours au FONTENOY, dans cet appartement de 5 pièces, confortable et pratique où tout a été conçu pour leur rendre la vie agréable et facile.

Ils aiment donner des réceptions dans leur séjour de 26 m² (44 m² avec la chambre attenante) s'ouvrant sur un large balcon plein sud.
Et aussi les trois grandes chambres toutes indépendantes où chacun se sent chez lui dans le décor qu'il a choisi.
Ils apprécient la cuisine fonctionnelle, la deuxième salle de bains et le second W.-C. tout autant que le vaste dressing-room entièrement équipé et les placards.

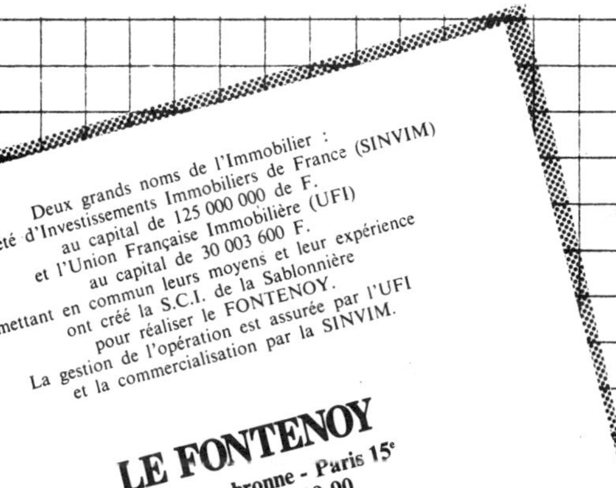

MESSIEURS LES PARISIENS, CHOISISSEZ LES PREMIERS... SUR PLACE...

Recherches

JEUNE FEMME recherche chambre indépendante en échange de baby sitting le soir, une ou 2 soirées par semaine, à voir. TEL. 230.61.48 le matin de 7 h 30 à 9 h 30 et le soir de 19 h à 22 h.

LYONNAIS à Paris du lundi au jeudi, convivial, stable et solvable, cherche à Paris ou proche banlieue St-Lazare appart. à partager, ou chambre même modeste, 1 200 F par mois mini 3 mois, TEL. vendredi après 21 h 730.86.00.

CHERCHE A LOUER ou sous-louer quelques mois studio meublé Paris ou proche banlieue, nord ou sud, près ligne B RER, TEL. le soir au 530.33.16.

PARIS Désespère de trouver un toit, étudiant théâtre 18 ans, cherche chambre peu chère ou partage d'un appart. + accepterait travail quelconque théâtre ou autre. TEL. PCV 99.99.12.80 pas sérieux s'abstenir.

à vendre

4, RUE DU POT-DE-TERRE
A vendre, 4 appartements rénovés, 3 à 5 pièces, prix moyen du m^2 13 000 F. Sur pl. vendredi et dimanche, 12/17 h 30 ou tél. 47.37.33.60

PANTHEON
LUXEMBOURG
Appt de caractère, 4 p., 95 m^2, tt cft, 2e ét. asc., imm. pierre de taille, chbre serv., cave. Tél. 46.30.13.33, heures repas.

Offres Meublés

CH.-ELYSEES MATIGNON
Studio tt cft, jusqu'au 30-4-84 prix : 4 200 F/mois.
2 P., tt cft, pour 1 an, px 4 900 F/mois. Tél. 42.40.27.09

8e GDS STUDIOS
Courtes durées acceptées.
LUXE, 6 000 F. Tél. 42.20.32.25.

AVENUE D'ITALIE
Dble liv. + 2 chbres, terrasse.
6 000 F + charges. Tél. 45.20.50.50

3, RUE DES EPINETTES
2 P., cuis., bains. 1 500 F.
S. pl. ce jour 17 h à 18 h.

Offres Vides 12e

67, RUE DE PICPUS,
4e A. récent, studio, balcon s/jardin, cuisine, bains, 1 900 F + charges.
Ce jour de 13 h à 14 h.

Offres Vides 4e

ILE ST-LOUIS
STUDIO RENOVE 25 m^2
tt cft + box. 3 172 F T.T.C.
LEMA. Tél. 43.30.60.60.

Votre Résidence-Services
66, Av. de Villiers, Paris 17e

5 Beaux appartements
prêts à habiter

Exemple de plan :
2 Pièces C 51,60 m^2 + 1,60 m^2 de balcon

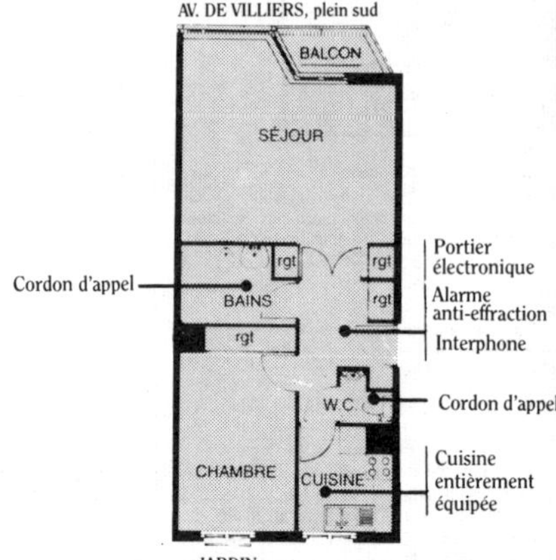

Dans un quartier de haute tradition
Près du métro Wagram et des autobus 31 et 94
Entourée de commerces

à votre service !!!

Le Cercle	**Les Services**
salle à manger, salon-bar	restauration, accueil
bridge-bibliothèque	sécurité 24 h sur 24
salle de gymnastique	paramédical
chambre d'hôtes, jardin	ménager, petits dépannages

Venez visiter ces appartements et le Cercle en fonctionnement
Tél. 766.23.81

Les Hespérides Villiers-Monceau
Résidence-Services

Une réalisation **COGEDIM** 266.36.36

ENVOYEZ CE BON À COGEDIM, 21 RUE D'ASTORG 75008 PARIS
pour recevoir gratuitement une documentation sur
Les Hespérides Villiers-Monceau.

NOM
ADRESSE
TÉL.
NOMBRE DE PIÈCES RECHERCHÉES :

Le Figaro, 14 janvier 1984.

Chaque année, en particulier à Paris, les étudiants qui ne veulent pas ou ne peuvent pas loger en cité universitaire vont à la recherche de la chambre ou du studio dont ils ont besoin.

une chambre en ville

Dénicher une chambre? Vous êtes parti pour la tournée des concierges de Paris, Strasbourg ou Aix. Début septembre, ça peut encore marcher, surtout si vous savez réveiller le matérialisme de ladite gardienne.

Mais si vous pratiquez ce sport-là fin septembre-début octobre, surtout à Paris, votre charme risque fort d'être inopérant. *le lièvre et la tortue*, vous connaissez? Et les tortues ont pris les places. Il y a aussi les petits messages à semer chez les commerçants (à condition qu'ils donnent leur fer vert et ne soient pas déjà submergés de S.O.S.) ou dans les hypers du coin.

« A promixité de... » ne veut rien dire, et cette considération est à mettre dans le même panier que la formulation *« en bordure du »* Luxembourg. C'est une notion beaucoup trop vague pour s'y fier. Vous pouvez très bien trouver la chambre dont l'immeuble est en bordure du Luxembourg, mais si, pour atteindre votre chez-vous, vous devez passer sous un porche, traverser une cour intérieure et que votre fenêtre joue au face-à-face avec celles du bâtiment voisin, ça vous sert à quoi la bordure du Luxembourg, sinon à payer *x* % en plus. Enfin, pour les *« à cinq minutes du métro »*, n'oubliez pas la relativité des choses. Cinq minutes comment? A pied? A vélo? En bus? Ou en stop? Moralité, prenez garde aux propositions alléchantes et vérifiez vous-mêmes au préalable la géographie de votre future hutte.

Méfiance aussi envers les subtilités des « possibilités » en tout genre. Avec *« possibilité douche »*, ne fantasmez pas directement douchette carrelée et installée. Un grand bac avec un tuyau peut être une possibilité. Même topo pour *« possibilité cuisine »*. Ça ne veut peut-être pas dire coin-cuisine équipée mais branchement à gaz présent ou... petit meuble pour caser votre camping-gaz et un clou pour accrocher une casserole.

S. ÖZGÜN,
Le monde de l'éducation,
septembre 1983.

LE MOBILIER ET L'ÉQUIPEMENT MÉNAGER

Symboles de la société de consommation, le mobilier et l'équipement ménager sont des compléments de plus en plus importants à la maison. Dans la France d'autrefois, l'équipement intérieur n'avait pas beaucoup d'importance. Dans la France d'aujourd'hui, seuls les agriculteurs ont du retard dans la modernisation de leur maison.

Dans l'ensemble, la progression dans l'équipement des ménages a été très rapide : en 1957, 1,9 % seulement des foyers français avaient à la fois réfrigérateur, téléviseur et machine à laver le linge. En 1975, la proportion était déjà de 64 %. Comme l'énergie est de plus en plus chère et que les machines consomment beaucoup d'électricité, les arguments publicitaires mettent en valeur les qualités d'économie des appareils.

un sou, c'

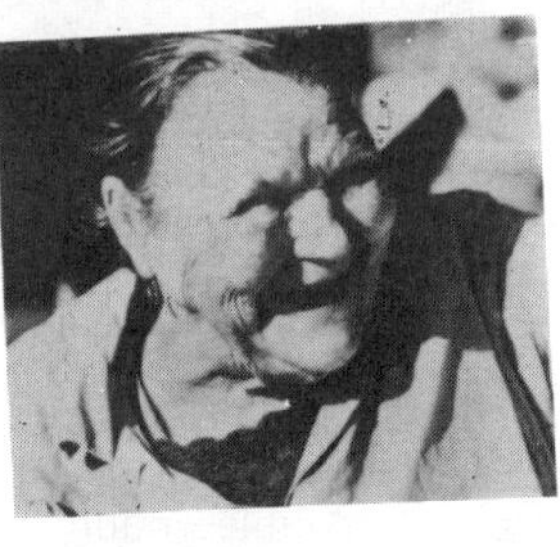

Nos grand-mères n'aimaient pas le gaspillage. Et elles avaient raison. N'est-ce pas, mère Denis?

Il y a beaucoup d'exagération dans la nostalgie du passé : à vouloir exalter le "bon vieux temps", on oublie tout ce que le confort moderne a apporté de bien-être dans la vie des femmes.

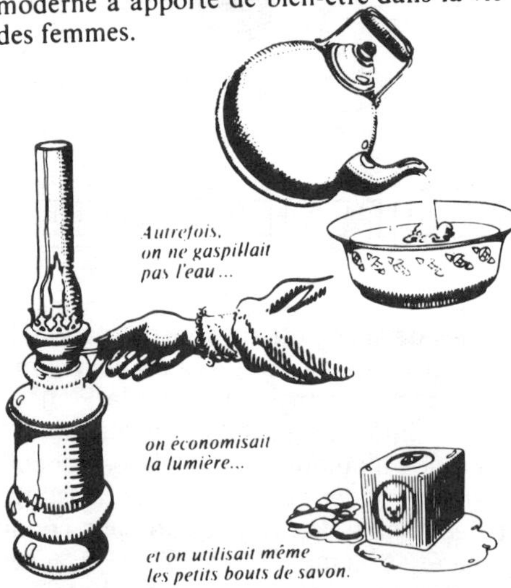

Autrefois, on ne gaspillait pas l'eau...
on économisait la lumière...
et on utilisait même les petits bouts de savon.

Mais il est vrai que le progrès s'est fois accompagné de petits gaspillages. C ci comptaient peu jusqu'ici. Ils pèse de plus en plus lourd dans le budget ménage.

Avec ses modèles "spécial écono VEDETTE va plus loin dans la lutte gaspillage, tout en respectant la traditio lavages bien faits.

Les programmes économiques machines à laver VEDETTE 4 et 5 permettent d'utiliser juste ce qu'il fau trop, ni trop peu, d'eau et d'électricité.

Autre nouveauté : le programme " économique". Il lave le blanc à 60° seule avec efficacité.

La touche "Eco" des lave-vai VEDETTE 12 et 14 couverts (2) pe elle, une économie de 40 % d'eau, de d'électricité et de 33 % de lessive.

... On peut aimer le travail bien avoir le goût des économies.

(1) sur modèles 492 et 592 Super

(2) sur modèles 1201, 1202 et 148

Bazaine Publicité

est un sou

touche "économie"

programme "économie"

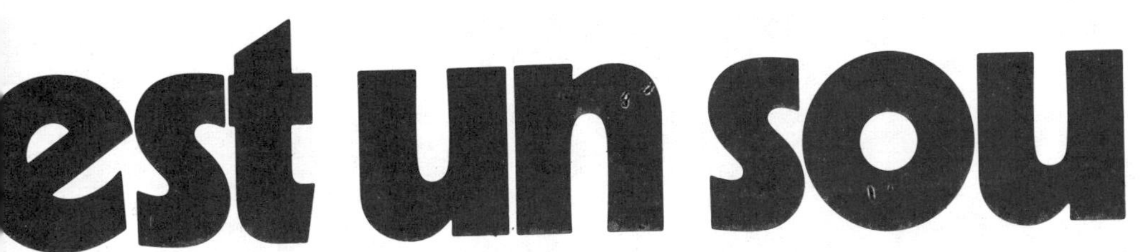

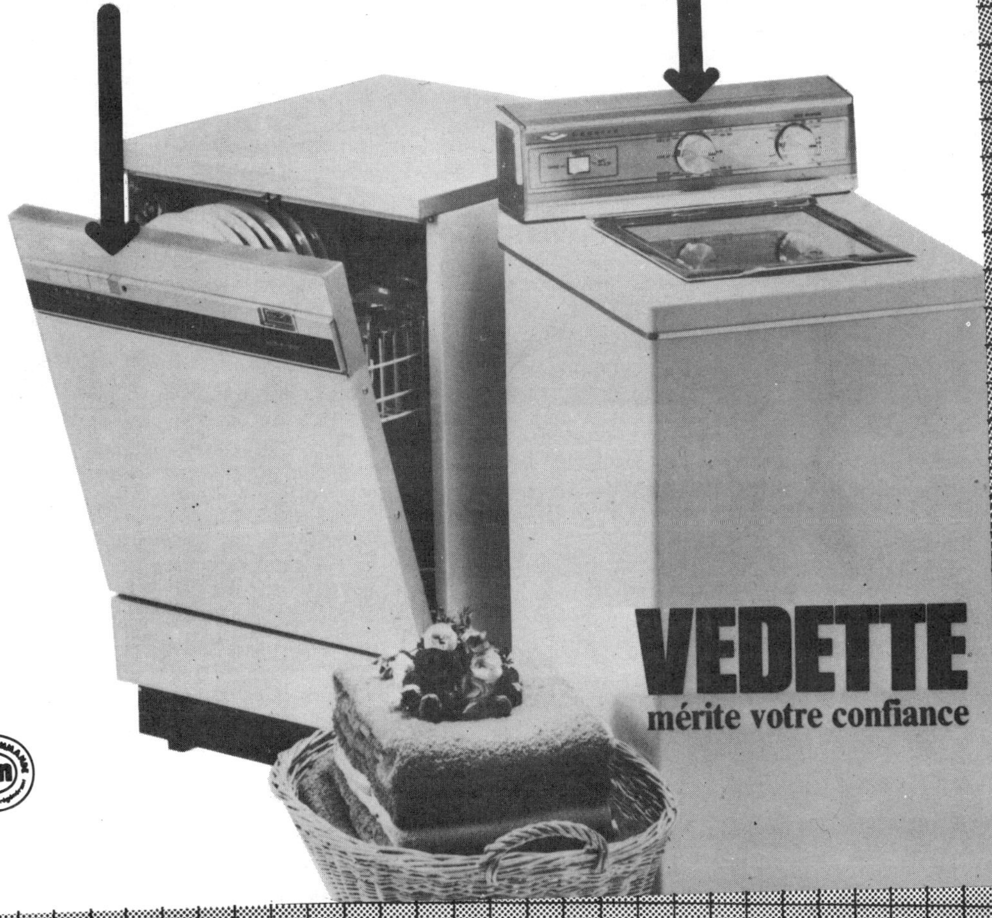

L'ENTRÉE DE L'ORDINATEUR DANS LA VIE FAMILIALE

Les années 80 seront sans doute marquées par l'entrée de l'ordinateur dans la vie familiale des Français. Les expériences sont de plus en plus nombreuses. Un projet très ambitieux est celui d'Urba 2000, qui a pour objet de réaliser très rapidement, en y concentrant les efforts, deux « cités de l'an 2000 » où toutes les possibilités de l'électronique et de la transmission d'images et d'information seront utilisées, dans l'agglomération de Bayonne-Biarritz et dans celle de Lille. Mais le projet le plus connu parce que le premier à avoir été lancé est celui de l'annuaire électronique.

télématique : le petit écran miracle

Un anodin cube beige de cinq kilos branché sur une ligne téléphonique va-t-il bouleverser la vie quotidienne des Français ? Qu'on en juge. Avec cet outil électronique, on peut déjà rechercher les cardiologues de son quartier. Commander une veste à La Redoute le samedi à minuit. Virer peu après 2000 francs sur son compte épargne puis consulter les restaurants des environs encore ouverts à cette heure tardive. Autant d'exercices d'une simplicicité puérile sur un Minitel.

De leur salon, plus de 100000 Français, dont 70000 en Ille-et-Vilaine, ont, dès à présent, la possibilité de se familiariser avec les délices de la télématique. Dans trois ans, ils seront 3 millions à pouvoir « feuilleter » ainsi l'annuaire électronique et utiliser bien d'autres applications.

L'Express, 6 janvier 1984.

derrière l'annuaire électronique

La difficulté principale était celle du langage. Pas question d'obliger les abonnés à s'exprimer dans un de ces langages symboliques où chaque caractère a une signification précise, pas non plus question de leur demander si le correspondant dont ils recherchent le numéro s'appelle Dupont ou Dupond. Le système doit être capable de remplir les blancs, d'interpréter les indications fournies par l'abonné, il doit se comporter en interlocuteur intelligent.

L'option retenue a donc été une analyse phonétique des indications fournies par l'abonné. Le système commence par interpréter textuellement ce qui est écrit. S'il ne trouve pas de réponse, ou s'il détecte la possibilité d'homonymie vocale ou de faute d'orthographe, il propose à l'abonné d'élargir la recherche. En sens inverse, s'il trouve plus de vingt réponses, il donne leur nombre, et demande si l'on veut toute la liste ou si l'on peut fournir quelques renseignements supplémentaires qui affineront le tri. Il y a plus de deux mille abonnés parisiens dont le patronyme est Martin.

Les noms de sociétés posent d'autres problèmes. Longtemps, la S.N.C.F. n'a pas figuré dans l'annuaire, ni la SNCF, ni la Société nationale des chemins de fer français. Il fallait chercher à la lettre C, chemins de fer. L'annuaire électronique apporte plus de souplesse, on trouvera S.N.C.F. quelle que soit la graphie d'appel. A la limite, il suffit d'écrire Société — mais il y aura évidemment beaucoup de réponses.

Encore plus difficile à maîtriser que la recherche par nom est la recherche professionnelle, correspondant à la consultation des pages jaunes de l'annuaire. Déjà elle n'est pas aisée dans l'annuaire imprimé. Les noms des professions n'y sont pas toujours évidents. Mais on a au moins la ressource de feuilleter les pages. Pour l'annuaire électronique, il a fallu créer un *thesaurus* de termes renvoyant à telle ou telle profession. Sans pouvoir éviter tous les problèmes : au cours d'une expérimentation, il avait été constaté que *« pèse-bébé »* renvoyait à *« garages pour poids-lourds »* car *« bébé »* n'était pas reconnu et *« pèse »* était assimilé à *« poids »*...

Maurice Arvonny,
Le Monde, 28 décembre 1983.

LE « CHEZ-SOI »

En définitive, tous les éléments de la maison contribuent à créer cet endroit familier qu'on appellera le « chez-soi » ou le foyer, avec toutes les nuances que l'on peut imaginer, selon la classe sociale à laquelle on appartient. En tout cas, c'est toujours le refuge affectif, et Mme D..., boulangère, aime son « intérieur ». Les R..., ménage de cadres, veulent un « confort douillet » dans leur appartement moderne du XVᵉ arrondissement. Mᵉ B..., avocat, achète chez les antiquaires des meubles ou d'autres objets qui lui « plaisent et qu'il aime avoir autour de lui », dans son appartement de 300 m² du XVIᵉ arrondissement. Les familles modestes, elles, ne vivent pas dans un tel cadre.

une ouvrière rentre chez elle

(Berthe, qui travaille à l'usine, retourne déjeuner à midi dans le petit appartement qu'elle a eu la chance de trouver juste à côté de l'usine.)

Elle grimpe ses cinq étages... tout est minuté, pas de temps à perdre. Arrivée en haut, un peu essoufflée, elle met la clé dans la serrure, soupire, enfin la voici chez elle... La veste qu'elle jette sur une chaise, ensuite la poêle à frire pour le bifteck, ou pour faire chauffer les restes quand il y en a. Pendant que la margarine commence à fondre, elle enfile une blouse, met son couvert et va ouvrir les fenêtres de la salle de séjour. Depuis peu, elle a acheté un living-room en teck ; il y a aussi un canapé en skaï rouge ; au-dessus, une reproduction d'un tableau de Renoir à ce qu'il paraît ; c'est sa fille qui lui a payé. *Les Canotiers* qu'ça s'appelle. Il y avait aussi un tableau qui représentait trois petits campagnards. [...] Quand elle avait acheté sa salle de séjour, Clarisse lui avait dit : « Tu ne vas pas l'accrocher, ça n'ira pas avec. » Mais y'avait rien eu à faire ; c'était le père qui l'avait découpé dans une illustration, qu'il avait trouvée, Dieu sait où. Il l'avait mis sous verre, et avait fait un encadrement en bois ; pour Berthe, c'était un maillon qui la rattachait à son enfance. Dans le coin, sur une table, la télé, avec dessus la photo de Clarisse en communiante, elle la remplacera par la photo de mariée de sa fille, si toutefois elle se marie. Des chaises de forme moderne sont placées tout autour de la table, et sur celle-ci, il y a toujours une botte de fleurs dans un vase en céramique, un cadeau de fête des mères. Un fauteuil assorti au canapé et un immense caoutchouc qui atteint presque le plafond ; ces plantes-là se plaisent bien dans les H.L.M.

Sa chambre est plus « simple » comme elle dit aux gens à qui elle fait visiter son appartement ; elle l'a achetée quand elle s'est mariée, elle est en pitchpin, avec un dessus-de-lit en crylor rouge qu'elle a eu avec le colis épargne. Justement, elle voudrait bien la changer cette chambre, elle en a vu une en polyester à la Coop., son dessus-de-lit rendrait beaucoup mieux ; enfin ce sera pour plus tard. Sur les murs il y a un sous-verre qui représente les falaises d'Étretat... un voyage organisé qu'elle avait fait... c'était la première fois qu'elle voyait la mer, il y avait aussi un tableau ovale en verre bombé qui représentait le Sacré-Cœur, dans les deux pièces, aux fenêtres il y a des stores en tergal. Dans la cuisine, des rideaux blancs bien tirés, pour ne pas que les gens d'en face puissent bigler chez elle ; d'ailleurs, eux, c'est pareil, si par hasard, elle se met à la fenêtre, et qu'en face, il y en a une d'ouverte, aussitôt, on entend un claquement rageur. Pourtant, à peu de chose près, les appartements sont tous meublés de la même façon : les cuisines avec leur table en formica, les éléments accrochés au mur, le frigidaire dans le coin, et la gazinière près de l'évier. On a beau dire, mais le gaz, c'est pratique, une allumette, et ça chauffe...

Colette Basile,
Enfin, c'est la vie,

L'INSÉCURITÉ

En France comme dans un certain nombre d'autres pays, la protection contre le vol est devenue une industrie. Les gens parlent entre eux des meilleurs moyens de se protéger, les compagnies d'assurances donnent des conseils à leurs assurés.

protégez votre habitation

Empêchez les voleurs de travailler, intimidez-les, effrayez-les, compliquez-leur la tâche, dérangez-les... Du plus simple au plus sophistiqué tous les moyens sont bons. A vous de déterminer ceux qui vous conviennent en fonction de votre lieu de résidence, de votre type d'habitation, de son environnement, de la criminalité dans votre région, de vos habitudes... et de votre budget.

les bons vieux principes

Ils sont élémentaires, faciles à appliquer, ils n'engagent à aucun frais, ils ont été cent fois rabâchés... et ne sont pourtant pas respectés comme ils devraient l'être, c'est-à-dire systématiquement. Il faut donc rappeler une fois encore que l'on doit :

- Fermer portes et fenêtres, même si on ne s'absente que pour très peu de temps.
- S'abstenir d'afficher sur sa porte : « Je suis chez la voisine » ou « je reviens dans une heure ».
- Emporter ses clefs avec soi, ne pas les cacher sous le paillasson ou dans un pot de fleurs, ne pas les laisser dans sa boîte aux lettres ni sur un tableau exposé en évidence dans la loge du gardien.
- Éviter d'indiquer son nom et son adresse sur son porte-clefs.
- Changer sa serrure si l'on perd ses clefs.
- Se méfier. Avant d'ouvrir la porte, mettre l'entrebailleur et regarder par le judas.
- Être discret en ce qui concerne sa situation de famille, ses biens, ses habitudes, ses absences. Attention en particulier à ce que l'on enregistre sur son répondeur téléphonique.
- Mettre son argent, ses bijoux ou objets précieux dans un coffre à la banque. Se rappeler qu'il n'y a pas de « bonne » cachette pour un « bon » cambrioleur.
- S'organiser pour ne pas donner des signes évidents d'une longue absence, demander à un ami de passer de temps en temps pour ouvrir les fenêtres, ramasser le courrier, arroser les fleurs du balcon ou la pelouse du jardin.

la protection électronique

C'est ce que l'on appelle communément « système d'alarme ». La méthode est simple : un dispositif permet de détecter l'intrusion et, s'il y a intrusion, déclenche une alarme sonore. Il existe trois systèmes de protection :

- Périphérique : détection d'intrusion dans l'entourage d'une habitation.
- Périmétrique : détection d'ouverture des issues d'une habitation (quelle que soit la méthode employée par l'intrus).
- Volumétrique : surveillance de l'intérieur d'une habitation par rayons ultra-sons, infra-rouges ou radars.

Les installations et leur coût sont très variables.

Bulletin d'information de la Garantie mutuelle des fonctionnaires, octobre 1983.

APPAREIL PÉDAGOGIQUE 2

Présentation

Après la présentation de la famille, il est normal de décrire le cadre dans lequel elle vit. Là encore des changements de la société tout entière doivent être comparés à ceux du logement : l'évolution des activités économiques, des moyens de transport, a contribué à la disparition de la maison des paysans où l'on produisait ce qu'il fallait à la famille pour vivre. La plupart des gens habitent maintenant en ville et vont travailler dans des usines ou des bureaux. Il faut se souvenir que cette évolution, d'une vie rurale à une vie urbaine, est à peine achevée en France. C'est pourquoi on retrouvera très souvent dans le chapitre des allusions à ce qu'on pourrait appeler « la nostalgie de la campagne ». Ce qui change, c'est à la fois l'environnement et l'intérieur de la maison : il est intéressant d'examiner les objets et les nouvelles machines qui la meublent. On remarque qu'il y a dans le chapitre de nombreux textes de publicité : la maison est devenue un bien que l'on achète et que l'on revend sur le « marché immobilier » et comme ce marché est très important, la publicité l'est également.

P. 35 LE FONTENOY

UNE GRANDE FAMILLE : famille où il y a au moins trois enfants. Ces familles bénéficient d'avantages sociaux comme des allocations familiales plus importantes et des cartes de réduction sur les tarifs du métro, de l'autobus et du train. Le gouvernement veut encourager ainsi les familles françaises à avoir plus de deux enfants.
recevoir : accueillir chez soi des amis, des invités.
le studio : une seule pièce qui sert de salle de séjour et de chambre avec une petite cuisine et une salle de bains.
à l'aise : confortablement.
largement éclairé : où entre beaucoup de lumière.
aménagé : meublé.
la belle-maman (fam.) : belle-mère.
plein sud : orienté vers le sud.
conçu : organisé.
attenant : qui touche à.
les moyens (m. pl.) : ressources financières.
privatif (jargon immobilier) : personnel et retiré de la vue du public.

P. 36 DES PETITES ANNONCES IMMOBILIÈRES

annonces immobilières : annonces concernant les biens immobiliers, c'est-à-dire les terrains, les maisons, les appartements, les usines et les commerces.

Vocabulaire et abréviations

imm. : immeuble.
asc. : ascenseur.
p. : pièce.
1 400 F ch. comp. : 1 400 francs par mois charges comprises.
(Les charges sont les dépenses d'entretien et de chauffage dans l'immeuble.)
R.E.R. : Réseau Express Régional.
stand. : standing. (Dans le langage publicitaire, on trouve souvent *standing* — de bon confort — **grand standing, très grand standing** — luxueux.)
cft. : les commodités habituelles.
park. : parking (emplacement pour garer la voiture).
dble liv. : double living (salon - salle à manger occupant la superficie de deux pièces).
sans commission : le locataire n'aura pas d'argent à payer à l'agent immobilier pour ses services.
cuis. éq. : cuisine équipée (au moins une cuisinière et un réfrigérateur).
plac. : placard.
ch. : chauffage.
chf. cent. : chauffage central.
s/place : sur place.
libre de suite : libre immédiatement.
E.D.F.-G.D.F. : Électricité de France-Gaz de France.
caution : somme d'argent versée en garantie au début d'une location.
indép. : indépendante (isolée du reste de l'appartement).
disp. : disponible.
ts. ls. jrs. : tous les jours.
terrasse aménagée : terrasse décorée de plantes et de fleurs.
la vente aux enchères : vente faite en public où les gens proposent des prix de plus en plus élevés pour acheter l'objet ou la maison mis en vente.
compr. : comprenant.
buand. : buanderie (bâtiment ou pièce où on fait la lessive et le repassage).
ann. : annexe (bâtiment séparé).
gren. : grenier.
rangem. : rangements (placards).
dégag. : vestibule et large couloir.
de caractère : ici, d'aspect ancien.
imm. pierre de taille : bâtiment construit en grosses pierres taillées. En principe il s'agit d'une construction de bonne qualité.
chbre serv. : chambre de service ; chambre séparée du reste de l'appartement où une employée de la maîtresse de maison peut être logée.

Discussion sur les petites annonces

1. Vous êtes à Paris et vous voulez louer un appartement. Parmi les appartements à louer, lequel vous conviendrait le mieux ? Pourquoi ?
2. Quelle impression du logement à Paris ces petites annonces donnent-elles ?
3. Quels peuvent être les avantages et les désavantages d'une vente aux enchères ?
4. Comparez ces petites annonces avec des petites annonces immobilières publiées dans un journal de votre pays. Est-ce qu'elles révèlent des attitudes différentes envers le logement ? Justifiez votre réponse.

Exercices de langue

1. Expliquez les abréviations suivantes : ét. ; cuis. ; tél. ; s. de bains (bns.) ; chbre ; tt. cft. ; jard.

2. Vous voulez vendre un appartement ou une maison. Composez la petite annonce que vous allez publier à cet effet.

P. 37 UNE CHAMBRE EN VILLE

LA CONCIERGE : ce mot tend à être remplacé par « la gardienne » (le gardien). Traditionnellement la concierge est au courant de tout ce qui se passe dans l'immeuble dont elle garde l'entrée et sait donc s'il y a des chambres libres à louer aux étudiants.
DÉBUT SEPTEMBRE : c'est la rentrée après les vacances d'été mais les cours universitaires ne commencent qu'à la fin septembre, au plus tôt.
LE LIÈVRE ET LA TORTUE : fable célèbre de La Fontaine (1621-1695). Bien que le lièvre puisse courir plus vite que la tortue, celle-ci gagne la course parce qu'elle commence plus tôt.
« MEUBLÉS » : les chambres ou les studios meublés que l'on trouve dans les petites annonces du journal sous le titre « LOCATIONS ».
LES INVALIDES : monument de Paris. Construit au dix-septième siècle, ce bâtiment était destiné à loger les soldats invalides.
LE LUXEMBOURG : le jardin du Luxembourg se trouve à Paris au Quartier Latin.
dénicher : trouver.
la tournée : visite.
inopérant : inutile.
semer (fam.) : *ici*, afficher.
chez les commerçants : *ici*, chez le boulanger, le pâtissier, le marchand de journaux.
le feu vert : *ici*, la permission.
un hyper (fam.) : hypermarché.
en bordure de : à côté de.
s'y fier : compter dessus en toute confiance.
le porche : le porche d'entrée de l'immeuble.
en stop (fam.) : en faisant de l'auto-stop.
la moralité (fam.) : conclusion.
alléchant : très attrayant.
au préalable : auparavant.
la hutte (fam.) : logement.
en tout genre : de toute sorte.
fantasmer (fam.) : imaginer.
le bac : récipient d'eau.
même topo (fam.) : même chose.
présent : *ici*, existant.
caser (fam.) : mettre.
le camping-gaz : petit récipient de gaz que l'on peut utiliser quand il n'y a pas de réseau de gaz installé.

P. 41 TÉLÉMATIQUE

LA REDOUTE : l'établissement le plus connu de ventes par correspondance.
ILLE-ET-VILAINE : département en Bretagne.
anodin : *ici*, simple.
le cardiologue : médecin spécialiste des maladies du cœur.
virer : transférer.
le compte : *ici*, compte en banque.
puéril : élémentaire.
feuilleter : tourner les pages d'un livre.

P. 41 DERRIÈRE L'ANNUAIRE ÉLECTRONIQUE

« CE BON VIEIL ANNUAIRE » : annuaire imprimé composé de pages blanches où figurent les noms des abonnés avec leur numéro de téléphone, et de pages jaunes qui donnent l'adresse de commerçants et de services.
un(e) abonné(e) : *ici*, personne qui a le téléphone.
un(e) correspondant(e) : *ici*, personne à qui l'on veut téléphoner.
un interlocuteur (une interlocutrice) : personne à qui l'on parle.
l'homonymie vocale : mot ayant le même son.
affiner le tri : rendre la sélection plus précise.
le patronyme : nom de famille.
la graphie : orthographe.
le pèse-bébé : balance pour peser les bébés.
le poids lourd : gros camion.

P. 42 UNE OUVRIÈRE RENTRE CHEZ ELLE

L'ILLUSTRATION : grande revue populaire du début du siècle.
EN COMMUNIANTE : habillée de la traditionnelle robe blanche qu'on porte le jour de sa première communion, importante cérémonie familiale.
H.L.M. : habitation à loyer modéré où vivent en général les familles ayant peu de ressources financières.
LE COLIS ÉPARGNE : achat par correspondance que l'on paie en épargnant.
LA COOP : chaîne de magasins coopérative.
LE SACRÉ-CŒUR : église parisienne très connue, située au sommet de la Butte Montmartre.
tout est minuté : (ici) elle a peu de temps et elle doit donc compter les minutes.
mettre le couvert : mettre sur la table l'assiette, la fourchette, le couteau, le verre.
le skaï : matière plastique imitant le cuir.
à ce qu'il paraît (très fam.) : d'après ce qu'on dit.
qu'ça s'appelle (très fam.) : le titre du tableau est *Les Canotiers*.
y'a rien à faire (très fam.) : (ici) personne ne me fera changer d'avis.
le maillon : élément d'une chaîne.
le caoutchouc : plante verte.
le pitchpin : bois bon marché.
la chambre : (ici) le mobilier.
rendre : (ici) paraître.
bigler (fam.) : regarder.
le claquement rageur : le bruit de la fenêtre qu'on ferme avec colère.
les éléments (m. pl.) : placards.

Exercices de langue

1. L'écrivain place dans son texte des expressions et des réflexions de Berthe. Dans quel but ?
2. Ce texte crée l'atmosphère d'un intérieur pauvre et triste. Relevez les mots et les expressions qui donnent cette impression.

Discussion sur le texte

1. Dans votre pays connaissez-vous l'intérieur d'ouvriers ? Décrivez-le si possible et comparez-le à celui de Berthe.
2. Quelle est la différence entre un intérieur pauvre et un intérieur misérable ? Apportez des explications par des détails précis.
3. Voyez-vous l'appartement de Berthe dans un bidonville ? Où le situez-vous ?
4. Quelles sont les caractéristiques d'un intérieur situé dans un bidonville ? Qui habite ce type d'intérieur, à votre avis ?

P. 43 PROTÉGEZ VOTRE HABITATION

n'engagent à aucun frais : ne coûtent rien.
rabâcher (fam.) : répéter.
s'abstenir de : ne pas.
exposé en évidence : très visible.
la loge du gardien : appartement qu'occupe le gardien à l'entrée de l'immeuble.
l'entrebailleur : petite chaîne qui limite l'ouverture de la porte.
le judas : trou dans la porte au niveau des yeux et par lequel on peut voir qui est à l'extérieur du logement.
les biens (m. pl.) : possessions.
la cachette : endroit où l'on cache un objet.
communément : ordinairement.
le dispositif : appareil.
les issues (f. pl.) : les portes et les fenêtres.

EXERCICES SUR LE CHAPITRE

Questions générales

1. Transformez les petites annonces de logements « à vendre » en publicités, en vous inspirant des textes de publicité figurant dans le chapitre.
2. Récrivez les publicités contenues dans le chapitre sous forme de petites annonces.
3. Relevez les principaux thèmes figurant dans les différentes publicités du chapitre. Qu'est-ce que cela nous révèle sur les aspirations des Français ?
4. Préféreriez-vous acheter un logement moderne et neuf ou rénover un logement ancien qui a du caractère ? Donnez vos raisons.

Question d'opinions

Attribuez à chaque personne l'opinion qui vous paraît la plus probable. Justifiez votre choix.
— Jean, 22 ans, étudiant en droit, opinions politiques plutôt au centre ;
— Georges, 52 ans, gardien de la paix, sans opinions politiques (c'est-à-dire, généralement une opinion conservatrice) ;
— Anne, 20 ans, étudiante en lettres, opinions politiques de gauche ;
• Hélène, 44 ans, mère de famille, sans opinions politiques ;
— Bernard, 38 ans, plombier, opinions politiques de droite.

a. « La maison individuelle coûte cher à la collectivité. Il faut beaucoup plus de routes,de canalisations d'eau et d'égouts pour loger le même nombre de personnes. Cependant, on ne peut pas oublier que beaucoup de gens sont plus heureux dans une maison individuelle. »
b. « Moi, ce que j'aimerais, c'est pouvoir acheter une machine à laver la vaisselle pour passer moins de temps dans la cuisine. »
c. « Avoir une belle maison, ou un bel appartement plein de belles choses, ça n'a pas d'intérêt. Ce qui compte, ce sont les rapports qu'on peut avoir avec les autres gens. »
d. « Moi, quand je rentre dans mon pavillon, j'aime bien m'occuper de mon petit jardin. Je ne pourrais plus supporter de vivre à l'étroit dans un appartement au centre de la ville. »
e. « Les architectes n'ont pas d'imagination, ou ils ne se donnent pas de mal. Vous n'avez qu'à voir tous les immeubles qui se ressemblent. Et puis ils ne savent même pas faire leur travail correctement. Je suis tout le temps appelé chez les gens pour faire des réparations. »

Débats de civilisation

1. Est-il préférable de louer son logement ou d'en devenir le propriétaire ? Donnez vos raisons.
2. En choisissant un logement, quelle importance faut-il accorder à la possibilité de contacts avec la nature ? Pourquoi ?

LE JEU DES PREUVES *cf.* p. 5

— Est-ce que beaucoup de Français gardent encore le souvenir d'une maison familiale à la campagne ?
— Est-ce que les Français aiment restaurer une vieille maison pour en faire leur maison de vacances (« résidence secondaire ») ?
— Est-ce que les Français préfèrent aujourd'hui habiter une maison individuelle ou un appartement ?
— Est-ce que les Français donnent une grande importance à leur chez-soi ?

LE JEU DE L'INTERVIEW. *cf.* p. 5

Regardez les publicités. Vous interviewez les personnes qui sont responsables de la vente ou de la location de ces appartements et maisons individuelles.

THÈMES DU JEU INTERCULTUREL *cf.* p. 6

Quel est votre logement idéal ?
Préférez-vous acheter les appareils ménagers les plus récents ou des meubles anciens et des œuvres d'art ?

la cuisine et la gastronomie

La famille Oliver.

Paul Bocuse.

MM. Barrier père et fils.

LES GUIDES GASTRONOMIQUES

La parution, chaque printemps, de l'édition annuelle des grands Guides gastronomiques et, en particulier, du *Guide Michelin*, suscite une curiosité analogue à celle qui précède l'attribution des Grands Prix littéraires à l'automne. Cela indique combien la gastronomie est importante dans la vie quotidienne des Français.

Comment se présente donc le *Guide Michelin ?* C'est un gros livre rouge (à ne pas confondre avec les Guides touristiques, du même éditeur, qui sont verts). Chaque année depuis 1900, il classe les restaurants et les hôtels de France selon leur confort et leur qualité.

Tous les symboles utilisés sont expliqués au début du livre. Pour les restaurants, la qualité de la cuisine ou de « la table » se mesure en étoiles (la plus haute distinction est trois étoiles), et le confort de l'établissement par d'autres signes.

Deux journalistes parisiens publient un autre guide, le *Guide Gault-Millau*. Dans ce Guide, on adopte le classement suivant : restaurant à trois toques, à deux toques, à une toque, sans toque. Pour chaque catégorie, les auteurs donnent au restaurant une note sur 20.

Chaque année, les chroniqueurs gastronomiques des journaux commentent le classement des restaurants, qui peut changer d'une année à l'autre.

dans le guide Michelin 1985

Le choix d'un hôtel, d'un restaurant

LA TABLE

Les étoiles : voir les cartes p. 64 à 71.

En France, de nombreux hôtels et restaurants offrent de bons repas et de bons vins.

Certains établissements méritent toutefois d'être signalés à votre attention pour la qualité de leur cuisine. C'est le but des étoiles de bonne table.

Nous indiquons pour ces établissements trois spécialités culinaires et des vins locaux. Essayez-les, à la fois pour votre satisfaction et pour encourager le chef dans son effort.

✪ 536 — **Une très bonne table dans sa catégorie**

L'étoile marque une bonne étape sur votre itinéraire.

Mais ne comparez pas l'étoile d'un établissement de luxe à prix élevés avec celle d'une petite maison où à prix raisonnables, on sert également une cuisine de qualité.

✪✪ 88 — **Table excellente, mérite un détour**

Spécialités et vins de choix... Attendez-vous à une dépense en rapport.

✪✪✪ 19 — **Une des meilleures tables, vaut le voyage**

Table merveilleuse, grands vins, service impeccable, cadre élégant... Prix en conséquence.

R — **Les repas soignés à prix modérés**

Tout en appréciant les bonnes tables à étoiles, vous souhaitez parfois trouver sur votre itinéraire, des restaurants plus simples à prix modérés. Nous avons pensé qu'il vous intéresserait de connaître des maisons qui proposent, pour un rapport qualité-prix particulièrement favorable un repas soigné, souvent de type régional.

Consultez les cartes p. 74 à 80 et ouvrez votre guide au nom de la localité choisie. La maison que vous cherchez se signale à votre attention par la lettre **R** en rouge, ex. : **R** 60.

Les vins et les mets : voir p. 72 et 73

Gault-Millau

Trois toques, avec 17/20

à Paris :

Jacques Cagna, *6e*, 1984
Le Duc, *14e*, 1978
Olympe, *15e*, 1980
Vivarois, *16e*, 1973
Le Bernardin, *17e*, 1984
Beauvilliers, *18e*, 1981

en banlieue :

Camélia, *à Bougival*, 1974
Epoque, *à Châteaufort*, 1979
Marches, *à Versailles*, 1977

en province :

France, *à Auch*, 1974
...stings, *à Bénouville (Caen)*, 1983
...is, *à Biarritz*, 1972
...nt, *à Bordeaux*, 1982
Bordeaux, 1983
...ac *(Bordeaux)*, 1977
...acieux, 1985
Cannes, 1985
...eau-Arnoux, 1982
...hambertin, ...in, 1982
...nnebont, 1978
1980
1984
...982
...978
...ns, 1978
..., 1985
...982
...982
...5
...984
...984
..., 1985
...nève, 1979

Le Chambord, *à Collonges-Bellerive (Genève)*, 1984
Le Lion d'Or, *à Cologny (Genève)*, 1985
Le Marignac, *au Grand-Lancy (Genève)*, 1983
Le Vieux Moulin, *à Troinex (Genève)*, 1983
Le Centenario, *à Locarno*, 1984
Le Pont de Brent, *à Brent (Montreux)*, 1984
Le Rosalp, *à Verbier*, 1984
Petermann's Kunstube, *à Kusnacht (Zurich)*, 1984

au Luxembourg :

Le Saint-Michel, *à Luxembourg*, 1985

Trois toques, avec 17/20

à Paris :

La Tour d'Argent, *5e*, 1972
Les Ambassadeurs (Hôtel Crillon), *8e*, 1983

en province :

Hiely-Lucullus, *à Avignon*, 1981
L'Oustau de Baumanière, *aux Baux-de-Provence*, 1973
Au Petit Truc, *à Vignoles (Beaune)*, 1984
Nandron, *à Lyon*, 1985

en Belgique :

Romeyer, *à Hoeilaart (Bruxelles)*, 1979

Deux toques, avec 16/20 ou 15/20

Restaurant ou bistrot de grande cuisine

Une toque, avec 14/20 ou 13/20

Bonne table, qui fait une étape honorable, sûre et parfois gastronomiquement originale

Trois catégories

12/20 11/20 10/20

Restaurant d'un niveau honorable

19

29 (Finistère)

... Quimperlé 13

06.90.32 *du 1er oct. au 7 avril. Jusqu'à*

...uits de mer, au bord même ...e l'ostréiculteur-patron qui ...nerveilleuses plates de tous ...zéro (170 F la douzaine) et ...ux où figurent pour une fois ...et autres coquillages ravis... ...omard grillé et de généreu...

Moëlan
(98)06.42.98
du 1er fév. au 15 mars. Jusqu'à ...). Sal. part. : 45 couv. Pkg. Terr.
...crédit : *CB*

...timide patronne Yolande Châ... ...lans une plaisante et claire salle ...s commencerez par laisser cou... spectacle fascinant de la ver... ...on qui serpente en contrebas à ...vous goûterez la fine cuisine du ...ises langoustines braisées au ...ché de poissons au beurre d'ail ...rbet au cidre (fait rare, pas trop ...ilieu, du homard au gingembre ...une grande assiette de desserts. ...urs ici et là mais aussi beaucoup ...oduits exceptionnels bien respec... ...intelligemment composée. Nom... ...tés et une carte ... breux menus intéressants.

Carte : *250 F et plus.* **Menus** : *80 F, 107 F, 150 F, 198 F, 225 F (s.c.).*

12/20 MELANIE
Place de l'Eglise - (98)06.91.05
Mlle Trellu. *F. mardi, 2 sem. en janv. Jusqu'à 21 h.* **Cartes de crédit** : *AE, DC*

Les meubles bretons sont bien cirés et les grands tableaux soigneusement époussetés, surtout celui où l'on voit Curnonsky en train de croquer des huîtres avec la glorieuse Mélanie, toute coiffe dehors. Pour le reste, rien n'a changé du répertoire maison et le chef Cornou ranime d'une année sur l'autre avec l'énergie du désespoir la flamme ardente du souvenir (notamment sous le homard flambé à l'armagnac), avec la timbale de fruits de mer, les palourdes farcies et le turbot beurre blanc.

Carte : *250 F.* **Menus** : *83 F, 167 F, 203 F, 320 F (s.c.).*

▶ **RIEDISHEIM (68)** *voir* **MULHOUSE**

▶ **RIGNAC (46)** *voir* **GRAMAT**

▶ **RIORGES (42)** *voir* **ROANNE**

RIQUEWIHR
68340 Riquewihr
Paris 437 - Colmar 13 - Ribeauvillé 5 - Sélestat 19 - St-Dié 46

68 (Haut-Rhin)

Carte : *250 F.* **Menus** : ...

CLOS SAINT-VINCENT
(Restaurant : voir ci-dessus)
F. du 15 nov. au 1er mars. 11 ch. de 415 à 671 F t.c. Chiens : 20 F.

Très belle hostellerie devant la vallée du Rhin et la plaine d'Alsace. Les chambres sont spacieuses, séduisantes et d'une tranquillité absolue. Le service est remarquable. Relais et Châteaux.

LES SEIGNEURS DE RIBEAUPIERRE
11, rue du Château - (89)73.70.31
F. du 1er déc. au 1er mars. Pkg. 10 ch. de 225 à 370 F t.c. Chiens payants.

Une ancienne demeure du XVIIe siècle en retrait de la grand-rue et parfaitement au calme. Chambres et suites joliment décorées sur un jardin qui fait l'orangerie des seigneurs de Ribeaupierre.

LA TOUR
1, rue de la Mairie - (89)73.72.73
F. du 1er janv. au 28 fév. 32 ch. de 161 à 254 F t.c. Chiens int. Séminaires 30 pers. **Cartes de crédit** : *CB, DC, EC*

Vieille exploitation viticole transformée en confortable hôtel. Chambres modernes et agréables donnant sur la fontaine et les maisons alsaciennes d'une jolie petite place. Sans restaurant.

14 **LES VOSGES**
2, Grande-Rue - (89)73.61.39
M. Matter. *F. lundi soir, mardi. Jusqu'à 21 h. 12*

dans le guide Gault-Millau 1985

RICHARDMÉNIL 54 M.-et-M. 62
Paris 314 – Épinal 55 – Lunéville 33 – ...
XX **Bon Accueil**, rte Messei... *fermé 1er au 15 mars, 1er au ...*

RICHELIEU 37120 I.-et-L. 68 ③
Syndicat d'Initiative 6 Grande rue
Paris 295 – Châtellerault 30 – Chinon ...
Château de Milly ... S ... rest
30 ... E ... *Hôtel 5 avril-15 oct. ...*
265/385 – P 434/482
PEUGEOT-TALBOT Gar. du Richel... 32.36

RICHEMONT 57 Moselle 57 ③...
Paris 330 – Briey 20 – Longwy 46 – ...
XX **Freddy**, D 953 ☎ 771.24... *fermé 9 au 14 avril, 6 au 2...*

RIEC-SUR-BÉLON 29124 Finistère 58 ⑪⑫ – 4 059 h. alt. 48 – ✪ 9...
Syndicat d'Initiative pl. Église (15 juin-15 sept.) ☎ 06.97.65.
Paris 523 – Carhaix-Plouguer 61 – Concarneau 19 – Quimper 38 – Quimperlé 13.
XXX **Chez Mélanie** avec ch, **face église** ☎ 06.91.05, collection de tableaux, ... – SC : **R** *(fermé mardi)* (dim. et fêtes : préveni...) AE ⓓ
fermé 15 nov. au 15 déc. et en janv. – 19.50 – **7 ch** 125/188 84/320 – P ...
XXX **Kerland**, S : 4 km par D 24 et VO ☎ 06.42.98, ← – ... – SC : **R** 80/225
fermé 15 fév. au 10 mars – ...
CITROEN Coyac-Rouat, 26 r. des Gentilshommes ☎ 06.91.27

RIEDISHEIM 68 H.-Rhin 66 ⑩ – rattaché à Mulhouse.

RIEUMES 31370 Hte-Garonne 82 ⑰ – 2 424 h. alt. 281 – ✪ 61.
Paris 748 – Auch 60 – Foix 74 – St-Gaudens 59 – Toulouse 39.
l'Ovalie, pl. Marché ☎ 91.81.06 – ... – SC : **R** *(fermé vend.)* 33/1...
fermé 21 oct. au 3 nov. et vacances de fév.
– **18 ch** 50/80 – P 115
CITROEN Gar. Rieumois, ☎ 91.81.28

RIEUPEYROUX 12240 Aveyron 80 ① – 2 634 h. alt. 718 – ✪ 65.
Paris 632 – Albi 54 – Carmaux 38 – Millau 93 – Rodez 38 – Villefranche-de-Rouerg...
Commerce, ☎ 65.53.06, ... wc ... E ... rest
fermé 20 déc. au 15 janv., dim. soir et lundi midi sauf juil.-août
– 14 – **29 ch** 63/119 – P 140/154
RENAULT Gar. Coster...
CITROEN Malrieu, ☎ 65.53.47

RIEUTORT-DE-RANDON 48 Lozère 76 ⑮ – 661 h. alt. 1 130 – ✉ 48 St-Chély...
Paris 555 – Mende 18 – Le Puy 80 – St-Alban-sur-Limagnole 30 – St-Chély...
Plateau du Roy ..., N 106 ☎ 47.33.03, ← ... wc
8 juin-23 sept. – SC : **R** 65 – 16 – **17 ch** 170/180 – P 2...

RIEUX-MINERVOIS 11 Aude 83 ⑫ **G. Causses** – 1 893 h. alt. ...
vois – ✪ 68.
Voir Église*.
Paris 889 – Béziers 57 – Carcassonne 26 – Mazamet 57 – Narbonn...
XX **Logis de Mérinville** avec ch, ☎ 78.11.78 – ... – SC : **R** *(fermé merc.)* 80/200
fermé 2 janv. au 2 fév.

RIGNAC 12390 Aveyron 80 ① – 1 739 h. alt. 500 – ✪ 65.
Syndicat d'Initiative pl. Portail-Haut (1er juil.-31 août) ☎ ...
Paris 622 – Aurillac 90 – Figeac 38 – Rodez 29 – Villefranc...
Marre, ☎ 64.51.56, ... wc ... E – 11.50 –
fermé dim. sauf juil.-août – SC : **R** 38/95 – ...

RIGNY 70 H.-Saône 66 ⑭ – rattaché à Gray.

578

dans le guide Michelin 1985

LA GRANDE CUISINE

La tradition des menus très copieux se limite aujourd'hui aux réceptions officielles ou aux grandes fêtes de famille. On trouve aussi des repas abondants mais moins raffinés à la campagne.

Cependant, les diététiciens estiment que les Français d'aujourd'hui ont encore tendance à trop manger en général. Le régime devient une préoccupation constante. Au début du siècle, une jolie femme devait être bien en chair, comme les modèles de Renoir, et la « brioche » donnait à un homme l'air d'avoir réussi, l'air « d'être arrivé ». De nos jours, la mode est aux hommes et aux femmes sveltes, à l'air jeune.

MENU

Consommé florentine
Croustades à la Régence
Esturgeon à la ravigote
Turbot sauce cardinal
Selle de Béhague à la Renaissance
Suprême de volaille à la Maintenon
Salmis de bécasse à la Cambacérès
Turban de foie gras en gelée
Ortolans rôtis sur canapé
Salade sicilienne
Asperges en branches
Bombe Johannesburg
Tuiles dentelles
Biscuits au parmesan.

Jean d'Ormesson, *Au plaisir de Dieu,* Gallimard.

la cuisine minceur

En 1976, nous avons consommé soixante-cinq mille milliards de calories. Soit trois mille deux cents calories par personne et par jour, une calorie étant l'unité de mesure de la valeur énergétique des rations alimentaires. C'est apparemment raisonnable. Mais quand on sait que les bébés et les personnes âgées mangent beaucoup moins, cela donne pour certains d'entre nous cinq mille calories, ce qui est beaucoup trop pour des sédentaires.

En France, on consomme en moyenne 82 kilos de viande par personne et par an, 12 kilos de fromage, 7,5 kg de beurre. On boit 100 litres de vin par personne et par an, 20 litres de bière et 10 litres d'apéritifs et digestifs. Autrement dit, vins, bières et alcools représentent 10 % de notre apport calorique et le pain 20 %. En supprimant ces deux éléments (un verre de vin : 120 calories et une tranche de pain : 60 calories), on peut déjà espérer maigrir sans trop souffrir. Mais il y a d'autres moyens. Autrefois, les grands chefs servaient des repas copieux. Plusieurs plats en sauce et de gros gâteaux à la crème. On sortait de table lourd et congestionné. Aujourd'hui, les grands cuisiniers ont mis au point de nouvelles recettes. Tout aussi raffinées et savoureuses que les recettes traditionnelles, elles sont classées « trois étoiles ». Mais elles sont beaucoup plus légères pour la ligne et l'estomac. C'est la « nouvelle cuisine ».

Quand Michel Guérard, le célèbre chef du *Pot-au-feu* à Asnières, a quitté son restaurant, il avait quelques kilos en trop. Comme il voulait séduire sa future femme Christine, mais qu'il ne pouvait pas se résigner à la grande tristesse des carottes râpées nature et des steaks-grillés-salade, il a fait preuve pour maigrir de génie inventif. Installé à Eugénie-les-Bains, la sation thermale des Landes, il a repris un manoir ancien qu'il a transformé en résidence-restaurant où il élabore des recettes aussi appétissantes que maigres. Ainsi donc le livre de Michel Guérard, *la Cuisine gourmande*, est devenu une sorte de guide de la « nouvelle cuisine ».

V.S.D., 13 janvier 1978.

LES REPAS QUOTIDIENS

Les Français continuent à faire deux repas principaux par jour, malgré la journée continue, qui réduit l'interruption de midi.

Petit déjeuner : café au lait (dans lequel on trempe parfois des tartines de pain beurré), ou thé, ou chocolat (lait chocolaté), et tartines ou toasts. Un tiers des Français partent travailler le matin en ayant seulement bu une boisson chaude.

Déjeuner : normalement, il se compose d'un hors-d'œuvre ou d'une entrée, d'un plat principal et d'une salade, d'un fromage ou d'un dessert et d'un café. On se contente quelquefois d'un simple sandwich ou d'un plat chaud unique.

Dîner : souvent une soupe pour commencer (le plus fréquemment en hiver, et dans les campagnes), et pour le reste, même composition que le déjeuner.

A ces repas s'ajoutent :

- Pour les enfants, **le goûter** de 4 heures : des tartines de pain beurré avec de la confiture, ou un morceau de pain avec du chocolat.
- Pour les paysans, et parfois d'autres travailleurs manuels, **le casse-croûte** du matin qui porte des noms variés selon les provinces, et qui se compose de pain, de fromage, de charcuterie.

Le petit déjeuner, le goûter et le dîner se prennent normalement à la maison ; quant au déjeuner, pendant la semaine de travail, on le prend en général, soit au restaurant, soit à la cantine de l'entreprise. Le restaurant, comme le café, est un lieu de vie sociale, où l'on rencontre des amis pour le plaisir de partager un repas.

Beaucoup de travailleurs déjeunent dans la cantine d'entreprise. On ne s'attend pas à y manger correctement et il est de tradition de considérer avec méfiance ce qu'on y sert. Cela commence vis-à-vis de la cantine du lycée pour les demi-pensionnaires, continue avec le restaurant universitaire des étudiants, et se poursuit dans les cantines d'entreprises. Il est vrai qu'on y mange pour beaucoup moins cher qu'au restaurant, mais cela est dû en large partie au fait que l'État (pour les restaurants universitaires) ou les comités d'entreprises (pour leurs cantines) versent des subventions.

le succès des fast-food

Menacés par l'offensive du hamburger, les partisans du steak-frites et du jambon-beurre tremblent. Combien de temps résisteront-ils encore ?

Nécessité ou mode ? Le « fast-food » — approximativement francisé en « restauration rapide » — est en plein explosion : 560 établissements en activité en France au 1er janvier 1983, dont 450 créés en 1981 et 1982.

Pourtant, il y a seulement dix ans, les rois américains du hamburger étaient, pour une fois, d'accord : « Ça ne marchera jamais dans la patrie de la gastronomie. »

Le « symbole gastronomique » de l'*american way of life* n'est d'ailleurs pas américain. Il est allemand. De Hambourg. Ce n'est pas non plus une nouveauté. Déjà, dans les bandes dessinées des années 30, Gontran, le copain de Popeye, s'empiffrait de sandwiches à la viande hachée. Un vrai phénomène, cependant : l'industrialisation massive du produit par Ray Kroc. A Chicago, capitale mondiale du corned-beef, il installe son premier MacDonald's dans les années 50. Mais Burger King revendique également la paternité du hamburger à la chaîne.

Après le prêt-à-porter, la hi-fi, la vidéo, le prêt-à-manger devient une mine d'or. Les grandes chaînes managent leur développement avec prudence. « Il suffit qu'on annonce l'installation d'un fast-food pour que le prix du pas-de-porte s'envole », dit Alain Bonneville, directeur général de Burger King. Trois exemples, sur les Champs-Élysées : 4 millions de francs pour installer un MacDonald's en 1978, mais 15 millions pour un Burger King et 20 millions pour un Free Time en 1982.

Quatre fast-food, en moyenne, se montent chaque jour. Les « fast-foodeurs » (ils ont créé ce néologisme hardi) estimaient, l'an dernier, que « s'installer dans une ville de moins de 100000 habitants n'est pas rentable ». Cette année, la barrière de la rentabilité est tombée à 50000 habitants... Dernière création : Astérix Burger, à Perpignan. Restons enfin Français.

On accuse le hamburger, déjà coupable d'introduire dans nos cuisines des mœurs de cow-boy, de favoriser l'exode des devises. Ainsi, les frites surgelées viennent le plus souvent d'Allemagne fédérale. La laitue frisée, qui craque sous la dent et ne ramollit pas sous la viande tiède (Iceber Lettuce), est cultivée spécialement en Espagne. La farine des buns elle-même vient des États-Unis ; cette qualité est introuvable en France. Les gobelets, les serviettes, les plateaux sont aussi importés. Comme les caisses enregistreuses, qui remercient les clients d'un chaleureux « Thank you » imprimé sur le ticket.

Qu'est-ce qui fait la différence entre ces délices alimentaires, les Big, Hit, Spécial, Super Burger ? Le degré de cuisson de la viande. Et la composition des sauces, tenue jalousement secrète. Certaines marques utilisent même une huile légèrement sucrée pour aromatiser les frites. « Notre nourriture est équilibrée », affirment les fast-foodeurs. Il leur reste encore à prouver comment la trilogie hamburger-frites-Coca-Cola (cette boisson pouvant être remplacée par un milk-shake, tout aussi sucré) peut contribuer à l'équilibre nutritionnel... Cette association (on peut y ajouter les glaces et les pâtisseries) va plutôt dans le sens de l'inflation calorique.

L'Express, 1er avril 1983.

---

croissant-coca

Juste retour des choses : c'est aux États-Unis que Louis Le Duff, créateur de la Brioche dorée — chaîne qui compte aujourd'hui soixante et une croissanteries fast-food, dont sept à l'étranger, et réalise un chiffre d'affaires de 200 millions de francs — a appris l'art de gérer la restauration à l'échelle industrielle. Ce Rennais de 35 ans tient à montrer aux Américains qu'il a bien compris leur leçon : après Boston, c'est à New York qu'il va ouvrir son prochain magasin. Enseigne choisie pour l'étranger : Paris Croissant.

L'Express, 29 janvier 1982.

au restaurant universitaire

Je suis malheureusement obligé d'y aller tous les jours, en raison de l'état de mes finances, m'explique un étudiant, mais seulement pour déjeuner. Le soir, c'est trop triste. Je m'arrange pour préparer un petit dîner dans ma chambre. En file indienne, plantés devant la caisse, pour acheter des tickets, ils sont une bonne trentaine. Tous ou presque étudiants, ils viennent « avaler sans plaisir » leur plateau-déjeuner, « le plus vite possible ». Car traîner dans les locaux de béton des restaurants universitaires n'a rien d'attrayant. « Je préfère passer le reste du temps libre, dans un troquet », est une réflexion qui fait l'unanimité. Dans Paris, il y a seize restaurants universitaires, les « restau-U », subventionnés par l'État. Ils sont gérés par les œuvres universitaires, le C.R.O.U.S. Chaque étudiant y a droit, jusqu'à 26 ans, à condition d'être en possession de la carte délivrée par le C.R.O.U.S.

Les heures d'ouverture sont de 11 h 30 à 13 h 45 le matin, et de 18 h 30 à 19 h 45, le soir. Petit détail à ne pas négliger : l'achat des carnets de tickets se fait toujours le matin. Et lorsqu'on en manque, il est rare de trouver une âme charitable : « Tu n'avais qu'à y penser ! J'en ai marre d'en refiler », s'entend souvent.

Les restau-U sont généralement en étage et organisés en self-service. Il est préférable de ne pas trop arrêter son regard sur les plateaux de faux bois ou de métal, souvent graisseux. Quant à la nourriture, elle est généralement anodine, parfois franchement mauvaise. A éviter, les lundis (« Ça, c'est quelque chose, avec le porc à toutes les sauces ») et le vendredi avec le poisson. Seulement voilà, le restau-U n'est pas cher, pour un repas complet. Seule la boisson est en supplément. L'eau a malheureusement le goût de la carafe en plastique.

Le Quotidien, 4 juin 1981.

les petits plats

C'est peut-être parce que la majorité des Français estiment qu'ils mangent mal en dehors de chez eux, qu'ils s'attendent à des « bons petits plats » lorsqu'ils rentrent à la maison, même si cela n'est pas parfait sur le plan diététique.

Les repas tiennent encore une place assez grande dans la vie des Français : alors qu'aux États-Unis, on passe en moyenne chaque jour une demi-heure à préparer les repas et une demi-heure à les absorber, on passe encore à Paris une heure trois quarts à les préparer et un peu plus d'une heure et demie à manger ; dans les campagnes on passe près de deux heures et demie à la cuisine et deux heures à table.

Dans le texte ci-dessous, on trouvera une opinion de paysan sur ce qu'il considère être la bonne cuisine.

la soupe aux haricots

— Vous voyez, cette soupe, de haricots que l'on appelle, c'est une soupe de haricots, bien entendu, mais il ne faut pas croire qu'il n'y a que des haricots. Ma femme l'a faite ce matin. Eh bien, elle s'est levée à sept heures, son eau était sur la cuisinière, au bois — elle avait mis à tremper ses haricots hier soir — elle a ajouté deux poireaux coupés menu, menu, avec de bonnes pommes de terre, elle a mis tout ça ensemble et quand ça a commencé à bouillir, elle a mis son salé. Une heure avant de nous la servir, après trois heures et demie de cuisson, quatre heures... elle a fricassé sa soupe. Le fricassage, c'est une poêle avec de la graisse de porc. Elle fait revenir un oignon là-dedans, et quand cet oignon est bien roussi, elle fait son petit roux de farine et le verse dans sa soupe.

— Et vous l'aimez, vous, la soupe aux haricots?

— Ah, mais c'est... Tenez, hier soir, j'étais en déplacement à Périgueux, c'est malheureux de le dire, mais sur les six convives que l'on était, y'a que moi qui ai demandé de la soupe. C'est drôle, les gens n'en veulent plus. La soupe au pain, on n'en trouve plus beaucoup. On la trouve dans nos campagnes, et encore! C'est bien simple, plus personne ne veut se mettre les mains dans la graisse, ni avoir des marmites en fonte ni comment pourrais-je vous dire? éplucher les légumes.

Pierre Bonte,
Le bonheur est dans le pré,

Dans la plupart des foyers français, il y a au moins un livre de recettes de cuisine.

De plus, les journaux féminins font paraître dans chacun de leurs numéros des recettes nouvelles ou anciennes, nationales ou provinciales, anonymes ou mises au point par des chefs connus.

lapin aux noix

(CORSE)
Pour 6 personnes :
2 lapins moyens,
150 g de cerneaux de noix,
1 cuillerée à soupe de saindoux,
1 bouquet de thym sec,
3 gousses d'ail, sel, poivre
Préparation : 15 mn.
Cuisson : 1 h.

Découpez les lapins en morceaux en les désarticulant. Dans une grande poêle, faites fondre le saindoux et mettez les morceaux de lapin à dorer. Au fur et à mesure, posez-les égouttés, dans une cocotte. Ajoutez le thym, 100 g de noix hachées, sel et poivre. D'autre part, hachez les foies des lapins et l'ail, mouillez avec 2 verres d'eau bouillante et versez cette préparation sur le lapin. Couvrez et laissez mijoter à couvert pendant 45 minutes. Au moment de servir, ajoutez le reste des cerneaux de noix.

Notre conseil : si vous trouvez la sauce trop courte, ajoutez encore un peu d'eau pendant la cuisson.

Fiche de cuisine Elle, n° 1607,
25 octobre 1976.

Les plats achetés tout préparés ne sont pas sur le point de remplacer en France les plats cuisinés à la maison. On accepte plus facilement de servir un dessert tout fait, peut-être parce qu'il est considéré comme l'élément le moins important du repas. Le dimanche, on achète fréquemment un gâteau à la pâtisserie pour le dessert.

On ne peut pas parler de repas en France sans parler aussi du pain, du fromage et du vin.

Associés dans le simple casse-croûte des paysans, ils ont aussi chacun leur existence indépendante, et leurs mythes.

le pain

Victimes de l'évolution des mœurs et des avertissements de certains diététiciens, la consommation de pain s'est réduite pendant que celle de la viande augmentait : on consommait, en 1972, 25 % de moins de céréales en France que dix ans auparavant. Pourtant, des boulangers retrouvant les procédés traditionnels ont fait fortune, et on exporte du pain français dans des pays voisins ou même lointains...

le fromage

Chacun sait qu'il existe autant de fromages français que de jours de l'année... Et même si cette image n'est pas tout à fait exacte, elle exprime bien la très grande variété de fromages en France.

Il faut aussi se souvenir du dicton selon lequel : « un repas sans fromage est comme une journée sans soleil ».

La consommation moyenne par personne et par an dépasse 15 kg. Certains magasins spécialisés (beurre - œufs - fromages, ou seulement fromageries) sont parfois aussi célèbres que les plus célèbres des chefs. Chaque fromage a sa personnalité, son histoire, et présente trois caractéristiques qui sont à la base de toute la cuisine : produit naturel - tradition - goût recherché. Derrière le fromage, il y a le lait, et derrière le lait il y a le berger.

le vin

Les vins sont classés en quatre catégories :

- vins d'appellation d'origine contrôlée, qui sont les plus prestigieux : le vin doit provenir d'un terroir très précis, doit avoir un degré minimum, être d'une qualité contrôlée...,
- vins délimités de qualité supérieure qui doivent respecter des règles analogues,
- vins de pays qui doivent provenir de régions ou de cépages déterminés,
- vins de table.

Le vin est, depuis l'Antiquité, un élément de réjouissance et de communication sociale. La chaleur communicative des banquets est faite d'un mélange de bonne chère, de bon vin, et de la sympathie pour les autres que ce mélange doit provoquer.

En plus des grands vins de Bourgogne, de Bordeaux et de Champagne célèbres dans le monde entier, d'autres vins produits dans des régions comme l'Alsace, la Loire le Beaujolais, les Côtes-du-Rhône, la Provence, le Languedoc-Roussilon et le Sud-Ouest sont très réputés. En définitive, la tradition veut que dans chaque pays où la terre et l'ensoleillement permettent la culture de la vigne, on fabrique du vin même si la qualité de celui-ci n'est pas très bonne. On est toujours fier d'ouvrir pour des amis en visite ou pour une cérémonie particulière (mariage, naissance, décès) une bouteille que l'on est allé chercher dans sa propre cave.

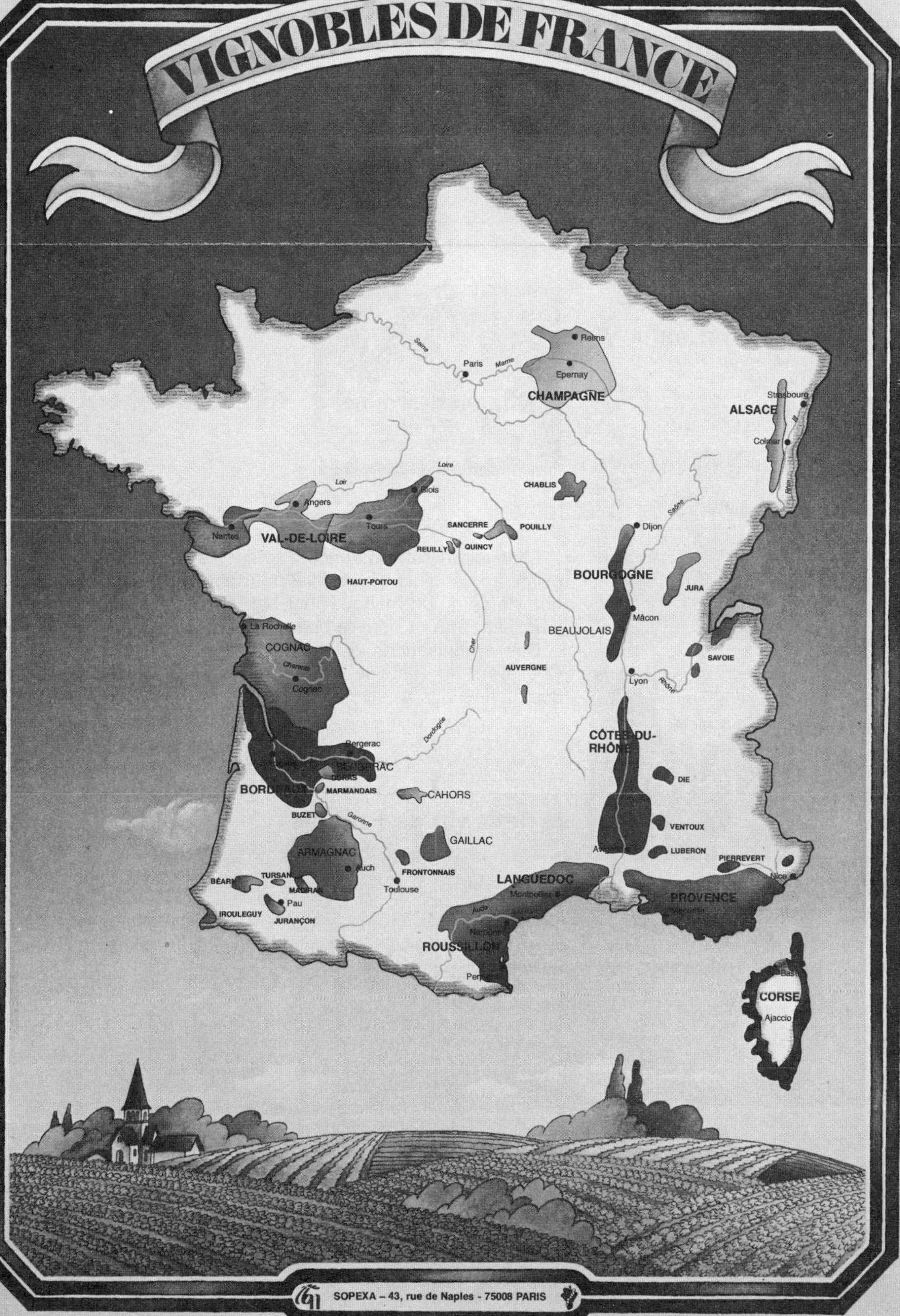
VIGNOBLES DE FRANCE
Reims
Paris
Epernay
CHAMPAGNE
Strasbourg
ALSACE
Colmar
CHABLIS
Angers
Blois
Tours
Nantes
VAL-DE-LOIRE
SANCERRE
POUILLY
REUILLY
QUINCY
Dijon
BOURGOGNE
JURA
HAUT-POITOU
La Rochelle
COGNAC
Cognac
Mâcon
BEAUJOLAIS
AUVERGNE
SAVOIE
Lyon
CÔTES-DU-RHÔNE
Bergerac
BERGERAC
DURAS
MARMANDAIS
CAHORS
DIE
BUZET
GAILLAC
VENTOUX
ARMAGNAC
LUBERON
Auch
FRONTONNAIS
PIERREVERT
LANGUEDOC
Nice
BÉARN
TURSAN
MADIRAN
Toulouse
PROVENCE
Pau
IROULEGUY
JURANÇON
ROUSSILLON
CORSE
Ajaccio
SOPEXA – 43, rue de Naples - 75008 PARIS

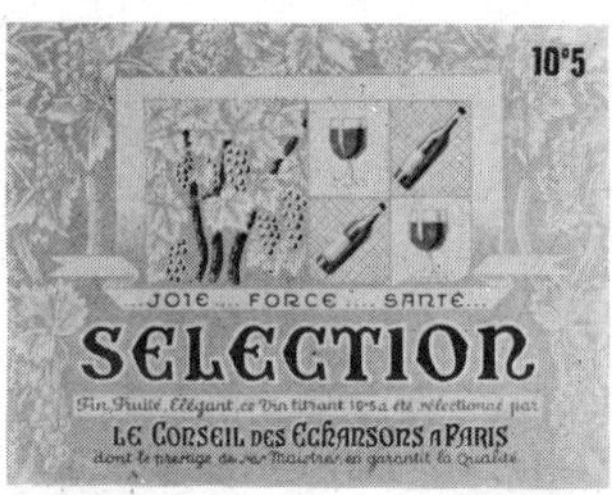

Mais le vin est plus encore intégré à la vie sociale : il existe un véritable cérémonial pour choisir le vin en fonction de ce qu'on mange, pour le préparer, pour le servir, pour le goûter et pour le boire.

Des organisations célèbres comme la Confrérie des Chevaliers du Tastevin diffusent le culte et les traditions des grands vins à travers le monde.

le petit vin de Prébois

Nous sommes trop haut pour avoir des vignes. Et cependant nous en avons. Nous devons en avoir à peu près six mille pieds. Tout le monde en possède un peu. Qui en a cent, qui en a vingt, qui cinquante, qui deux cents. Alexandre en avait trois cents. Il aurait pu en avoir plus si les uns et les autres nous avions consenti à lui vendre nos parcelles. Il n'aurait pas demandé mieux que de s'étendre là comme il s'était étendu partout. Mais nous tenons à nos vignes comme à la prunelle de nos yeux. Le torrent que nous appelons l'Ébron a creusé profondément la terre sous le village de Prébois. C'est sur ce flanc en pente raide et qui regarde le couchant que sont plantés nos minuscules vignobles. Nous avons tous un morceau de cette terre qui semble bénie. Nous avons tous eu, à un moment ou à un autre, un ancêtre qui a acheté là un carré et qui a planté nos vignes. On ne peut pas en planter une seule ailleurs. Nous sommes quatre villages qui avons nos vignes là.

Suivant les années, nous faisons cent ou deux cents litres de vin blanc et rouge, pour nous-mêmes.

J. Giono,
Faust au village, Gallimard.

LES RÉGIONS GASTRONOMIQUES

Grand centre de consommation et par là, grand centre de gastronomie, Paris n'a toutefois pas le monopole de celle-ci. D'autres régions sont renommées : la Bourgogne, les Landes, la Dordogne, le Morvan, le Dauphiné et surtout le Lyonnais. En effet, dans toutes les provinces, on respecte les traditions gastronomiques locales.

LES RÉGIONS LES PLUS GASTRONOMIQUES

Quelle est selon vous la région où l'on mange le mieux en France, et, ensuite, votre deuxième région préférée ?

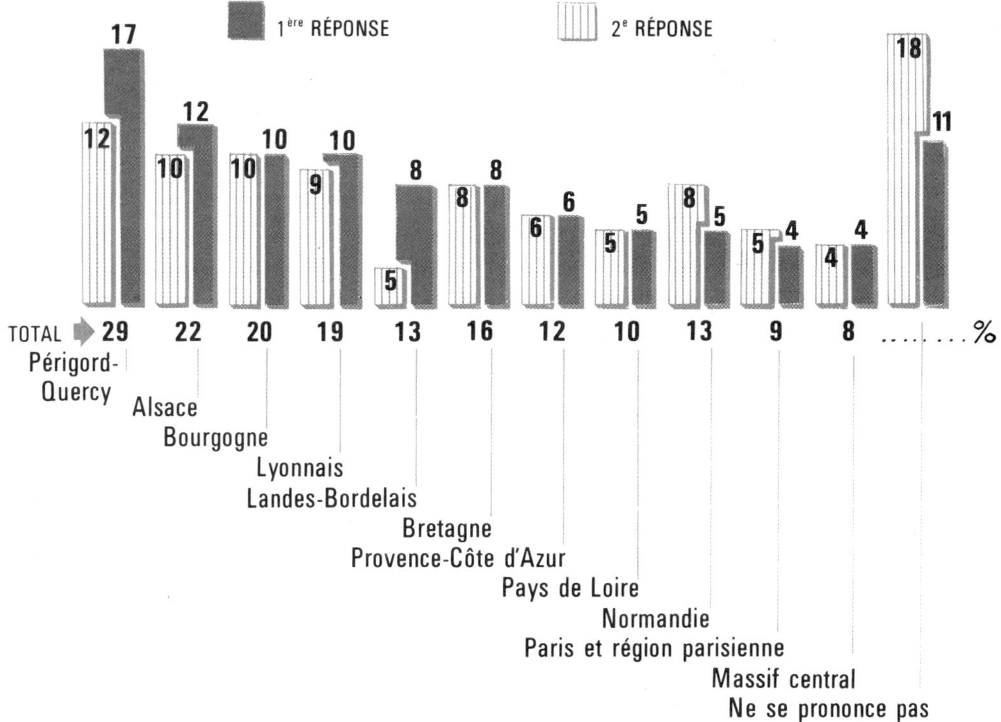

Une enquête I.F.O.P. de juillet 1977.
Le Nouveau Guide de Gault-Millau, n° 99.

APPAREIL PÉDAGOGIQUE 3

Présentation

Les bons repas sont un des moyens de communication entre les gens. On a souvent remarqué qu'un des sujets favoris de conversation pendant les repas en France était... les repas. Comme l'indique l'expression « dans la chaleur communicative des banquets », un des moyens de faire naître la sympathie entre des gens, est de leur servir à boire et à manger. On notera le lien entre de tels comportements sociaux et la tradition paysanne. La matière première de la gastronomie existe sur place, par l'importance qualitative et quantitative de la production agricole. La ville a aussi apporté sa contribution à l'élaboration de la gastronomie. Les cuisiniers français, de tradition bourgeoise, ont transformé les produits alimentaires en une composition ordonnée. On retrouvera dans ce chapitre cette tendance à la codification : recettes de cuisine, organisation des repas, correspondance entre les plats et les vins...

Si les Français aiment souvent parler de la cuisine, la plupart des repas quotidiens ne sont qu'un moyen de se nourrir. Cependant ceux-ci se conforment généralement à la composition traditionnelle où il y a une entrée, un plat principal et un dessert.

P. 49 LES GUIDES GASTRONOMIQUES

Exercice de familiarisation

Relevez et comparez les adjectifs utilisés pour présenter les restaurants de chaque catégorie dans le Guide Michelin.

Exercices de rédaction

Vous allez dîner dans un restaurant réputé de bonne qualité et vous êtes déçu du service et de la qualité de la cuisine. Seule la cave reste bonne !
Vous faites le compte rendu de ce repas dans le journal dont vous êtes le chroniqueur gastronomique.

P. 50 LA CUISINE MINCEUR

« TROIS ÉTOILES » : voir p. 49 (Guide Michelin).
LE « POT-AU-FEU » A ASNIÈRES : restaurant de la banlieue parisienne.
sédentaire : personne qui a peu d'activité physique.
l'apéritif (m.) : boisson alcoolisée servie avant le repas et destinée à « ouvrir l'appétit ».
le digestif : boisson alcoolisée servie après le repas et destinée à en « faciliter la digestion ».
congestionné : rouge et mal à l'aise.
des carottes râpées nature et des steaks grillés-salade : menu classique pour maigrir.
nature : sans assaisonnement.
la station thermale : ville où les sources d'eau ont des propriétés médicales.

P. 52 LE SUCCÈS DES FAST-FOOD

FAST-FOOD : franglais pour restauration rapide, selon des formules importées des États-Unis.
LE STEAK-FRITES : le steak servi avec des pommes de terre frites est traditionnellement un plat très populaire en France si l'on veut manger rapidement. Si l'on veut manger vite dans un café, on peut commander un sandwich au jambon avec du beurre sur le pain (un jambon-beurre).
LA PATRIE DE LA GASTRONOMIE : la France est célèbre dans le monde pour la finesse de sa cuisine.
francisé : *ici*, traduit en français.
être en pleine explosion (fam.) : augmenter rapidement.
ça ne marchera jamais (fam.) : ça ne réussira jamais.
s'empiffrer (fam.) : manger en abondance.
à la chaîne : *ici*, fabriqué en série.
le prêt-à-porter : vêtements faits industriellement en grand nombre.

la hi-fi : chaîne de musique haute fidélité.
les grandes chaînes : grandes entreprises ayant beaucoup de succursales.
le pas-de-porte : l'emplacement que l'on achète.
s'envoler (fam.) : monter rapidement.
ce néologisme hardi : ce nouveau mot extraordinaire.
rentable : profitable.
l'exode des devises : la conversion de francs en argent étranger.
ramollir : devenir mou.
la caisse enregistreuse : caisse où l'on enregistre et paie les achats.
la cuisson : action de cuire.
l'inflation calorique : augmentation du nombre de calories.

Discussion sur le texte

1. Pourquoi le succès du fast-food en France est-il surprenant ?
2. Est-ce que le hamburger est une invention américaine ?
3. Pourquoi est-ce qu'il coûte de plus en plus cher d'installer un fast-food ?
4. Mais est-ce que cela ralentit l'ouverture de nouveaux restaurants fast-food ? Pourquoi ?
5. Pourquoi l'industrie du fast-food n'apporte-t-elle pas beaucoup d'argent à la France ?
6. Qu'est-ce que les Français critiquent dans les repas fast-food ?

P. 52 CROISSANT-COCA

RENNAIS : homme qui habite Rennes, en Bretagne.
juste retour des choses : compensation méritée.
la brioche : pâtisserie.
le croissanterie : mot nouveau créé pour désigner un petit magasin où l'on vend des croissants de différentes sortes.
l'échelle (f.) : *ici*, niveau.
l'enseigne (f.) : *ici*, nom.

P. 53 AU RESTAURANT UNIVERSITAIRE

LE PLATEAU-DÉJEUNER : le restaurant universitaire est un self-service où l'on met les plats que l'on choisit sur un plateau que l'on emporte ensuite à la table où l'on mange.
en file indienne : l'un(e) après l'autre.
plantés devant la caisse (fam.) : immobiles devant la caisse où l'on paie les tickets.
traîner (fam.) : rester plus longtemps que nécessaire.
le troquet (fam.) : petit café bon marché.
une âme charitable : *ici*, une personne assez généreuse pour vous donner un ticket.
refiler (fam.) : donner.
graisseux : couverts de marques de graisse.
anodin : *ici*, sans qualité et sans goût.
seule la boisson... supplément : il faut seulement payer la boisson en plus.

P. 54 LA SOUPE AUX HARICOTS

au bois : qui fonctionne au bois. Aujourd'hui les cuisinières fonctionnent généralement au gaz ou à l'électricité.
le salé : viande de porc salée.
faire revenir : dorer au beurre.
le roux : sauce à base de farine.
en déplacement : en voyage d'affaires.
y'a que moi (fam.) : il n'y a que moi.

Discussion sur le texte

1. Quelle est la recette de la soupe aux haricots ?
2. Autrefois, on disait « souper » au lieu de « dîner ». Pourquoi ?
3. Pourquoi la soupe est-elle moins souvent le premier plat du dîner en France ?
4. Expliquez pourquoi la soupe représente une manière de vivre pour le paysan. Est-ce que cette manière de vivre est en harmonie avec la société industrielle ?

Comparaison avec la soupe « Royco »

1. Comparez la fabrication de la soupe du paysan et celle qui est présentée par Royco.
2. Quelles sont les étapes de fabrication d'une soupe en sachet ? Pourquoi cette manière de fabriquer la soupe est-elle devenue nécessaire ?

Débat

Préférez-vous la soupe fabriquée à la maison ou la soupe toute prête ? Pourquoi ? Discutez également des choix possibles entre des produits naturels et des produits alimentaires fabriqués industriellement.

P. 58 LE PETIT VIN DE PRÉBOIS

le pied : *ici*, pied de vigne, plant.
qui... qui : *ici*, telle personne... telle personne.
la parcelle : *ici*, petit champ.
le couchant : ouest.

EXERCICES SUR LE CHAPITRE

Questions générales

1. Pourquoi le guide gastronomique français le plus célèbre est-il publié par des fabricants de pneus ? Quels autres liens voyez-vous entre la gastronomie et la vie économique ?
2. Comment l'histoire sociale de la France peut-elle expliquer l'importance prise par la gastronomie dans ce pays ?
3. Essayez d'obtenir un exemplaire d'un des guides gastronomiques cités. Préparez un voyage « gastronomique » dans une région de France. Expliquez les raisons de votre choix.
4. Relevez dans le chapitre les références à des valeurs simples du passé et des exemples de l'opposition entre une vie naturelle et la vie dans une société industrielle. Quelle attitude de pensée est ainsi révélée chez les Français ?

Choix d'un menu

1. Vous êtes au restaurant avec plusieurs amis. Vous ne déjeunez pas « à la carte », et vous prenez le menu gastronomique « à prix fixe ». Il se compose de :

- pâté de canard,
- homard à l'armoricaine,
- tournedos Rossini,
- plateau de fromage,
- salade de fruits frais.

La carte des vins comporte :

Vins blancs	Vins rouges
Muscadet	Beaujolais-Villages
Sancerre	Château Margaux 1964
Pouilly Fuissé	Château Haut-Brion 1971
Riesling	Pommard 1959
	Chambolle Musigny 1964

Vous décidez de choisir trois vins différents pour accompagner ces différents plats. Discutez votre choix avec vos amis et avec le garçon.

2. Vous organisez un repas de fête chez vous. Composez-en le menu (avec la liste des boissons dans l'ordre correspondant).

Question d'opinions

Les restaurants universitaires sont bon marché (ils sont subventionnés par le gouvernement) et pas plus mauvais en général que d'autres restaurants. Imaginez en vous aidant notamment du texte « Au restaurant universitaire », une discussion entre deux étudiants, l'un pour, l'autre contre, ce type de restaurants.

LE JEU DES PREUVES *cf.* p. 5

1. Est-ce que le *Guide Michelin* et le *Guide Gault Millau* classent les restaurants selon les mêmes catégories ?

2. Est-ce que la cuisine minceur est très différente de la cuisine française traditionnelle ?

3. Est-ce que les restaurants fast-food ont beaucoup de succès en France ?

4. Est-ce que les Français préfèrent manger à la maison ou dans un restaurant ?

5. Est-ce que les Français préfèrent manger des petits plats ou des plats tout préparés (par exemple, surgelés) ?

6. Est-ce que les vins et les fromages sont associés à des régions de France ?

LE JEU DE L'INTERVIEW *cf.* p. 5

Vous interviewez un(e) étudiant(e) qui compare la nourriture dans un restaurant universitaire et la cuisine que l'on sert dans un des restaurants décrits dans les extraits des guides gastronomiques.

THÈMES DU JEU INTERCULTUREL *cf.* p. 6

Décrivez la composition du déjeuner que vous avez pris hier. Comparez-la avec la composition d'un déjeuner quotidien en France.

Dressez la liste des repas dans votre journée. Comparez-la avec celle des repas pris en France.

les courses et la consommation

COTY

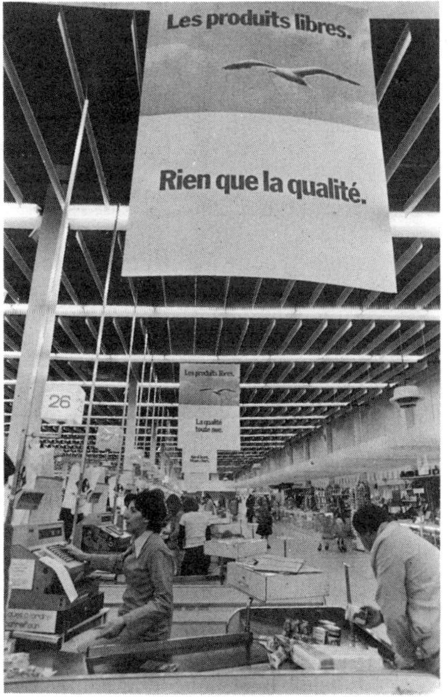
Les produits libres.
Rien que la qualité.

DE LA PETITE BOUTIQUE AUX GRANDES SURFACES

les petits commerçants

Le petit commerçant, c'est le commerçant de quartier, l'épicier, le boucher, le boulanger, le marchand de couleurs, chez qui on est connu et avec qui on bavarde.

les commerçants

Les commerçants représentent environ 10 % de la population active. Ils sont près de 2 500 000.

Les petits commerçants font partie du décor rassurant du quartier où l'on habite. Ils sont commodes et leurs magasins sont à dimension humaine. On continue à acheter chez eux des produits courants en petite quantité et des produits spécialisés.

boutiquiers au travail

Vers onze heures, la vente bat son plein : il y a dans la boutique une longue file de ménagères qui attendent leur tour.

Germaine et Pierre virevoltent, coupent le jambon, manient les bouteilles, tâtent les fromages, pèsent les fruits, atteignent, à l'aide d'une pince fixée sur une perche, les boîtes les plus haut placées. Pierre prend le temps de conseiller un client — un de ces hommes assez rares qui, retraités ou célibataires, font eux-mêmes leurs provisions.

La femme au foyer est courante dans le quartier, et, malgré les proclamations qu'affiche en toute innocence le marchand de journaux à propos de la libération des épouses, les tâches ancillaires leur restent dévolues.

Pierre assure que telle marque de vin est supérieure à telle autre, que tel cru est meilleur. Pour telle salade, il préconise l'huile d'olive. Il indique les inconvénients et les avantages du crabe japonais par rapport au russe. Germaine vient à la rescousse : elle a essayé la veille les haricots mange-tout qu'on a mis en réclame, ils sont délicieux. La confiture de mirabelles, pour les tartines du goûter, est très avantageuse.

Pour parler, Pierre s'arrête de servir, tandis que Germaine ne cesse de s'activer. Certains clients préfèrent être servis par Germaine : ils gagnent un peu de temps ; d'autres aiment bien la lenteur et la bonhomie de Pierre, ses réparties de père tranquille. Mais quand le tour de chacun arrive, il s'adresse à celui des époux qui est disponible, sans protester.

Le magasin ne désemplit pas ; la queue se recourbe maintenant et serpente, gênant la progression de Pierre et de Germaine. Des enfants qui sortent de l'école sont venus s'adjoindre aux mères ; ils réclament une sucette ou un chewing-gum. Tout en coupant le jambon, Germaine surveille ce petit monde indiscipliné ; parfois sur le plat de sa palette, elle offre une tranche mal venue au bambin ; puis elle se penche pour attendre le « merci » qui vient ou ne vient pas. Elle est généreuse, surtout avec les enfants de ses clients fidèles.

Suzanne Prou,
la Petite Boutique,
Éditions Mercure de France, 1973.

les petites boutiques à la mode

D'autres boutiques doivent attirer leurs clients par des qualités particulières. Ces boutiques sont généralement groupées par quartiers : ainsi, à Paris, on trouve de petits magasins de prêt-à-porter à la mode dans la rue de Sèvres, des antiquaires et des galeries de tableaux aux alentours de la place Saint-Germain-des-Prés...

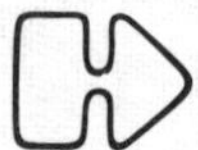

Les pages spécialisées des magazines rappelleront au besoin les nouveautés.

Soldes exceptionnels

SOLDES 20 à 50 %

Mendès France

810291

A PARTIR D'AUJOURD'HUI SOLDE

Mois de l'occasion chez Renault

CRÉDIT 3 FOIS MOINS CHER*

opération spéciale blanc 84

21 janvier

MAROQUINERIE

, maroquinerie, bagages, cadeaux. 6, rue Roy

DES PRIX TRES EXCEPTIONNELS

les boutiques de luxe

Certaines boutiques, en particulier à Paris, se sont spécialisées dans des créations de luxe présentées dans un cadre hautement raffiné.

Il s'agit de boutiques où les grands couturiers (Dior, Saint-Laurent, Cardin, Courrèges...) proposent à une riche clientèle une gamme exclusive d'accessoires pour les femmes (foulards, sacs à main, bijouterie, parfums...), pour les hommes (cravates, ceintures, bagagerie...), et même pour la maison (serviettes de bain, draps...).

Dans cette catégorie, il faut inclure également les boutiques des grands joailliers et orfèvres ainsi que celles des antiquaires spécialisés s'adressant aux collectionneurs.

le marché

Dans tous les quartiers de Paris, dans toutes les villes de France, on trouve des marchés temporaires ou permanents : les marchés temporaires ont lieu, en général, deux jours par semaine dans la rue ou sur une place. On y vend surtout des produits alimentaires mais aussi des vêtements, des livres, du bric-à-brac.

En général, on paie moins cher que dans les boutiques et les produits y sont plus frais. Mais surtout, on vient trouver là une atmosphère pittoresque et l'animation de la rue à une échelle humaine. Surtout dans les petites villes, c'est l'occasion pour les gens de se rencontrer et de bavarder ensemble.

Il existe aussi, notamment dans le domaine de la brocante et des antiquités, des marchés spécialisés.

Le plus célèbre est sans doute les « Puces », à Paris.

les Puces

Les six marchés — Paul-Bert et Biron, environ 250 stands chacun, Vernaison, le plus grand (à peu près 350 stands sur 14000 m²), Jules-Vallès (70 à 80), Cambo (40) et Malik (la fripe) — font vivre, directement ou indirectement, 15000 à 20000 personnes, et réalisent un chiffre d'affaires supérieur à 500 millions de francs (encore que ce chiffre — fiscal — en fasse sourire plus d'un). Les Puces sont aussi, et surtout, un formidable piège à devises.

C'est par les emballeurs transitaires qu'on peut le mieux évaluer l'importance des achats étrangers. Pour M. Alexandre, P.-D.G. d'*Art Transit,* les achats des étrangers sont, en volume, égaux à ceux des Français, mais nettement supérieurs en valeur. [...]

Chaque pays a ses goûts : les Américains de Californie achètent du Napoléon III et de la dorure ; ceux de Louisiane, du Louis XVI, alors que ceux des États de l'intérieur penchent pour le rustique, tout comme les Australiens et les Canadiens. Les Hollandais et les Espagnols raffolent de pendules. de même que les Suisses (!). Les Allemands eux, se laissent tenter par les ferronneries Renaissance, l'Art nouveau, les pâtes de verre, les tableaux. Iraniens et Arabes ont un faible pour le Napoléon III et les meubles en bois doré, tandis que les Japonais achètent des sculptures en bronze et en marbre et des vases de Gallé.

Autant que l'occasion rare, c'est le pittoresque que les étrangers viennent chercher ici. Un beau matin, M. Alexandre vit un Japonais photographier un stand sous tous les angles. Ensuite, il acheta tous les objets, n'oubliant pas la moindre tabatière. Enfin, il sortit une grande feuille de papier, releva soigneusement le plan du stand... et s'en fut le recréer à Tokyo ! Peut-on imaginer couler tout cela sous du béton ? « On ne peut laisser mourir les « Puces », fulmine un marchand, car c'est aussi l'école de la brocante et de l'antiquaille. Il n'y a pas de diplôme ès-puces : on commence un samedi à 5 heures du matin, sur le trottoir, à vendre de la « drouille », puis on achète un stand, et — qui sait ? — un jour, on peut finir antiquaire faubourg Saint-Honoré.

L'Expansion, mars 1978.

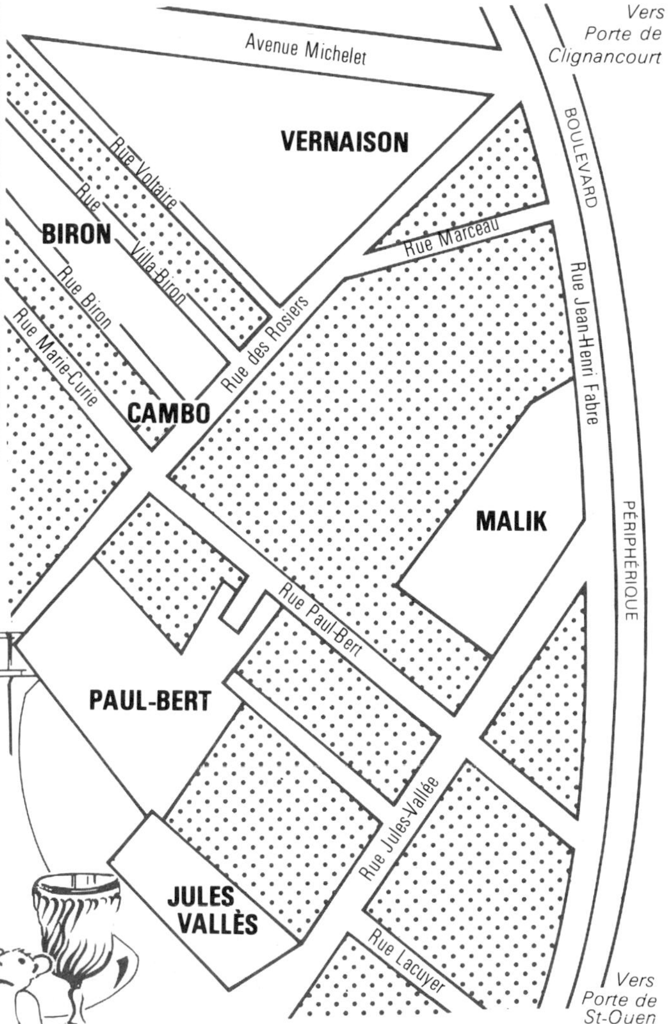

Marché des Puces de Paris

Vers Porte de Clignancourt
Avenue Michelet
VERNAISON
BOULEVARD
Rue Voltaire
Rue Villa-Biron
BIRON
Rue Marceau
Rue Biron
Rue des Rosiers
Rue Jean-Henri Fabre
Rue Marie-Curie
CAMBO
MALIK
PÉRIPHÉRIQUE
Rue Paul-Bert
PAUL-BERT
Rue Jules-Vallée
JULES VALLÈS
Rue Lacuyer
Vers Porte de St-Ouen

les grands magasins

Les grands magasins sont les enfants de la première révolution commerciale, vers la fin du XIXe siècle. D'abord situés dans les quartiers commerçants des villes, ils ont ensuite créé des succursales un peu partout. Certains de ces grands magasins ont également créé des chaînes de magasins où l'on trouve des articles meilleur marché, comme les *Prisunic* et *Monoprix.* Dans ce cas, ils vendent eux-mêmes des articles plus luxueux et de la dernière mode : c'est ce que font le *Printemps* et les *Galeries Lafayette,* dans leurs magasins principaux à Paris.

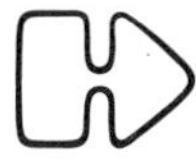

le 24 décembre au Printemps

Neuf heures et demie. Le 24 décembre, jour J pour le Printemps, le zénith des ventes de fin d'année : les 65000 clients quotidiens des trois magasins du boulevard Haussmann à Paris vont doubler. Dans tous les grands magasins, les fêtes donnent la note finale de l'année : prospérité ou médiocrité. Ici plus qu'ailleurs, avec 2 milliards de francs de ventes l'an dernier, le numéro 1 européen des grands magasins est le détenteur, exaequo avec les Galeries Lafayette, du record européen du chiffre d'affaires au mètre carré : 42000 francs. Il pèse à lui seul autant que les vingt grands magasins à la même enseigne, propriété du groupe

Guirlandes vertes, boules rouge et or, hôtesses-interprètes en petit uniforme rouge, tout est prêt pour le grand happening intercontinental. A la boutique Tagashiyama, les vendeurs nippons fourbissent les « Must » de Cartier et les santons provençaux, du sur-mesure pour touriste japonais. Anonymes, les équipes de surveillants sont entrés dans le magasin, en force mais sans illusions sur les chances de surprendre au milieu d'un tel tohu-bohu les petits malins en quête de cadeaux gratuits...

Déjà aux stands Chanel, Dior et Revlon on emballe le N° 19, Eau Sauvage ou Charlie dans d'élégantes petites pochettes. Débit accéléré : c'est la plus grande parfumerie du monde (2000 mètres carrés) avec ses 160 stands, numéro 1 en France pour le chiffre d'affaires. Ce soir, lorsque le chef de rayon fera ses comptes, il aura vendu pour 1,2 million de francs de flacons, et petits pots... Au rayon bijoux fantaisie où la babiole atteint parfois 1000 francs, les IBM crachent les tickets : 2000 encaissements par jour en moyenne en décembre. 3000 au moins aujourd'hui. Quatorze vendeuses à plein temps, sept à temps partiel et vingt démonstratrices, elles ne sont pas en surnombre pour débiter boucles d'oreilles en strass et tours de cou en plaqué or.

« Le sourire en plus... on n'y arrive pas toujours », confesse une vendeuse de la papeterie. Qui saisit, emballe, débite à perdre haleine petits stylos, papiers cadeaux, papiers à lettres, papier de soie, cartes en papier... Vendeurs et vendeuses restent néanmoins stoïques : ils savent que leur « treizième mois » se joue maintenant. Ce treizième mois en forme de prime calculée sur la base des différents salaires au prorata des objectifs de vente atteints en fin d'année.

Le Nouvel Économiste,
n° 420, 2 janvier 1984.

Printemps

prisunic

GALERIES LAFAYETTE

les grandes surfaces et hypermarchés

Auchan

De plus en plus les gens habitent la banlieue, loin du centre des villes, où la circulation est difficile. Ils cherchent aussi à faire des courses une seule fois par semaine, en stockant chez eux ce dont ils ont besoin. Si on possède un congélateur à la maison, on peut acheter de la viande pour plusieurs semaines, en profitant des prix les plus avantageux.

Les conditions étaient donc favorables dans les années 1960 à une deuxième révolution commerciale, inspirée de l'expérience américaine, et les supermarchés, hypermarchés et centres commerciaux se sont multipliés à proximité des villes. On y trouve d'amples « parkings », des « caddies » pour transporter la marchandise, des « directories » pour ne pas s'y perdre, et même un « drugstore » qui ressemble peu au modèle américain.

Les supermarchés ont cependant des inconvénients. C'est le règne de l'anonymat ; on choisit, on paie, on s'en va...

la révolution du paiement électronique

Les Français ont été assez lents à accepter les cartes de crédit. C'est en partie parce que le chèque est en France un moyen de paiement légal, qui offre des garanties au commerçant auquel il est remis ; les achats sont donc très souvent payés par chèque. Mais depuis quelques années les principaux groupes bancaires ont développé des cartes de crédit qui non seulement servent à payer les achats mais encore permettent à leur utilisateur de retirer des billets de banque dans des distributeurs automatiques à toute heure de la journée. Récemment ces cartes ont été encore améliorées et comportent une mémoire.

la carte à puce

Lorsque René Coupin, un habitant de Blois, se présente avec son Caddy à la caisse de l'hypermarché Bravó de cette ville, il lui suffit de quelques secondes pour régler ses achats : la carte qu'il tend à la caissière est introduite dans un « terminal-point de vente », sorte de caisse électronique sur laquelle elle tape le montant des achats ; le temps, pour lui, de pianoter discrètement son code confidentiel sur le petit clavier rouge situé près du tapis roulant, et ça y est ! Il voit même s'afficher au-dessus du clavier (mais à l'abri des regards indiscrets) ce qu'il peut encore dépenser d'ici à la fin du mois. Il empoche son ticket de caisse, et sait que dans quelques jours son compte CCP sera débité du montant : comme s'il avait fait un chèque. La même carte lui permet de téléphoner sans avoir de monnaie sur lui : il lui suffit d'utiliser l'un des publiphones (cabines téléphoniques à carte) installés par les PTT.

Ils sont 10000 à Blois qui, dans le cadre d'une des cinq expériences menées en France depuis un an sur la monnaie électronique, peuvent ainsi utiliser — sous le nom de carte « Ipso » — ce qu'on a jusqu'à présent appelé une « carte à mémoire », c'est-à-dire une carte plastique intégrant une puce électronique.

Dès le début de l'année prochaine, la puce en question (un microprocesseur qui se présente comme une petite pastille dorée) va apparaître sur les Cartes bleues de plusieurs milliers de Blaisois. Et quelques mois plus tard sur les cartes du Crédit agricole. En attendant de venir orner les quelque 10 millions de cartes en circulation.

Le Point, n° 586.
12 décembre 1983.

LA CONSOMMATION DE MASSE

En même temps que de nouveaux moyens de distribution apparaissaient, la France entrait dans l'époque de la consommation de masse : les gens disposent de plus d'argent, les produits sont de plus en plus diversifiés, la publicité se fait plus agressive, on achète, on gaspille...

Des cris d'alarme sont poussés un peu partout : le sociologue Jean Baudrillard parle de « système des objets », c'est-à-dire d'une civilisation où les rapports humains sont remplacés par l'adoration des objets. Le démographe Alfred Sauvy dénonce la « voiture mangeuse ».

Des mouvements de protection des consommateurs se créent. Ceux-ci publient des revues comme *Que Choisir* et *Cinquante millions de consommateurs* destinées à défendre les intérêts des consommateurs contre le monde de l'industrie, de la distribution et de la publicité.

ÉQUIPEMENT DES MÉNAGES (1981)			
	1970	1975	1981
Congélateur		16,9 %	29,3 %
Machine à laver	53,2 %		81,1 %
Télévision	84,2 %		90,8 %
Télévision couleur			50,4 %
Lave-vaisselle			17,6 %
Auto	64,1 %		70 %

Source I.N.S.E.E.

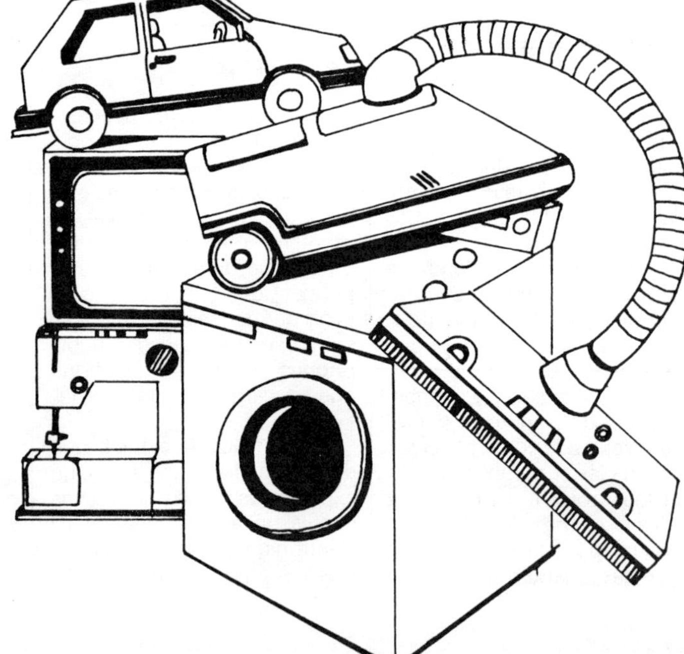

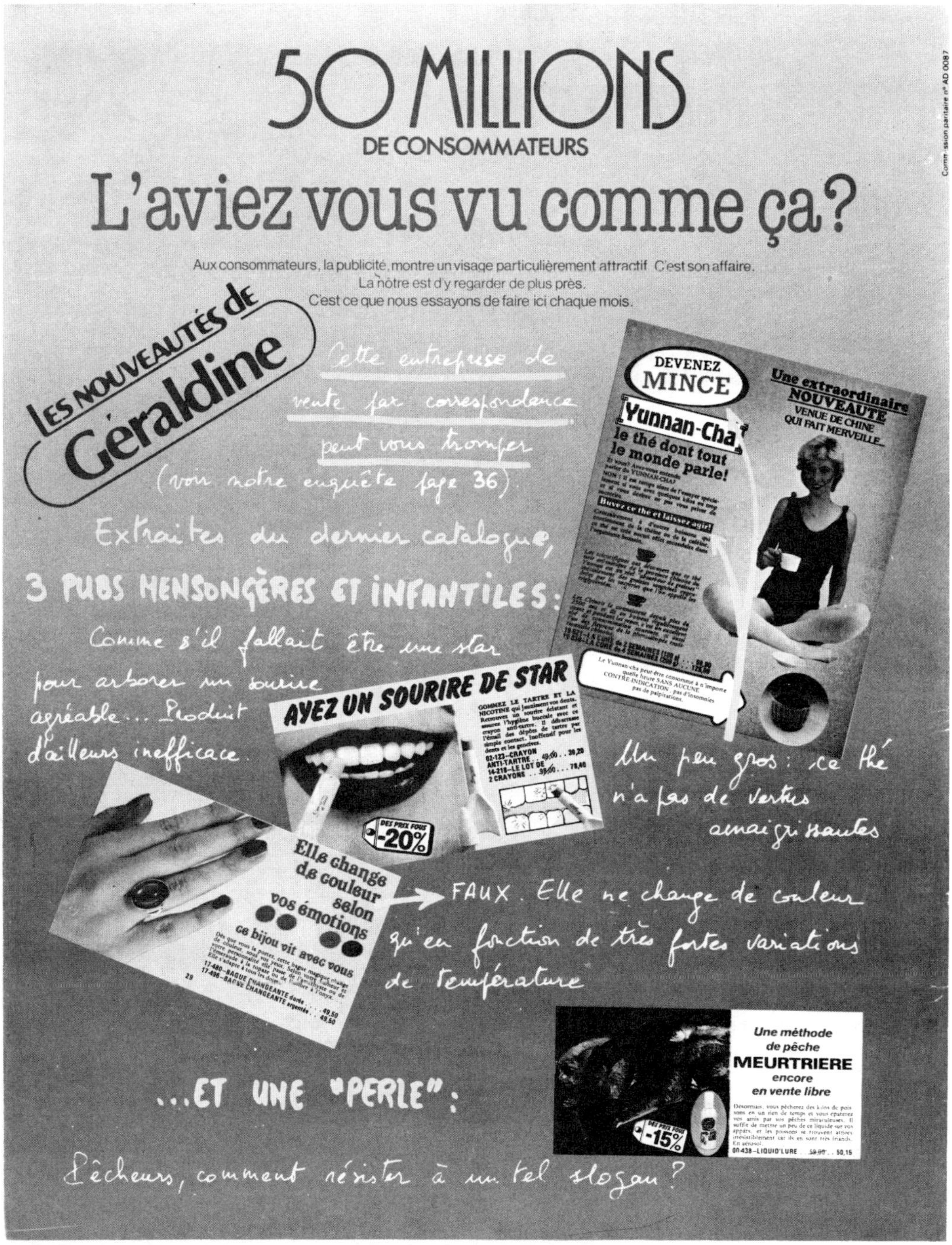

DE CONSOMMATEURS

L'aviez vous vu comme ça?

Aux consommateurs, la publicité montre un visage particulièrement attractif. C'est son affaire.
La nôtre est d'y regarder de plus près.
C'est ce que nous essayons de faire ici chaque mois.

LES NOUVEAUTÉS DE Géraldine

Cette entreprise de vente par correspondance peut vous tromper (voir notre enquête page 36).

Extraites du dernier catalogue,

3 PUBS MENSONGÈRES ET INFANTILES :

DEVENEZ MINCE
Yunnan-Cha le thé dont tout le monde parle!
Une extraordinaire NOUVEAUTE VENUE DE CHINE QUI FAIT MERVEILLE...
Buvez ce thé et laissez agir!

Un peu gros : ce thé n'a pas de vertus amaigrissantes

Comme s'il fallait être une star pour arborer un sourire agréable... Produit d'ailleurs inefficace.

AYEZ UN SOURIRE DE STAR
DES PRIX FOUS -20%

Elle change de couleur selon vos émotions
ce bijou vit avec vous

FAUX. Elle ne change de couleur qu'en fonction de très fortes variations de température

...ET UNE "PERLE" :

Une méthode de pêche MEURTRIERE encore en vente libre
DES PRIX FOUS -15%

Pêcheurs, comment résister à un tel slogan ?

Commission paritaire n° AD 0087

LES JEUNES ET LA CONSOMMATION

Dépensez-vous tout votre argent ou en mettez-vous de côté en prévision de dépenses exceptionnelles ?

Dépense tout	26
En met de côté	64
ne peut pas dire	10
Total	100

A ceux qui déclarent mettre de l'argent de côté, soit 256 = 100 %

Pour quel type de dépenses...

	(1)
Vêtements	25
Pour l'avenir	13
Sorties, bal, cinéma, théâtre	14
Équipements sportifs	3
Moto et équipements	9
Voiture, cours de code	16
S'installer, appartement	8
Voyages	8
Cadeaux	7
Acheter des petites choses	21
Acheter des livres	3
Aider sa famille	1
Acheter appartement, terres	2
Acheter des valeurs mobilières	1
Autre	1
Sans opinion	3

(1) Total supérieur à 100 en raison des réponses multiples.

Le Nouvel Observateur, 25 mars 1983.

comment vivrons-nous demain ?

Comme vivrons-nous demain ? A cette question les experts du groupe long terme du commissariat au Plan sur les modes de vie répondent avec prudence. Mais l'intérêt de leur travail est de présenter les mutations intervenues dans la société française depuis 1945. Et s'interroger eux-mêmes sur les modes de vie à venir.

Premier constat : une « révolution silencieuse des modes de vie a eu lieu entre 1945 et 1974. Avec une augmentation régulière des revenus et des investissements. La consommation en volume par Français a été multipliée par deux et demi. Avec une mutation dans les structures de consommation : l'alimentation ne représente plus aujourd'hui que 25 % du budget d'un ménage contre 44 % en 1945. La part des transports (un Français sur trois dispose d'une automobile) est passée de 5 à 11 % ; celle du logement de 11 à 22 %.

Ces « trente glorieuses », selon la formule célèbre de Jean Fourastié, se caractérisent aussi par le développement du salariat et une nouvelle répartition socioprofessionnelle : les paysans se font rares (6,5 % d'actifs dans l'agriculture en 1982, quatre fois plus en 1945. Les ouvriers techniciens et cadres se sont multipliés. Autre caractéristique : l'urbanisation rapide. Le nombre de logements est passé de 12 à 22 millions par augmentation du logement collectif. Les structures familiales de base sont restées relativement stables, tandis que les services collectifs à la charge partielle ou totale de l'État (éducation, santé...) prenaient une importance considérable » constate le rapport.

Reste, depuis une dizaine d'années (le premier choc pétrolier date de 1973) la crise. Économique, mais aussi sociologique, les deux ne sont pas toujours liés. Les aspirations des Français et leur mode de vie évoluent. Cela, bien avant la crise. Mai 1968 en est la conséquence. Un exemple de cette mutation ? L'emploi : 200 000 chômeurs en 1968, 400 000 en 1974. Pourtant, l'expansion dure encore. Mais les jeunes Français n'acceptent plus n'importe quel emploi. Pas facile de travailler à la chaîne quand on a son bac ! En outre, avec la réduction du temps de travail (passé en moyenne de 46 heures hebdomadaires en 1967 à 40 heures en 1982), « les loisirs et les activités privés prennent une importance croissante comme moyen de se réaliser. »

Et maintenant, s'interrogent les experts du Plan, quelle sera l'évolution ? Ils se contentent de définir quelques axes de réflexion. Tenant compte du fait que les mutations technologiques vont entraîner de nouvelles suppressions d'emplois qui peuvent provoquer une « désintégration sociale », ils proposent de multiplier les mesures en faveur du travail à temps partiel. En développant aussi les ateliers de quartiers et les services pris en charge par les utilisateurs (crèches, garde d'enfants, aides ménagères).

Enfin, les experts du Plan conseillent d'adapter les structures (écoles, entreprises) aux nouvelles aspirations des utilisateurs « plus soucieux d'autonomie ». C'est ce que les auteurs appellent « l'invention démocratique ».

Philippe LEBELLEC,
La Croix,
18 novembre 1983.

APPAREIL PÉDAGOGIQUE 4

Présentation

Dans les sociétés industrielles d'aujourd'hui on ne produit plus, en général, ce que l'on consomme soi-même ; chacun se spécialise dans une production, ce qui permet de gagner l'argent avec lequel on pourra acheter ce que les autres ont produit de leur côté. Plus on se spécialise, plus on échange de choses. Le commerce et la manière d'acheter se transforment très rapidement pour s'adapter à la « société de consommation ». Les mères de famille qui s'occupaient de la maison et qui faisaient les achats pour tous les membres de la famille, ont souvent aujourd'hui elles aussi un métier ; alors, de plus en plus, on fait les courses en famille dans les « supermarchés » et les « grandes surfaces », en fin de semaine.

Cela change les relations entre les gens. L'approvisionnement devient une fonction purement matérielle, bien que beaucoup de Français aient la nostalgie des conversations avec les commerçants ou dans la rue avec les voisins. Le spectacle de la rue en devient moins animé.

P. 64 BOUTIQUIERS AU TRAVAIL

LA FEMME AU FOYER : femme qui s'occupe uniquement de sa famille et de l'entretien de sa maison : *contr.* la femme qui a un métier rémunéré.
la vente bat son plein : c'est le moment où on vend le plus.
virevolter : se déplacer dans tous les sens pour servir les clients.
faire leurs provisions : acheter ce qu'il faut pour manger.
ancillaire : domestique.
leur restent dévolus : constituent leur travail.
le cru : année et lieu de la récolte du vin.
venir à la rescousse : venir à l'aide.
mange-tout : dont on mange la cosse aussi.
mettre en réclame : mettre en vente spéciale à un prix inférieur.
être très avantageux : terme de commerçant pour désigner un bon achat.
la repartie : réponse vive.
père tranquille : (ici) homme calme.
la sucette : bonbon présenté sur un petit bâton.
la palette : (ici) plaquette de bois avec laquelle l'épicière prend les tranches de jambon qu'elle coupe.
le bambin : petit enfant.

Discussion sur le texte

1. Pourquoi la vente bat-elle son plein à 11 heures ?
2. Que trouve-t-on chez un épicier ?
3. Quels sont les 3 types de clients de cette épicerie ?
4. Quels rapports existent entre les clients et chacun des deux boutiquiers ?

Jeu de rôles

Imaginez la vie et le travail d'un couple de petits boutiquiers. Que doivent-ils faire chaque jour avant d'ouvrir leur boutique ? Que doivent-ils faire pour attirer des clients et pour éviter qu'ils n'aillent au supermarché ?
Dans l'épicerie une cliente remarque qu'un produit coûte beaucoup plus cher qu'au supermarché. Une autre cliente prend la défense du boutiquier qui lui-même donne des explications. Jouez la scène.

P. 66 LES « PUCES »

LE DIPLOME ÈS-PUCES : (néologisme ; *cf.* la licence ès-sciences) ; il n'y a pas de formation théorique pour devenir marchand aux « Puces ».
LE FAUBOURG SAINT-HONORÉ : rue de Paris où se trouvent des commerces de luxe et des antiquaires.
le chiffre d'affaires : somme totale des ventes de l'année.
la devise : (ici) monnaie étrangère. Beaucoup de visiteurs étrangers vont aux « Puces ».
l'emballeur transitaire : entreprise commerciale qui fait l'expédition des objets à l'étranger.

raffoler de : aimer beaucoup.
la tabatière : boîte où l'on conserve le tabac.
relever : noter.
fulminer : s'exclamer avec colère.
la brocante : commerce d'objets d'occasion sans grande valeur.
l'antiquaille (f.) : commerce d'objets anciens de peu de valeur.
la drouille : objets disparates et sans valeur.

P. 68 LE 24 DÉCEMBRE AU PRINTEMPS

LE PRINTEMPS : ce grand magasin à Paris comprend trois bâtiments reliés entre eux par des passerelles ou des sous-sols.
LES GALERIES LAFAYETTE : grand magasin qui se trouve aussi sur le boulevard Haussmann à Paris.
le zénith : *ici,* le jour le plus important.
les fêtes (f. pl.) : la fête de Noël et celle du Premier de l'An.
les santons provençaux : petites figurines fabriquées en Provence et qui sont utilisées pour décorer la crèche du Christ à Noël.
intercontinental : beaucoup d'étrangers en visite à Paris font des achats au Printemps.
nippon : japonais.
fourbir : polir.
à la même enseigne : qui ont le même nom; ces magasins se trouvent dans les grandes villes de province.
le sur-mesure : *ici,* parfaitement adapté.
le tohu-bohu : *ici,* foule agitée et bruyante.
les petits malins : *ici,* les jeunes voleurs.
le flacon : bouteille contenant du parfum.
la babiole : petit objet de fantaisie.
atteindre : *ici,* coûter.
le débit : *ici,* vente.
le tour du cou : collier.
à perdre haleine : très vite et sans s'arrêter.
la prime : somme d'argent supplémentaire.
atteindre : *ici,* réaliser.

Discussion sur le texte

1. Avez-vous entendu parler d'autres grands magasins créés au XIXe siècle à Paris ou dans d'autres grandes villes de votre connaissance ? Et particulièrement dans votre pays ?
2. Quelles sont les principales « grandes surfaces » de votre pays ? Partagez-vous l'opinion émise par les auteurs sur ces nouveaux types de magasins ?
3. Comparez les méthodes de vente utilisées dans la petite boutique, la « grande surface » et le Printemps.
4. Le 24 décembre est-il chez vous également le « zénith des ventes de fin d'année » ?

Exercices de langue

1. Étudiez dans le texte les procédés et les moyens utilisés pour faire ressortir l'animation exceptionnelle de ce jour du 24 décembre.
2. Rédigez un texte semblable employant les mêmes moyens pour un jour de vente exceptionnel de soldes de fin de saison dans un magasin de prêt-à-porter (vêtements déjà confectionnés).

P. 69 LA CARTE A PUCE

LA CARTE A PUCE : nouvelle carte bancaire qui fonctionne grâce à un micro-processeur (une mémoire électronique). La découverte du micro-processeur a permis à l'ordinateur d'être beaucoup plus petit et moins cher et d'avoir des utilisations multiples. C'est en France que les micro-processeurs ont été utilisés pour la première fois dans des cartes bancaires.
BLOIS : ville au bord de la Loire. Les habitants de cette ville s'appellent des Blaisois.
UN COMPTE C.C.P. : un compte de chèques postaux. En France, la poste fonctionne aussi comme une banque qui donne aux clients un carnet de chèques.
LES P.T.T. : sigle de l'administration de la Poste et des Télécommunications.
LA CARTE BLEUE : carte de crédit la plus utilisée en France.
LE CRÉDIT AGRICOLE : banque populaire.
le caddy : chariot utilisé par les clients des supermarchés et des hypermarchés pour transporter leurs achats.
régler : payer.
tendre : donner.
taper : *ici,* enregistrer.
le montant : prix.
pianoter : composer.
le clavier : appareil ayant des touches comme la machine à écrire.
le tapis roulant : à côté de la caisse c'est la bande de caoutchouc sur laquelle on met les objets que l'on va acheter.
à l'abri de : *ici,* caché de.
débiter : (contraire : créditer).
dans la cadre de : dans le contexte de.
la pastille : *ici,* petit objet rond et plat.
orner : décorer.

P. 71 et P. 72 REVUES DE CONSOMMATEURS

Débats

1. Les mouvements de consommateurs sont-ils nécessaires ? Que peuvent-ils faire pour défendre les intérêts des consommateurs ? Quels sont les moyens que peuvent employer les grandes surfaces pour donner l'impression au public qu'elles défendent elles aussi les intérêts des consommateurs ? Comment peuvent-elles alors échapper au contrôle des organisations de consommateurs ?
2. Quel est le moyen utilisé par *Que Choisir* pour communiquer avec les consommateurs ? Pensez-vous qu'il est souhaitable que les mouvements de consommateurs utilisent les mêmes moyens d'atteindre le public que les producteurs ? Expliquez.

P. 73 COMMENT VIVRONS-NOUS DEMAIN

LE COMMISSARIAT AU PLAN : l'administration responsable de la préparation du Plan économique pour la France.
LES TRENTE GLORIEUSES : livre de Jean Fourastié sur les trente années d'expansion économique qui ont suivi la Seconde Guerre mondiale.
LE CHOC PÉTROLIER : augmentation brusque du prix du pétrole décidé par les pays exportateurs de pétrole. La France doit importer la presque totalité du pétrole dont elle a besoin.
MAI 1968 : les manifestations des étudiants qui protestaient contre les structures rigides de l'Université ont été à l'origine d'une grève générale de tous les travailleurs qui réclamaient davantage une meilleure qualité de la vie que des augmentations de salaires. Mai 1968 est souvent utilisé comme date de référence pour désigner les changements provoqués par l'évolution de la société française pendant le dernier quart de siècle.
la mutation : changement.
le revenu : moyen financier.
l'alimentation (f.) : nourriture.
le développement du salariat : l'augmentation du nombre de personnes touchant un salaire.
une nouvelle répartition socioprofessionnelle : changement de l'importance des différentes catégories socioprofessionnelle (cf. chapitre 7).
le logement collectif : immeuble contenant des appartements.
la crise : la crise économique.
à la chaîne : *ici,* un travail répétitif dans une usine.
croissant : plus grand.
se réaliser : accomplir ses aspirations.
la suppression : disparition.
les ateliers de quartier : groupe de gens qui travaillent ensemble à proximité de leur domicile.
la crèche : local où l'on garde les bébés pendant que leur mère va au travail.

EXERCICES SUR LE CHAPITRE

Questions générales

1. Dans quels magasins peut-on acheter les marchandises suivantes : du lait, des fruits, du sucre, des journaux, des livres, des timbres ?
2. Donnez la liste des différents types de boutiques qu'on trouve dans la rue en France. Indiquez ce qu'on peut y acheter.
3. Irez-vous de préférence faire vos courses dans un supermarché ou une petite boutique ? Pourquoi ?
4. Dans toutes les villes françaises on trouve chaque semaine des marchés dans la rue, où il y a beaucoup de monde. Pourquoi les Français continuent-ils d'y faire leurs courses ?

Étude de publicité

1. Analysez le contenu des publicités pour des produits différents. Comment les auteurs de ces publicités adaptent-ils leurs arguments au public visé ?
2. Analysez le contenu des publicités pour des produits semblables en France et dans votre pays. Les publicités utilisent-elles les mêmes arguments ? Quelles conclusions peut-on en tirer au sujet des différences de comportement du public ?

LE JEU DES PREUVES *cf.* p. 5

1. Est-ce que les petits commerçants français continuent d'avoir des clients malgré l'existence de nombreux supermarchés ?
2. « Les Puces » et « la puce » électronique sont-elles la même chose ?
3. Est-ce qu'il y a de vieux meubles aux Puces ?
4. Les ventes des grands magasins pendant les fêtes sont-elles différentes du reste de l'année ?
5. Est-ce qu'on peut en France, obtenir de l'argent quand les banques sont fermées ?
6. La consommation des Français change-t-elle ?

LE JEU DE L'INTERVIEW *cf.* p. 5

1. Vous interviewez M. Coupin pour savoir s'il utilise souvent sa carte à puce et s'il en est satisfait.
2. Vous interviewez une consommatrice qui vient d'acheter une bague qui devrait changer de couleur selon ses émotions. (*cf.* p. 71, reproduction de *50 millions* de consommateurs). Elle s'est rendu compte que cette bague est sans valeur et vous lui demandez ce qu'elle compte faire.

THÈMES DU JEU INTERCULTUREL *cf.* p. 6

1. Quelle est l'évolution du commerce, de la petite boutique aux grandes surfaces ?
2. Existe-t-il des mouvements de consommateurs dans votre pays ?
3. Quand faites-vous vos courses ? Aimez-vous les faire ?

les loisirs et les vacances

Les loisirs sont devenus un élément important de la vie sociale, et ont fait naître une culture et un marché.
On parle même d'une prochaine *civilisation des loisirs*.

En France, au début de l'époque industrielle, seuls les riches ou les patrons avaient des loisirs. Pour les ouvriers, la semaine comportait en 1850 soixante-treize heures de travail, et en 1910 encore soixante heures. Afin de les protéger, la loi de 1936 a fixé une durée légale de travail de huit heures par jour, six jours par semaine, soit quarante-huit heures au total. En 1950, la durée a été ramenée à quarante heures par semaines, soit normalement cinq jours de travail à huit heures par jour. A cette durée légale s'ajoutent des heures supplémentaires souvent souhaitées par les employés afin de gagner plus d'argent. La durée réelle de travail est ainsi presque toujours supérieure à la durée légale. Elle diminue cependant, elle aussi. En France, la semaine de travail était la plus longue d'Europe dans les années 1960 (quarante-six heures). L'évolution vers la réduction du temps de travail s'est accélérée après l'élection du Président Mitterrand en 1981. Son gouvernement a fixé à 39 heures la durée hebdomadaire du travail, avec comme objectif une réduction jusqu'à 35 heures dans les prochaines années.

L'APPEL DES VACANCES : LE GRAND DÉPART

Quand le gouvernement du Front Populaire a créé les congés payés en 1936, c'était la première fois que les travailleurs avaient droit, légalement, à ces vacances annuelles. Ces congés durent aujourd'hui au minimum cinq semaines.

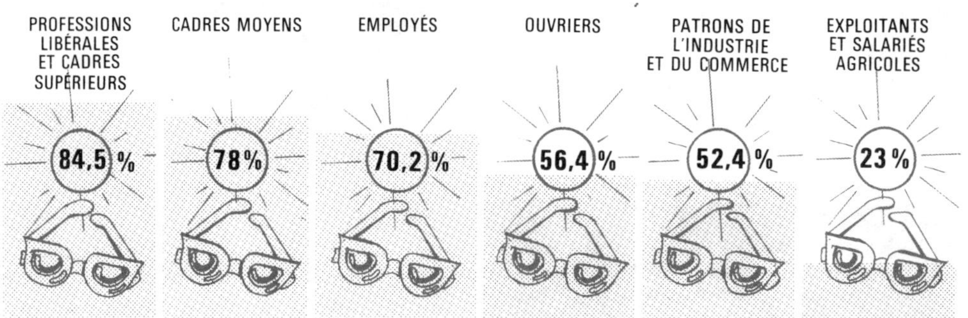

qui part en vacances d'été ?

Tous les Français n'ont pas la possibilité de partir en vacances. Cependant, pour les vacances d'été, le nombre de départ a augmenté de 41 % en 1965 à environ la moitié de la population aujourd'hui

Ce sont les catégories sociales de la bourgeoisie moyenne et supérieure et les habitants des grandes villes qui sont les plus favorisés. Pendant le mois d'août, la vie économique et politique s'arrête et ne recommence qu'à la *rentrée* de septembre. Paris se vide de ses habitants qui sont remplacés par les touristes étrangers qui viennent visiter la capitale.

Dans les endroits touristiques, la foule submerge les plages, les hôtels et les campings. Pendant ce temps, dans les usines vides, les machines restent inactives ; dans les bureaux, les affaires sont arrêtées ; de nombreux commerçants affichent sur leur portes *Fermeture annuelle*. Malgré ces inconvénients, la tradition des vacances d'août est si fortement installée dans les habitudes qu'aucun gouvernement n'a jamais réussi à réaliser l'étalement des vacances sur d'autres mois de l'année.

Les vacances d'hiver ou *vacances de neige* se développent. Mais loin de remplacer une partie des vacances d'été, ce qui permettrait l'étalement des grandes vacances, elles s'y ajoutent, et on parle également de grands départs d'hiver pour les vacances scolaire de Noël ou de la mi-février.

Dès l'arrivée du printemps, on commence à faire des projets pour les vacances. C'est alors que la publicité utilise le plus souvent le thème du départ en vacances.

A la radio, l'idée du départ est reprise dans les chansons.

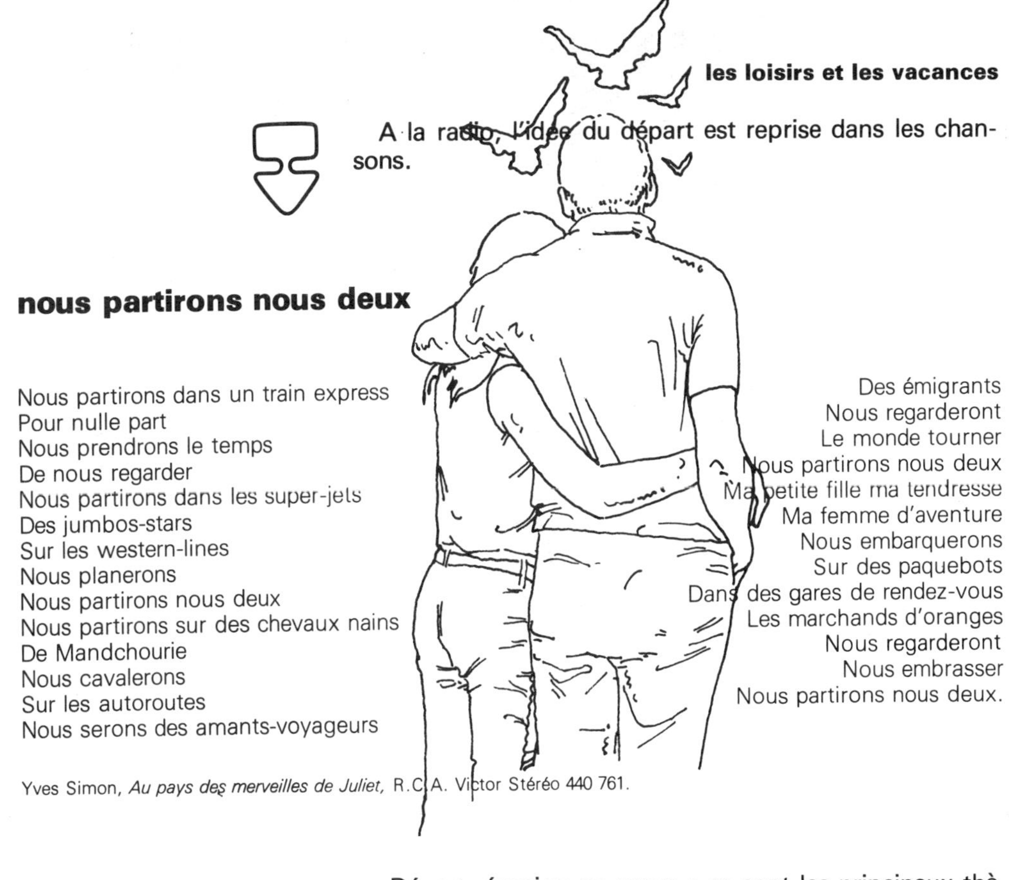

nous partirons nous deux

Nous partirons dans un train express
Pour nulle part
Nous prendrons le temps
De nous regarder
Nous partirons dans les super-jets
Des jumbos-stars
Sur les western-lines
Nous planerons
Nous partirons nous deux
Nous partirons sur des chevaux nains
De Mandchourie
Nous cavalerons
Sur les autoroutes
Nous serons des amants-voyageurs
Des émigrants
Nous regarderont
Le monde tourner
Nous partirons nous deux
Ma petite fille ma tendresse
Ma femme d'aventure
Nous embarquerons
Sur des paquebots
Dans des gares de rendez-vous
Les marchands d'oranges
Nous regarderont
Nous embrasser
Nous partirons nous deux.

Yves Simon, *Au pays des merveilles de Juliet,* R.C.A. Victor Stéréo 440 761.

Départ, évasion ou repos : ce sont les principaux thèmes de la publicité utilisée par les organismes de voyage et les clubs de vacances. Le « Club Méditerranée », dont la formule est la plus originale, a réussi à devenir une très grande entreprise commerciale.

nous sommes condamnés à l'informatique

Gilbert Trigano est le créateur du Club Méditerranée qui a aujourd'hui plus de cent villages de vacances dans le monde entier. Il offre maintenant à ses clients, les « gentils membres », (G.M.), la possibilité d'apprendre l'informatique pendant leurs vacances. Le club reste ainsi, selon ses termes « l'expression de son temps ».

Le Nouvel Observateur. — Gilbert Trigano, votre nom est lié à l'histoire du Club Méditerranée, à une image de vacances et d'évasion. Pourquoi cet intérêt soudain pour l'informatique, qui est un outil de travail ?

Gilbert Trigano. — D'abord mon intérêt n'est pas soudain. La gestion du Club est informatisée depuis vingt ans. Et puis le Club, ce n'est pas seulement l'évasion mais aussi, fondamentalement, un esprit de découverte, de connaissance, de vulgarisation. Qu'on le veuille ou non, c'est le Club qui a popularisé en France le ski, la planche à voile, le yoga. Nous sommes probablement, à l'heure actuelle, la plus grande organisation de skieurs du monde.

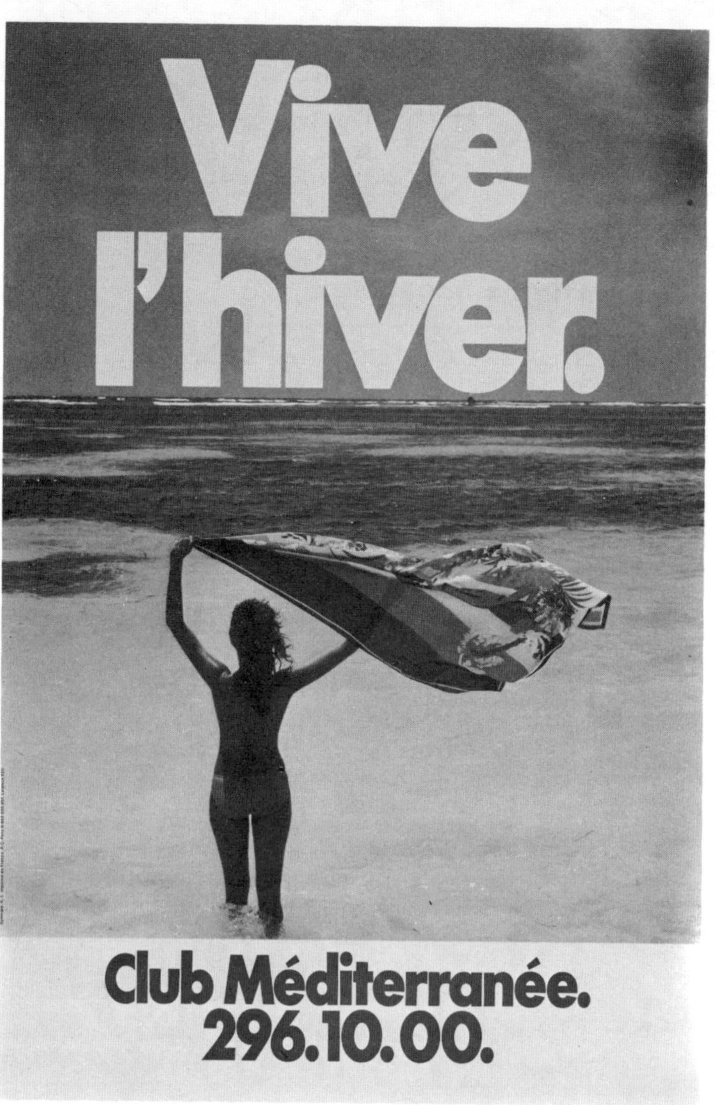

La croisade pour l'informatique s'inscrit tout naturellement dans cette logique. De même qu'on peut dire que c'est être infirme, de nos jours, que, par exemple, de ne pas savoir nager, nous pensons que ce serait être dangereusement infirme, demain, de ne pas avoir maîtrisé l'informatique. C'est pourquoi nous avons été les premiers au monde, il y a quatre ans, à inscrire l'informatique dans nos activités.

N. O. — Avec succès ?

G. Trigano. — A en juger par l'intérêt qu'a suscité notre initiative, tous âges confondus, il ne fait pas de doute qu'elle répondait à une attente, à un besoin. Nous avons également été frappés de voir à quelle vitesse on passait, surtout les jeunes, des jeux, de la vulgarisation élémentaire, à des choses plus sérieuses. Je suis convaincu que nos ateliers d'informatique vont connaître la même évolution que nos villages de neige. Quand nous avons ouvert le premier, presque tous nos adhérents étaient en classe d'initiation. Aujourd'hui, 30 % d'entre eux pratiquent la compétition. Pour l'informatique, c'est capital. Car on peut vivre sans faire de ski. Tandis que nous sommes quelques-uns à penser qu'avec l'informatique on n'a pas le choix. Ou bien on la domestique et la vie devient plus facile ; ou bien on ne la domestique pas et alors on crée deux classes, opposées de façon autrement sérieuse que tout ce que nous avons connu jusqu'à présent : ceux qui savent et ceux qui ne savent pas. Ce qui constitue, à mes yeux, le plus grave des dangers pour l'avenir.

Nouvel Observateur, 23 septembre 1983.

Les vacances se passent, pour un tiers des Français, chez des parents ou des amis. C'est souvent l'occasion de retrouver la famille restée dans les petites villes ou les villages : dans certaines régions, comme la Corse, ceux-ci presque déserts pendant la plus grande partie de l'année, recommencent à vivre quand les Corses du « Continent » rentrent au pays, en été.

Environ 20 % des Français passent leurs vacances en campant, sous la tente ou dans une caravane.

LES SPORTS D'HIVER : DE PLUS EN PLUS POPULAIRES

Le ski est en train de devenir le premier sport national. D'abord vacances réservées à l'élite sociale, les sports d'hiver sont devenus des vacances de masse pour plusieurs millions de personnes. En même temps, aux vieux villages de montagne où se logeaient les skieurs, sont venues s'ajouter de nouvelles stations, créées pour exploiter un champ de ski, comme Avoriaz, La Plagne, Val-Thorens...

En définitive, profitant de l'étendue de ses montagnes, la France devient, pendant la période d'hiver, une puissance industrielle de la neige. 5 millions de personnes, dont 600 000 touristes étrangers y font du ski chaque année. On peut dire que la France accueille 1/3 du tourisme d'hiver européen à elle seule.

la France bon marché

Les skieurs français bénéficieraient des tarifs de remontées mécaniques les plus bas du monde, estime le Service d'étude et d'aménagement touristique de la montagne (S.E.A.T.M.), qui a analysé les prix pratiqués dans les stations américaines, italiennes et allemandes.

Grâce aux investissements très importants réalisés depuis une vingtaine d'années, la France est devenue la seconde nation pour la pratique du ski alpin, immédiatement derrière l'Autriche. Elle devrait rattraper rapidement ce pays grâce, notamment, aux efforts quantitatifs et qualitatifs menés pour améliorer son parc de remontées mécaniques, qui atteindra cet hiver 3 500 appareils.

La France possède déjà la plus importante société de remontées mécaniques du monde (86 appareils installés à La Plagne) ; et si l'on considère les grands domaines de ski interstations comme Val-d'Isère-Tignes (106 remontées mécaniques), le Grand Massif (il unit les stations de Samoëns, Carroz, Flaine, 65 remontées mécaniques, les Trois Vallées Courchevel, Méribel, Les Ménuires, Val-Thorens), 175 remontées mécaniques, elles occupent une position nulle part égalée.

Ainsi, les stations américaines ne disposent généralement que d'un nombre fort réduit de remontées mécaniques.

Seconde constatation faite par le S.E.A.T.M., le tarif des remontées mécaniques est plus faible en France que dans les stations américaines et européennes.

C. F.,
Le Monde, 3 décembre 1983.

VIEILLES PIERRES ET BEAUX SOUVENIRS

Une autre forme de vacances, c'est le tourisme culturel. On se cultive en visitant les nombreux sites historiques et les musées. Danc ce cas on achète en général le *Guide vert* (Michelin) ou le *Guide bleu* (Hachette). Ces deux guides présentent dans un style pédagogique une diversité d'informations culturelles et ont contribué à former les goûts de nombreuses générations de touristes français.

Fontainebleau, ou l'ombre de l'empereur

La Cour du Cheval-Blanc ou des Adieux. Ancienne Basse-Cour qui servit longtemps de cadre aux tournois, elle acquit le nom de cour du Cheval-Blanc quand Charles IX y plaça un cheval de plâtre, moulage de la statue de Marc Aurèle au Capitole (une dalle, dans l'allée centrale, en signale l'emplacement). La seconde appellation commémore les adieux de Napoléon Ier à sa garde lors de son départ pour l'île d'Elbe.

Les aigles dorés, qui battent des ailes sur les piliers de la grande grille, rappellent que l'Empereur fit de cette cour sa cour d'honneur. Il fit raser les bâtiments Renaissance qui la fermaient à l'ouest, n'en laissant subsister que les deux pavillons de chaque côté de la grille.

On avance entre les deux longues ailes. Seule, celle de gauche a gardé la sobre élégance des bâtiments de Gilles Lebreton, l'architecte de François Ier. L'aile droite, qui abritait la célèbre galerie d'Ulysse décorée sous la direction du Primatice, fut démolie par Louis XV. Quels que soient les mérites de l'édifice élevé par Gabriel sur son emplacement, on ne peut s'empêcher de regretter cette destruction que les contemporains eux-mêmes déplorèrent.

Au fond de la cour, le bâtiment central est le fruit d'adjonctions successives, du règne de François Ier à celui de Louis XV. La façade présente cependant une certaine unité. L'horizontalité de ses grands toits d'ardoise bleue est rompue par les façades blanches, les coiffes trapézoïdales et les hautes cheminées de cinq pavillons. Le célèbre escalier du Fer-à-Cheval, construit par Jean Ducerceau sous Louis XIII, évoque, par l'ampleur majestueuse de ses deux branches curvilignes, les fastes de la Royauté. Pourtant, c'est le souvenir de Napoléon Ier qui hante cette construction et qui lui a conféré sa notoriété.

Le 20 avril 1814, l'Empereur paraît en haut du Fer à Cheval. Il est 1 h de l'après-midi. Les voitures des Commissaires des armées étrangères chargés de l'escorter l'attendent. Il descend lentement la branche droite de l'escalier, la main sur la balustrade de pierre. Blême d'émotion contenue, il s'arrête un instant, contemplant sa garde alignée, puis s'avance vers le carré des officiers qui entourent l'Aigle et leur chef, le général Petit. Sa harangue étreint les cœurs. Elle est un plaidoyer : « Continuez à servir la France, son bonheur était mon unique pensée ! » et un ultime remerciement : « Depuis vingt ans... vous vous êtes toujours conduits avec bravoure et fidélité ! ». Il serre le général dans ses bras, baise le drapeau et monte rapidement dans la voiture qui l'attend tandis que les grognards mêlent les larmes à leurs acclamations.

D'après le *Guide Vert Environs de Paris,* 19e édition du pneu Michelin.

Avignon et son festival

Une autre forme de tourisme culturel est d'assiter aux festivals d'été qui sont de plus en plus nombreux en province : par exemple, à Aix-en-Provence, pour la musique ou à Avignon, pour le théâtre.

Le trente-septième Festival d'Avignon — qui a commencé le 9 juillet et se tient jusqu'au 7 août — attire une foule toujours aussi nombreuse de professionnels, de responsables culturels et de spectateurs venus de tous les coins de France. Financé en majeure partie par la ville et la région, le Festival doit, pour la première fois de son existence, dialoguer avec un maire R.P.R., M. Jean-Pierre Roux.

« Un maire de droite appliquant une politique culturelle de gauche » : voilà comment M. Jean-Pierre Roux, maire R.P.R. d'Avignon, estime que certains voudraient le décrire. Mais il ajoute aussitôt : *« Je ne sais pas si je suis de droite et je ne sais pas si la culture est de gauche. »*

Le Monde, 13 juillet 1983.

Au festival d'Avignon.

DE LA FÊTE TRADITIONNELLE AUX FÊTES COLLECTIVES

Il existe d'autres moments de ruptures avec la vie quotidienne et avec le travail, notamment à l'occasion des jours de congés ou des cérémonies familiales.

La France est un pays de tradition catholique, où les cérémonies religieuses ont eu une grande importance dans la vie sociale. La plupart des fêtes ont une origine chrétienne.

Bien que la religion soit moins pratiquée aujourd'hui, les étapes de la vie sont encore marquées par le baptême, la première communion et le mariage. Le mariage civil, à la mairie, est le seul légal, et doit précéder le mariage religieux s'il y en a un. Beaucoup de Français estiment encore que le mariage à l'église est nécessaire pour donner à l'événement sa solennité et son caractère de fête. L'enterrement religieux reste aussi très fréquent.

Chaque cérémonie, surtout dans les campagnes, est suivie d'un repas de fête.

Certains jours de fêtes de l'Église ont en grande partie perdu leur caractère religieux et ne sont plus des jours de congés officiels. A l'Épiphanie, on mange la galette des Rois, pour y trouver la fève qui désigne le roi ou la reine du repas ; et à la Chandeleur, on fait sauter des crêpes dans la poêle en tenant parfois une pièce de monnaie dans la main, pour attirer la fortune dans la famille pendant le reste de l'année. La tradition reste vivace, mais il n'y a pas de jour férié.

D'autres fêtes d'origine catholique sont restées des jours de congé légal. Ils permettent à la plupart des Français, comme les autres jours fériés, de « prolonger » les week-ends ou, mieux encore, de « faire le pont » si le jour férié « tombe » un mardi ou un jeudi. Dans ce cas, en effet, il est rare qu'on travaille le lundi, ou le vendredi, selon les cas. Ces fêtes religieuses sont :

Pâques, l'Ascension, la Pentecôte, l'Assomption (le 15 août), la Toussaint (le 1er novembre) et enfin Noël, le 25 décembre.

Noël : grande fête de la consommation

Noël, en dehors de la messe de minuit, a perdu beaucoup de sa signification religieuse. Mais c'est certainement la fête familiale à laquelle les Français restent le plus attachés. C'est l'occasion d'offrir des cadeaux à sa famille et à ses amis.

Le père Noël est le symbole de cette fête. C'est lui, pour les petits enfants, qui apporte les cadeaux dans la cheminée. Et ce symbole est si fort qu'on le retrouve dans toutes les parties de la République Française, y compris dans les territoires de l'hémisphère Sud, où Noël a lieu à la saison chaude.

le père Noël à Tahiti

Le Père Noël dans sa ronde et malgré la chaleur étouffante qui règne sur Papeete depuis quelques jours s'est permis, hier après-midi, de faire une petite halte à Mamao, dans la salle de réunion de l'O.T.H.S.

Le directeur Edouard Fritch ravi de cette visite a présenté le Père Noël aux 19 enfants du personnel. La joie qui se lisait sur les visages des enfants sous les regards attendris des parents, montre combien le Père Noël a été particulièrement apprécié au cours de cette halte.

Tatare Tuiho.
La Dépêche de Tahiti,
22 décembre 1983.

les autres fêtes

Certaines fêtes traditionnelles ne sont pas d'origine religieuse : c'est le cas du 11 novembre, anniversaire de l'armistice de 1918, et jour de souvenir de toutes les guerres, du 1er mai (fête du travail avec les défilés des syndicats et fête du muguet que l'on offre à la famille ou aux amis), du 14 juillet et du 1er janvier.

Deux jours fériés sont l'occasion de « faire la fête ». Pour le 14 juillet, anniversaire de la prise de la Bastille, où l'on célèbre la Révolution française, des bals populaires ont lieu dans la rue le 13 et le 14. Le soir du 14, des feux d'artifice sont tirés dans toute la France.

Le 31 décembre, pour le réveillon de la Saint-Sylvestre, on invite des amis chez soi ou l'on sort pour s'amuser, faire un grand repas et danser jusqu'à l'aube du 1er janvier.

On a également l'impression d'assister quelquefois à des fêtes collectives à l'occasion d'un grand match sportif.

LES SPORTS

De plus en plus de Français ont une activité sportive, on trouve parmi eux :

— Les chasseurs, au nombre d'environ 2,5 millions, qui doivent acheter chaque année un permis de chasse. Le grand jour pour tous les chasseurs de France est naturellement le jour de l'ouverture de la chasse en automne.

— Les pêcheurs, encore plus nombreux, puisque leur nombre est estimé à 5 millions.

— Les joueurs de boules et de pétanque qui sont surtout très nombreux dans le Midi de la France.

— Le mouvement actuel de retour à la nature favorise une renaissance de la marche à pied, de la promenade à bicyclette ou à cheval.

— A ces activités traditionnelles s'ajoutent aujourd'hui de plus en plus de sports exigeant une plus grande forme physique, comme le ski, la voile et surtout la planche à voile (très populaire parce qu'elle est bon marché et pratique), ou le tennis.

Les grands événements sportifs de l'année sont : le Tour de France (course cycliste), la Coupe d'Europe de football, le Tournoi des Cinq Nations où s'affrontent des équipes de rugby à 15, représentant la France, l'Angleterre, l'Écosse, le Pays de Galles et l'Irlande, les championnats internationaux de tennis sur les courts de Roland Garros à Paris.

La passion qui anime les spectateurs des stades démontre la survivance de « l'esprit de clocher ». Elle est repercutée à travers toute la France par les journaux, la radio et la télévision dont l'audience est très grande les jours de matchs. Il existe même un quotidien, *l'Équipe*, entièrement consacré aux informations sportives, qui est également l'organisateur du Tour de France.

S'ajoutent à ces compétitions tous les 4 ans les Jeux Olympiques et la Coupe du Monde de football.

le rêve d'Hidalgo

Michel Hidalgo, 48 ans, est le premier entraîneur-sélectionneur national à avoir mené deux fois de suite l'équipe de France en phase finale de la Coupe du monde.

— *Quelles seront vos ambitions en Espagne?*

— On ne peut pas raisonnablement les fixer. Notre objectif est, d'abord, de passer le premier tour. L'Angleterre, la Tchécoslovaquie sont de gros morceaux. Et on ne peut pas, non plus, sous-estimer le Koweït. Mais si nous parvenons à passer, nous pourrons espérer faire une grande Coupe du monde.

— *Mais la Coupe, il vous arrive d'en rêver?*

— Bien sûr, j'en rêve. Le rêve fait partie de notre vie. On gagne beaucoup de matches, en rêve. On en perd aussi. Mais on a l'impression que, si on ne rêve pas à la victoire, ça ne peut pas arriver.

— *Pensez-vous que, depuis quatre ans, l'équipe de France a acquis un style?*

— Cela fait des années que nous insistons sur ce point. Notre règle, c'est : vivacité, mobilité, esprit offensif et accélérations. Mais nous avions un problème à résoudre : comment jouer vite pendant quatre-vingt-dix minutes? La solution? Jouer « à une touche de balle ». C'est-à-dire faire courir le ballon très vite et sans contrôle. Ce style nous a réussi. Les Brésiliens et d'autres grandes nations du football reconnaissent qu'il existe, désormais, un jeu à la française.

L'Express, 16 avril 1982.

Roland-Garros

• Des nouveaux courts ont été créés, les anciens agrandis, le restaurant a doublé ses places. Bientôt le bois de Boulogne n'y suffira plus. *Les Internationaux de France, sont devenus*, et de loin, *la plus prestigieuse manifestation sportive parisienne*, la seule qui soit à l'échelle des cinq continents. Beaucoup de points d'interrogation cette année : le lift de Mats Wilander, dix-huit ans, l'imposera-t-il comme l'an dernier? John MacEnroe, service-volée, parviendra-t-il à s'adapter à la terre battue? « Jimbo » Connors sera-t-il présent malgré ses déboires conjugaux? Découvrira-t-on, enfin, le sourire du lugubre Ivan Lendl? Et Noah? Chez les femmes, Chris Evert ou Hana Mandlikova?

Réponses du 23 mai au 5 juin.

Le Nouvel Observateur, 20 mai 1983.

LA « FORME » ET LE GOÛT DE LA NATURE

Le goût de plus en plus prononcé des Français pour le sport correspond à leur désir d'être « en forme » et de le rester. Des magazines et des émissions de télévision encouragent cette préoccupation de santé physique.

la redécouverte du corps

A « Vital », on n'aime pas le mot maladie, on ne cultive pas son stress, on est heu-reux. C'est un magazine pas comme les autres. On y parle de jeunesse, d'énergie, de tonus, de forme. Les journalistes qui y travaillent sont des gens positifs, tournés vers l'avenir et avides de succès. Résultats : au bout de trois petites années, le premier magazine entièrement consacré à « la forme » affiche une réussite totale.

Le Nouvel Observateur, 25 novembre 1983.

recteur de la publication : ank Ténot.

TAL est édité par MEDI-MEDIA A. - R.C. Nanterre B 320 238 3. 6, rue Ancelle, 92200 UILLY-SUR-SEINE. Tél. : 738- -21.

TAL

EDI 7

e publication
primée en France par Brodard aphique à Coulommiers.
mposition : Compolaser.
mmission paritaire : n° 63049.

ésident-Directeur Général : ank Ténot.
ce-Président-Directeur des édactions : Roger Thérond.
ce-Président-Directeur Gé éral : Gérald de Roquemau- l.

recteur de la rédaction : Jean nys.

recteur artistique : Sylvain Canaux.

édacteur en chef adjoint : Michel nduelle.

ef des informations : Jacqueline na.

porters : Jean Grémion, Annick st.

dactrices :
arianne Comolli : cuisine
cile Delanghe : ABC
scale Grignon : Beauté - ABC

alités : Sabine Cayrol.

crétaire de rédaction : François nvieille.

aquette : Alain Bourdevaire, Marie Gastines, Daniel Allignol.

crétariat : Danielle Rybicki.

ntacts lecteurs : Régine Blanc.

omotion : Claude Smets.

lations extérieures : Christiane ussant.

onnements : Nicole Faugeron.

nseignements abonnements : 90, de Flandres 75943 Paris Cédex 19. . : 200.35.00.

blicité : REGIE 7, 63 avenue des amps-Elysees 75008 PARIS. Tél. : 6.72.72.
stan Gayet assisté de Corinne Le- ay (chef de publicité).

t également participé à ce nu- ro :

ustrations et dessins : Dominique boire, Gilles Marie Baur, Catherine utreligne, Catherine Proteaux, Do- nique Renaux, Rosy, Régine Rubin- d.

otos : Michel Bonduelle, Ken Bro- r, Max Colin, Gunther, Ronnie pner, Tony Kent, Philippe Moulu, dré Perlstein, Françoise Rey, Man- d Seelow, Henri Tullio.

ylisme : Karin Didey.

quêtes et reportages : Marie Bon- ux, Catherine Dreyfus, Claire Laro- e, J.V. Menevy, Paule Neyrat, Fran- se Simpère.

numéro comporte un encart abon- ment numéroté 31, 32, 97, 98 ainsi e 4 pages spéciales pour la région : rd-Picardie-Champagne-Ardennes ; 8 pages spéciales pour la région ovence-Côte-d'Azur.

SOMMAIRE

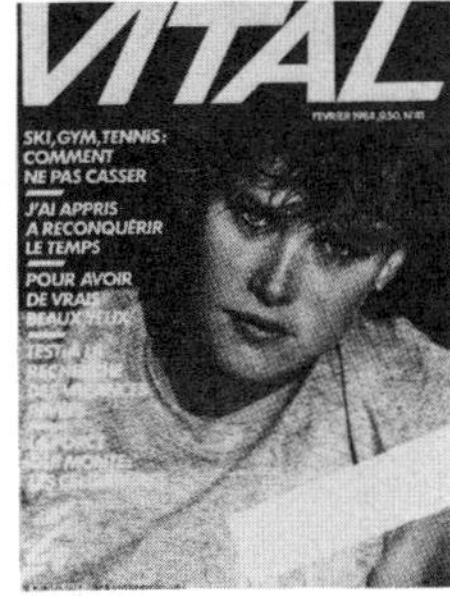

L'année est commencée. Personne ne nous a dit qu'elle nous fera les yeux doux. Tout le monde nous a dit qu'il nous faudrait de l'effort et de la détermination. Alors, allons-y. Photo Ken Browar.

La marche à pied et les randonnées ont toujours été des activités populaires, que le mouvement écologiste a remis à la mode.

Le développement des Parcs Nationaux et Régionaux a également incité à la redécouverte de la nature.

France
le parc national de
LA VANOISE
Alpes de Savoie

les trésors de la Vanoise

Le parc de la Vanoise fêtera, l'année prochaine, ses 20 ans. C'est le premier des parcs nationaux, le plus ancien, le plus connu et le plus grandiose : 52 839 hectares de nature intacte entre les vallées de la Tarentaise et de la Maurienne ; entre les stations de ski et les usines. On a préservé là une immensité faite de sommets enneigés et de pitons rocheux, de glaciers et de pâturages. Quelque cinq mille chamois, et environ six cents bouquetins y vivent en toute quiétude. Pour les approcher, il faut se lever à l'aube, marcher face au vent, en silence. Silence aussi pour traquer l'hermine et le renard, apercevoir le blaireau, la martre ou le lièvre variable, qui change de couleur au fil des saisons. Ou encore les bandes de marmottes qui se chauffent au soleil.

Une centaine d'espèces d'oiseaux nichent dans le parc, depuis le chocard à bec jaune jusqu'à l'accenteur alpin.

On l'oublie parfois, le parc est une des régions géologiques les plus complexes des Alpes, où se trouvent une variété extraordinaire de roches. Ainsi s'explique la multitude d'espèces de fleurs qu'on rencontre sur les 500 kilomètres de sentiers qui sillonnent la Vanoise jusqu'au Grand Paradis, le parc jumeau, en Italie.

Les non-initiés peuvent faire leur éducation sur les « sentiers nature ». Dans ce véritable laboratoire vivant poussent environ un millier d'espèces florales. Une quinzaine d'entre elles n'existent plus, en France, ailleurs que dans le parc. Et on commence à peine à faire l'inventaire des insectes du parc. Chaque année, on découvre de nouvelles espèces de petits papillons.

La Vanoise a su attirer les fous de la montagne, les amis des animaux, les amateurs de fleurs et de cailloux. Mais elle ne survivrait pas sans ses trente gardes moniteurs. Avec leurs six chefs de secteur, ils doivent parer à tout : piloter les scientifiques, secourir les alpinistes, éloigner les braconniers, surveiller les refuges. Surtout, ils savent transmettre leur passion pour la montagne aux randonneurs d'une saison.

L'Express, 24 septembre 1982.

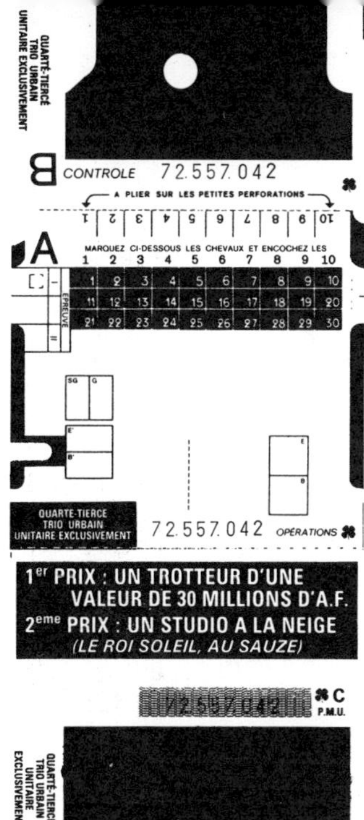

PASSER LE TEMPS

Le café est un des lieux principaux de rendez-vous pour rencontrer des amis. On y prend l'apéritif ou un « petit café », on y « boit un verre » tout en discutant. Il y a beaucoup de sortes de cafés, allant du petit café de quartier où les habitués se retrouvent pour jouer à la belote ou au jacquet jusqu'aux grands cafés des quartiers élégants des grandes villes.

Les cafés P.M.U. sont aussi le lieu où l'on vient jouer au tiercé : chaque dimanche, sept à huit millions de Français dépensent plus d'une centaine de millions de francs en essayant de trouver les trois premiers chevaux de la course principale du jour. On peut y jouer également au loto.

Le Loto connaît un succès de plus en plus grand. Lors du premier tirage, en mai 1976, il y a eu 76 000 bulletins. Aujourd'hui, il y en a plus de 16 millions à chaque tirage et l'on parle d'un deuxième tirage hebdomadaire.

coup de chance à l'atelier

Il est des fois où le hasard est heureux : Ainsi ces trente-huit ouvriers de l'usine Moulinex de Falaise (Calvados) qui viennent de se répartir la plus grosse somme jamais gagnée au Loto, 12 368 658 francs, soit plus d'un milliard de centimes !

Inutile de vous dire que cet argent vient à point nommé pour ces familles dans une région touchée par la crise économique. L'usine Moulinex, justement, n'est pas épargnée et notamment la chaîne des grille-pain où travaillaient la plupart des gagnants. On y connaît des heures de chômage technique. Alors que les salaires moyens n'y excèdent pas 4 500 ou 5 000 francs par mois.

Hier, au cours d'une cérémonie dans la cantine de l'établissement décorée pour la circonstance, ce gain fabuleux a été partagé entre 38 personnes : un chèque de 312 687 F a été remis à 36 d'entre elles. Deux autres qui, en l'absence de deux collègues, avaient joué deux fois la mise, ont touché une double part, soit 625 375 F.

La gagnante la plus heureuse est sans doute une ouvrière de Saint-Pierre-Canivet, dont l'époux venait de se voir signifier la fin de ses droits aux indemnités de chômage.

Depuis décembre 1980, les ouvriers de la chaîne des toasters étaient 40 à se cotiser, chaque semaine. Toujours les mêmes chiffres. La persévérance a payé.

L'Humanité, 14 janvier 1984.

Un sondage Paris-Match-IFRES 1983

Vous arrive-t-il (ou vous est-il déjà arrivé) de jouer aux jeux d'argent suivants ?

	oui	ne se prononcent pas	non
Loto	53	–	47
Quarté	21	1	78
Tiercé	31	–	69
Courses	19	1	80
Loterie nationale	30	–	70
Jeux de casino	17	2	81
Machines à sous	9	1	90

Que feriez-vous si vous gagniez une importante somme d'argent ?

Je mènerais « la grande vie »	14
J'investirais dans l'achat d'une maison	41
Je cesserais de travailler pour vivre de mes rentes	20
Je placerais la somme en France	15
Je placerais la somme à l'étranger	6
Je le partagerais avec mes proches	32
Je ferais des dons	18
Je créerais ma propre entreprise	10
J'achèterais de l'or	5
Je voyagerais	40
Autres	12
ne se prononcent pas	5

Total supérieur à 100, plusieurs réponses possibles
Paris-Match, 16 décembre 1983.

On sort aussi pour aller au cinéma, au concert, au théâtre et au café-théâtre où l'on prend une consommation en regardant un spectacle.

Parmi d'autres formes de divertissements, citons les bals de quartier ou de village, les discothèques, les « boîtes de nuit » et les music-halls comme l'Olympia à Paris, où les vedettes de la chanson interprètent les « tubes » qui les ont rendues célèbres.

Cependant l'introduction de la télévision dans la presque totalité des foyers et l'arrivée sur le marché de programmes enregistrés (vidéocassettes, vidéodisques, magnétoscopes) et des jeux électroniques de plus en plus sophistiqués font que les gens sortent moins. Le chiffre de fréquentation des cinémas, par exemple, a beaucoup baissé depuis dix ans.

les loisirs de la nouvelle bourgeoisie

En règle générale, quelles sont vos principales occupations le week-end ?

(Plusieurs réponses possibles, en %)

Recevoir à la maison ou rendre visite à la famille ou à des amis	56
Faire la grasse matinée	50
Lire	43
Faire du sport	36
Flâner, me promener	30
Accomplir des tâches ménagères	29
Bricoler	27
Aller au cinéma	26
Regarder la télévision	24
Faire des achats	23
Jardiner	19
Visiter des musées ou des expositions	10
Aller au théâtre, au concert ou à d'autres spectacles	9

L'Expansion, 18 avril - 8 mai 1980.

APPAREIL PÉDAGOGIQUE 5

Présentation

Ce chapitre analyse deux tendances de la société contemporaine : les travailleurs disposent de plus en plus de temps libre par rapport à ceux du XIXᵉ siècle, mais ils cherchent de plus en plus à s'évader de leur vie quotidienne. Les loisirs se sont donc transformés ; il y a moins de fêtes de famille et de fêtes traditionnelles, mais on se « distrait » plus, et on va beaucoup plus « en vacances ». Le besoin de loisirs et de vacances a créé un très important marché, et c'est ce qui explique le grand nombre de textes publicitaires qui se trouvent dans ce chapitre.

P. 79 NOUS PARTIRONS NOUS DEUX

planer : voler, flotter en l'air ; (fig.) être dans un état de bonheur parfait.
le cheval nain : cheval de petite taille.
cavaler : (fam.) synonyme de courir.

Discussion sur la chanson et sur la publicité

1. Comment les thèmes de départ et de voyage sont-ils exprimés dans cette chanson ?
2. Pourquoi Yves Simon utilise-t-il des mots étrangers ?
3. Quelle est la signification de l'emploi du temps futur des verbes ?
4. Montrez comment cette chanson et la publicité *Club Méditerranée* s'inspirent de thèmes similaires bien qu'elles les expriment par des moyens verbaux (et musicaux) dans un cas et visuels dans l'autre.

P. 79 NOUS SOMMES CONDAMNÉS À L'INFORMATIQUE

LE CLUB MÉDITERRANÉE : la formule des vacances proposée par le Club Méditerranée est de faire un séjour dans un village conçu spécialement pour la détente. Ces villages sont pour la plupart situés dans des pays chauds, au bord de la mer, mais certains sont établis en montagne pour accueillir les gens qui prennent des vacances de neige.
l'évasion (f.) : *ici*, le fait de s'échapper de ses soucis quotidiens.
la gestion : administration.
la croisade pour : *ici*, grand effort pour faire connaître
tous âges confondus : pour des personnes de tous les âges.
l'atelier (m.) : groupe de personnes travaillant ensemble.
domestiquer : rendre familier.
à mes yeux : selon moi.

P. 81 LA FRANCE BON MARCHÉ

la remontée mécanique : installation qui transporte les skieurs au sommet des montagnes.
la station de ski : ville ou village de montagne où l'on fait du ski.
le parc : *ici*, nombre.
nulle part égalée : supérieure à tous les autres pays.

P. 83 FONTAINEBLEAU

FONTAINEBLEAU : château construit pour le roi François Iᵉʳ (1494-1547). Il avait fait venir, pour

décorer les pièces, des artistes italiens qui ont introduit en France le style de la Renaissance italienne.
L'EMPEREUR : Napoléon Ier, devenu empereur des Français en 1804, a signé dans le château de Fontainebleau son abdication en 1814. De là il est parti en exil dans l'île d'Elbe. Quelques mois plus tard, en 1815, il est revenu en France et a été vaincu à Waterloo.
MARC AURÈLE : empereur romain (121-180).
LE CAPITOLE : une des sept collines de Rome.
L'AIGLE (m.) : emblème de l'Empire napoléonien.
LES BÂTIMENTS RENAISSANCE : bâtiments construits dans le style de la Renaissance.
LE PRIMATICE : peintre et architecte italien (1505-1570), nommé Surintendant des Bâtiments par François Ier.
LOUIS XV : roi de France de 1715 à 1774.
GABRIEL, JACQUES-ANGE (1698-1782) : architecte français qui a imposé le style classique dans sa restauration du Louvre et sa construction de l'École militaire.
LOUIS XIV : roi de France de 1643 à 1715.
LOUIS XIII : né à Fontainebleau et roi de France de 1610 à 1643.
LES COMMISSAIRES DES ARMÉES ÉTRANGÈRES : l'invasion de la France et l'occupation de Paris ont obligé l'Empereur à abdiquer en 1814.
DEPUIS VINGT ANS : depuis la campagne d'Italie en 1796 pendant laquelle le général Napoléon Bonaparte avait mené l'armée à des victoires célèbres.
LE GROGNARD : soldat de la garde de Napoléon.
le tournoi : spectacle militaire de combats entre des chevaliers.
l'emplacement (m.) : l'endroit où se trouvait la statue.
raser : démolir complètement.
le pavillon : petit bâtiment.
l'aile (f.) : *ici*, partie latérale d'un bâtiment.
la coiffe : ce qu'une femme porte sur sa tête ; *ici*, petit toit.
le faste : la splendeur des cérémonies.
aligné : rangé en ligne.
étreindre : *ici*, remplir d'émotion.
le plaidoyer : *ici*, défense passionnée de son action.

Discussion sur le texte

1. Comment l'histoire de France, de François Ier à Louis XV, est-elle évoquée dans la description de la « Cour du Cheval-Blanc » ?
2. Est-ce que, à votre avis, le grand nombre d'allusions historiques dans cette description facilite pour le visiteur l'appréciation de l'architecture de cette cour ? Justifiez votre opinion.
3. En quels termes les modifications apportées au château original de François Ier sont-elles jugées ? Pourquoi ?
4. Quel est le souvenir historique qui est privilégié dans cette description ?
5. Quelle impression de l'Empereur veut-on créer chez le lecteur dans la description des « Adieux » ?
6. Est-ce qu'un objectif de ce texte n'est pas de donner une leçon de morale patriotique ? Laquelle ?
7. Quelles sont les qualités qu'on signale dans l'architecture du château ? En quoi correspondent-elles au goût français ?

Exercice de langue

Relever les mots :
a. qui font appel à l'émotion du lecteur.
b. qui ont pour but de susciter l'intérêt et l'admiration.

P. 83 AVIGNON ET SON FESTIVAL

R.P.R. : Rassemblement Pour la République, parti de droite. Il s'affirme comme l'héritier du Général de Gaulle.

Débat

Quelles sont les raisons qui font penser que le Festival d'Avignon est le fruit d'une politique culturelle de gauche ? Pour amorcer le débat, évoquez les créateurs de ce Festival : Jean Vilar et Gérard Philipe, l'époque (l'après-guerre) et son contexte politique.

P. 86 LE PÈRE NOËL A TAHITI

PAPEETE : ville principale de Tahiti, île la plus importante de la Polynésie française.
MAMAO : nom d'un quartier de Papeete.
L'O.T.H.S. : un centre social.
la chaleur étouffante : en Polynésie française, décembre est un mois d'été très chaud.
le personnel : l'ensemble des employés.

P. 88 LE RÊVE D'HIDALGO

LA COUPE DU MONDE : cette compétition qui a lieu tous les quatre ans dans un pays différent s'est déroulée en Espagne en 1982. Les quatre finalistes y étaient l'Italie, l'Allemagne fédérale, la Pologne et la France. La compétition précédente avait eu lieu en Argentine.

P. 88 ROLAND-GARROS

LE BOIS DE BOULOGNE : les grands matches de tennis ont lieu à Paris sur les courts appelés Roland-Garros près du Bois de Boulogne.
LES INTERNATIONAUX DE FRANCE : les championnats de Roland-Garros, de Winbledon (en Angleterre), de Flushing Meadows (aux États-Unis) et de Kooyong (en Australie) sont les grands moments du tennis international. Les courts de Roland-Garros sont en terre battue. En 1982, le Suédois Mats Wilander a gagné à Roland-Garros. En 1983, Yannick Noah est devenu le premier Français, depuis M. Bernard en 1946, à remporter la victoire.

P. 90 LES TRÉSORS DE LA VANOISE

LE PARC DE LA VANOISE : ce parc se trouve dans les Alpes françaises près de la frontière italienne.
le piton : pointe d'une très haute montagne.
le pâturage : prairie où l'on mène les troupeaux pour brouter l'herbe.

le chamois; le bouquetin : espèce de chèvre sauvage.
la quiétude : tranquillité.
la marmotte : petit animal qui dort beaucoup en hiver.
les fous de la montagne (fam.) : personnes qui aiment beaucoup la montagne.
le garde : surveillant.
parer à tout : être prêt à tout faire.
le braconnier : personne qui fait la chasse sans autorisation.
le randonneur (la randonneuse) : personne qui fait une longue marche en pleine nature.

P. 92 COUP DE CHANCE À L'ATELIER

UN MILLIARD DE CENTIMES : pour les grosses sommes d'argent, les Français continuent à compter en anciens francs, c'est-à-dire en centimes d'aujourd'hui.
LES INDEMNITÉS DE CHÔMAGE : les ouvriers qui sont licenciés pour des raisons économiques et qui ne trouvent pas un autre travail reçoivent des sommes d'argent payées par le gouvernement pour compenser la perte de leur salaire.
à point nommé : au bon moment.
n'est pas épargnée : souffre également de la crise.
la chaîne : ligne d'assemblage en série.
le chômage technique : les ouvriers acceptent de ne pas travailler certaines heures ou certains jours afin de garder leur emploi.
la mise : la somme d'argent que l'on doit payer pour un jeu.
se cotiser : payer chacun une somme d'argent.
les chiffres : *ici*, les chiffres que l'on doit marquer sur le bulletin de loto.

ANALYSE D'UN SOMMAIRE ET D'UNE PUBLICITÉ

— Quel type de vacances est évoqué par la publicité du *Club Méditerranée?* Pourquoi?
— Peut-on trouver dans le sommaire de *Vital* des préoccupations similaires?
— Existe-t-il dans votre pays des magazines comme *Vital*? Qui en sont les lecteurs?

EXERCICES SUR LE CHAPITRE

Questions générales

1. Où aimeriez-vous passer vos vacances en France?
2. Comment aimez-vous passer vos loisirs?
3. Préférez-vous assiter à des matches sportifs ou regarder des émissions sportives à la télévision? Pourquoi?

Question d'opinions

Répondez au sondage suivant et comparez le résultat avec les réponses des autres personnes de votre cours :
a. Classez par ordre de préférence les activités suivantes : lire des romans; lire des bandes dessinées; regarder la télévision; assister à un match sportif; faire du ski; aller à la plage; faire des promenades; pratiquer un sport d'équipe; discuter avec des amis; aller dans des surprises-parties; jouer au cartes; jouer à un jeu de hasard; aller au cinéma; écouter des disques.
b. Dressez la liste des préférences indiquées par les autres personnes de votre cours. Cette liste serait-elle la même pour toutes les catégories sociales de votre pays? Justifiez votre réponse.

Débats de civilisation

1. Peut-on dire qu'il existe des loisirs « actifs » et des loisirs « passifs »?
2. A votre avis, la société se transforme-t-elle en une « civilisation des loisirs »? Que pensez-vous de cette évolution?
3. Quel rôle jouent les vacances dans la société contemporaine? Comparez la situation dans votre pays et en France.

LE JEU DES PREUVES *cf.* p. 5

— Est-il possible d'apprendre à se servir d'un ordinateur en partant en vacances?
— Est-ce que tous les Français ont la même possibilité de partir en vacances?
— Est-ce que la France est bien équipée pour les sports d'hiver?
— Est-ce que certains loisirs des Français révèlent leur intérêt pour l'histoire?
— Est-ce que les Français maintiennent leurs traditions par certains jours de fête?
— Est-ce que les Français sont devenus plus sportifs?
— Est-ce que les Français montrent leur goût pour la nature dans leurs loisirs?

LE JEU DE L'INTERVIEW *cf.* p. 5

— Relisez le texte « coup de chance à l'atelier ». Vous interviewez plusieurs personnes qui ont gagné.
— Vous interviewez des personnes qui viennent de passer leurs vacances au Club Méditerranée.

THÈMES DU JEU INTERCULTUREL *cf.* p. 6

— Quelles sont les fêtes familiales auxquelles vous attachez le plus d'importance?
— Quel genre de vacances aimez-vous prendre?
— Quelle influence a la télévision sur votre vie en famille?

l'environnement quotidien

Pendant longtemps, les Français ont été pour la plupart des paysans, pensant plus à accumuler l'argent qu'à l'investir et tournés davantage vers le passé que vers l'avenir. La révolution industrielle et l'explosion urbaine ont eu lieu beaucoup plus tard en France que dans les autres pays « industrialisés », mais ensuite tout a évolué très vite. En 1850, il n'y avait qu'un quart de la population dans les villes. Aujourd'hui, il n'y a plus qu'un quart de la population à la campagne.

Au moment de la Seconde Guerre mondiale, les paysans représentaient un tiers de la population active. Ils en représentent aujourd'hui moins d'un dixième. Ceci explique pourquoi l'exode rural a marqué les mentalités et pourquoi Jean Ferrat pouvait chanter dans *La Montagne :*

Ils quittent un à un le pays
Pour s'en aller gagner leur vie
Loin de la terre où ils sont nés...

L'exode rural n'a cependant pas coupé les liens entre les Français et la campagne, il a seulement changé la nature de ces liens.

Mais à ce mouvement des campagnes vers les villes correspondait un autre mouvement, celui qui avait fait de Paris et de la région parisienne un centre dominant tout le reste du pays. Cette forme de déséquilibre démographique et économique est aujourd'hui corrigée par la décentralisation politique qui rendra aux régions un peu du pouvoir que Paris détient.

LA VIE À LA CAMPAGNE

Parmi les paysans, il en reste qui n'ont presque rien changé à leur mode de vie.

avant tout, je suis paysan

— Avant tout, je suis paysan. L'été, je me lève à six heures du matin, même parfois à cinq heures, mais l'hiver je me lève à huit heures. Le paysan suit le soleil. Le meilleur moment est quand je termine le soir et que je rentre chez moi. Que j'ai travaillé non pas à me tuer, mais que j'ai accompli ma journée dans ma vigne ou à soigner mon troupeau. Par exemple, maintenant nous avons les brebis qui font agneau. Le soir, je vais dans l'étable, il y a sept ou huit agneaux qui sont nés. J'aide leur mère, je les fais téter. Quand je reviens et que je me remémore ce que j'ai fait, c'est là que je suis heureux. Je suis avec ma femme et mes enfants, je leur raconte que huit agneaux sont nés, qu'il n'y a pas de mère qui ne les aime pas. Ça, c'est une satisfaction.

On n'est pas trop contents quand il gèle, que les cerises sont gelées ; ça fait long la journée. Mais on essaie d'oublier.

Le bonheur est facile à trouver. Je le rencontre tout le temps. Je sors, je marche sur la route, je regarde la montagne et je trouve que c'est beau. Je suis heureux. Je vais dans les terres et si les vignes ne sont pas gelées, si je vois que ça pousse, c'est beau. C'est ça la vie. Pour moi, c'est ça. Maintenant, tout le monde ne peut pas en profiter de cette façon. Parce que, malheureusement, il y a beaucoup de jeunes qui ont été obligés, ils sont partis pour la ville.

Pierre Bonte.
Le bonheur est dans le pré,
© Éditions Stock, 1976.

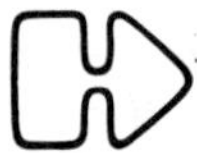

Mais, de plus en plus, le paysan fait place à l'agriculteur, qui « exploite » le sol, et parle de rendement comme dans les entreprises industrielles.

L'exploitation agricole s'est modernisée, on va plus souvent à la ville voisine, et on vend ses produits dans toute la France, ou à l'étranger...

LE RÉSEAU URBAIN

La plupart des villes sont très anciennes. Elles ont grandi à partir de petits centres qui s'étaient créés au hasard de l'histoire et qui ont bénéficié de conditions favorables : transports, ressources minières ou agricoles, spécialités industrielles...

Souvent la flèche d'une cathédrale gothique ou le clocher d'une église ancienne les dominent. Elles sont presque toutes riches en monuments qui rappellent les moments importants du passé.

Plus récemment des maisons ou des immeubles nouveaux ont été construits autour de la vieille ville, formant de nouveaux quartiers et des banlieues impersonnelles.

les principales agglomérations françaises

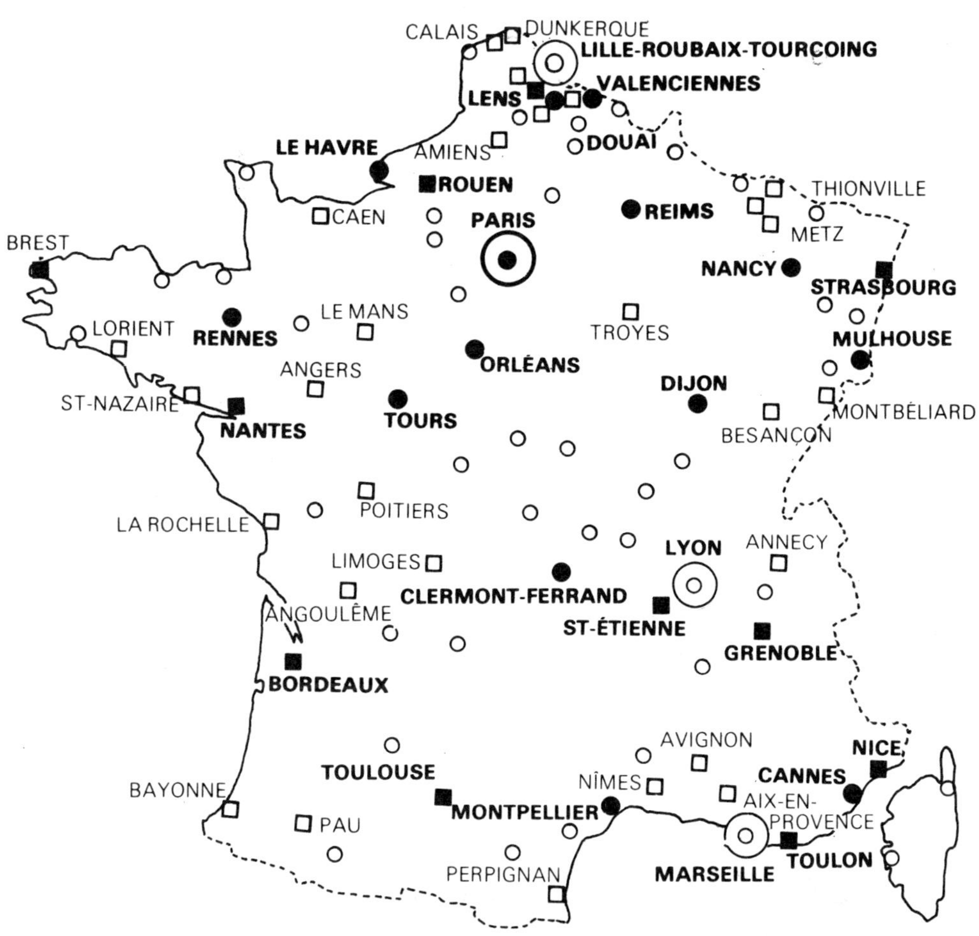

Paris, 10 millions d'habitants

plus de 1 million d'habitants

entre 300 et 600 000 habitants

entre 200 et 300 000 habitants

entre 100 et 200 000 habitants

moins de 100000 habitants

Aujourd'hui, le réseau urbain est constitué, en dehors de Paris, de 35 villes de plus de 100 000 habitants, 64 villes de 50 à 100 000 habitants et de très nombreuses petites villes de moins de 50 000 habitants.

A la campagne, les bourgs, moins peuplés que les villes moyennes, regroupent des services indispensables : on y trouve une école primaire importante, peut-être un collège, une banque (souvent le *Crédit Agricole*), le médecin, le vétérinaire, parfois un notaire, et différents services administratifs et commerces. Par contre, dans de nombreux villages, l'école et la poste elles-mêmes sont menacées de fermeture par suite du dépeuplement des campagnes. La poste peut pourtant contribuer à l'animation du village.

F.C FAITS ET COMMUNICATION
Voici la source qu
C'est en France mais c'est au bout du mon
Il n'y a peut-être plus de gare ni d'école de
longtemps. La petite lumière menacerait de s'é
dre s'il n'y avait la présence de la Poste.
Lettres, colis, mandats, assurances-vie, livr
d'épargne, CCP; c'est la Poste, avec près de 18.
Au service de l'Economie

bureaux, qui assure le contact et rompt la solitude.
C'est aussi parfois l'antenne administrative la plus proche des Français : délivrance de cartes grises ou de vignettes auto, opérations de sécurité sociale, attribution de permis de chasse... certains bureaux de Poste, en élargissant leurs compétences, rapprochent les Français.

TT : les hommes qui relient les hommes.

le village sauvé par la poste

Receveur des postes, secrétaire de mairie, employé de l'enregistrement, correspondant de l'Agence nationale pour l'emploi... Toutes les fonctions de M. Lucien Barrasson ne tiendraient pas sur une carte de visite, si l'usage du bristol n'était pas complètement déplacé à Montiers-sur-Saulx (Meuse).

Ce village de 643 habitants, qui vit de la terre et d'une fonderie, est, avec une centaine d'autres en France, le théâtre d'une expérience de « polyvalence administrative ».

C'est au guichet de M. Barrasson que le maire, estropié depuis sa chute d'un échafaudage, s'est fait établir sa dernière carte d'invalidité. Que le fils du maire, qui dirige l'harmonie où Barrasson junior joue du bugle, a fait la déclaration du bal annuel, cet été. Que les céréaliers viennent maintenant chercher leurs autorisations pour le transport des récoltes, et les anciens leur laissez-passer de bouilleur de cru à la saison des mirabelles. Que l'adjudant Simon, le Louis Jouvet local, a envoyé sa femme déclarer les recettes des 150 entrées pour « Lorsque l'enfant paraît », d'André Roussin, donné avec sa troupe le jour de Pâques dans la salle paroissiale.

C'est là aussi que, sur des panneaux A.N.P.E. mis à jour quotidiennement par M. Barrasson, les Monastériennes épluchent les annonces, à l'affût d'un emploi inespéré dans le canton. C'est là, enfin, que se retirent désormais cartes grises et vignettes pour les voitures. Plus besoin d'aller à Bar-le-Duc, la préfecture, à 40 km de Montiers.

Depuis la guerre, les villages ont perdu progressivement leurs centres vitaux, considérés comme non rentables. En zone rurale, dans les dix dernières années, cent vingt-huit perceptions ont fusionné, deux écoles sur cinq ont fermé, une poste sur neuf a été déclassée ou regroupée, un prêtre sur quatre n'a pas été remplacé et une gare S.N.C.F. sur trois est désaffectée.

De 1976 à 1978, en liaison avec la Datar, les préfets et les élus locaux, un certain nombre d'expériences sont tentées. La Direction générale des impôts délègue à quatorze postiers de sept départements la charge de délivrer des acquits et timbres fiscaux. L'Agence nationale pour l'emploi installe progressivement l'affichage d'offres locales dans les bureaux de soixante et un départements. Le ministère de l'Intérieur autorise en divers endroits la délivrance de cartes grises, et la S.N.C.F. se décharge sur les P.T.T., dans cinquante-cinq départements, de la distribution des colis jusqu'à 30 kilos. Quatre bureaux de poste de la Somme deviennent, en plus, bibliothèques de prêts. Et, en région parisienne, deux guichets accueillent des fonctionnaires de la Sécurité sociale pour y tenir des permanences. [...].

M. Barrasson tient une comptabilité soigneuse des opérations effectuées au titre de la polyvalence. En un an, il a délivré 152 timbres fiscaux, 175 vignettes, 7 cartes grises, 127 laissez-passer, 4 déclarations de bals, 3 de représentations théâtrales et 5 timbres amendes. Deux jours de formation à la Direction des impôts, à Bar-le-duc, lui ont suffi pour maîtriser ces nouvelles opérations, simples pour un receveur, qui, par sa fonction, est comptable public. Comme il le précise avec fierté, il ne demande qu'une chose : en faire plus. Percevoir les impôts, procurer les cartes d'identité, rien ne l'effraie. [...]

En attendant, le postier de Montiers-sur-Saulx pense à la survie du village. Coïncidence? Un médecin vient enfin de s'y installer. Cela fait treize ans qu'on l'attendait.

Évelyne Fallot,
L'Express, 22 mai 1976.

pour ou contre la banlieue

Deux sondages ont été réalisés pour *L'Express* par l'Institut Louis Harris-France, entre le 21 et le 30 août 1979.

— Le premier, auprès de 364 personnes représentatives de la population intra-muros des 26 agglomérations de plus de 200 000 habitants.

— Le second, auprès de 435 personnes, représentatives de la population des banlieux de ces mêmes villes.

LE PROBLÈME DES BANLIEUES

La banlieue des grandes villes et des villes moyennes est en général le lieu de la plus forte croissance. Attirés par les perspectives d'emploi et de distractions offertes par les centres des villes, la plupart des gens voudraient s'y installer. Cependant le prix et la rareté des terrains et des logements en ville les conduisent normalement à s'installer en banlieue. Entre 1968 et 1975, par exemple, la banlieue de Toulouse s'est agrandie de 79 %, celle de Marseille de 33 %, celle de Grenoble de 30 %.

Quel que soit le type de logement, pavillon, villa ou grand ensemble réunissant des centaines d'appartements, on voit se développer une spécialisation des fonctions. Le centre de la ville est le centre de vie, la banlieue est le lieu où l'on dort. C'est ainsi qu'on parle des villes-dortoirs. Leurs habitants les quittent le matin pour aller travailler et ne reviennent que le soir. Pendant la journée, seuls restent les enfants, les mères de famille sans travail à l'extérieur et les gens sans profession.

Vivre en banlieue plutôt que dans le centre ville, est-ce un avantage ou un inconvénient?

	avantage	inconvénient	sans opinion
réponse des habitants du centre des villes	13 %	68	19
réponse des banlieusards	56 %	38	6
parisiens	86 %	10	4
province	64 %	29	7

Quels sont les avantages de la vie en banlieue?

le calme	59 %
on peut avoir un jardin	48
la proximité de la campagne	34
il y a moins de pollution, l'air est meilleur	32
on peut avoir un logement plus vaste	20
le prix moins élevé des logements	18
les gens se connaissent mieux	17
la possibilité de faire plus de sport	10
aucun avantage	6

Quels sont les inconvénients de la vie en banlieue?

temps et argent perdus en transport	44
éloignement des commerces, des équipements et des services	32
manque de distractions, de spectacles	28
difficulté de trouver un travail sur place	27
problèmes de violence et d'insécurité	15
l'isolement, on reçoit plus rarement des visites	14
les gens se connaissent moins	9
la laideur, la tristesse	7
aucun inconvénient	16

L'Express, 20 octobre 1979.

LA POLITIQUE DES « VILLES NOUVELLES »

Pour lutter contre la croissance désordonnée des banlieues, les pouvoirs publics ont voulu créer des villes complètes avec un centre, des zones de bureaux ou d'activités industrielles, des équipements sociaux et culturels.

Au cours des dix premières années de son existence, la ville nouvelle de Cergy-Pontoise s'est étendue sur quinze communes autour du village de Cergy au nord-ouest de Paris. M. Hubert Renaud décrit dans l'entretien suivant cette transformation.

Cergy-Pontoise

A.J. - Monsieur Hubert Renaud, vous êtes maire de Cergy depuis 1953. On a peine à imaginer ce qu'était alors votre village.

H.R. - A cette époque, il y avait 40 exploitants agricoles. La plupart de ces agriculteurs, producteurs-vendeurs, possédaient 15 hectares; dès qu'ils atteignaient 30 hectares c'était déjà de la grande culture. Les seuls problèmes à ce moment-là c'était de moderniser un peu ces villages qui en 1953 n'avaient pas encore l'eau courante. Beaucoup de rues de la commune étaient des chemins terreux et il fallait aussi améliorer les conditions de vie. Par exemple, lorsque je suis arrivé à Cergy, on payait encore ses fournitures dans les écoles...

A.J. - Un beau jour on décide d'implanter une ville nouvelle sur votre territoire. Quelle a été votre réaction?

H.R. - Quand j'ai vu sur un plan, à la place de Cergy, une tache noire qui représentait une urbanisation d'environ 300000 à 500000 habitants, je n'ai pas dormi de 3 nuits! Pour moi, cette ville ne pouvait s'implanter que sur des terrains acquis par l'État et qui dit acquisition de terrains dit expropriation... Toute la population était touchée, qu'elle soit exploitante ou pas : il y avait le jardin de la grand-mère, le champ de l'oncle, toutes ces petites propriétés auxquelles on tient...

A.J. - Finalement vous avez joué le jeu?

H.R. - Je me suis dit que cette opération allait être faite sur notre territoire, que la gestion de ce territoire nous était confiée par la population, qu'il

fallait donc continuer à l'assurer. C'est ce qui m'a conduit dès 1969 à provoquer la création d'un Syndicat regroupant les 5 communes alors intéressées par le projet ville nouvelle. Cela pour essayer de mettre en commun nos ressources afin de pouvoir supporter le coût des équipements qu'on allait installer. Aujourd'hui c'est devenu le Syndicat Communautaire d'Aménagement et il contrôle et gère 15 communes de la ville nouvelle. C'est ainsi que nous avons pu sauvegarder nos villages... Et je dirais même que, grâce à l'appui des associations d'animation, l'âme de ces villages est non seulement protégée mais stimulée par des manifestations culturelles, etc. Finalement, c'est l'image de nos villages qui rayonne sur la ville nouvelle.

A.J. - Vous avez commencé par combattre la ville nouvelle. Vous l'avez ensuite digérée si l'on peut dire. D'après vous est-ce que le bilan est positif aujourd'hui ?

H.R. - Oui, il est positif. Très franchement. Tout d'abord, la ville nouvelle s'est construite d'une façon beaucoup moins rapide que prévue : nous n'aurions jamais pu suivre... Ensuite, elle s'est réalisée d'une façon humaine, sans rien de « monstrueux ». Elle a mis à notre portée des équipements que nous n'avions pas, que nous n'espérions même pas. Je parle des piscines, des gymnases, des terrains de sports, des équipements scolaires et culturels, et aussi des transports en commun. Hier, nous avions 3 cars le matin, 3 le soir et un seul l'après-midi ; aujourd'hui, nous avons un autobus toutes les 35 minutes ! Sur le plan des commerces, nous avons gagné aussi : tous nos commerçants de village prospèrent puisqu'ils travaillent avec les nouvelles entreprises et avec les nouveaux habitants qui sont ravis de retrouver dans le pays « la boucherie du coin », le boulanger qui fait son pain comme autrefois et même le producteur qui vend directement ses légumes. Il y a osmose entre la population nouvelle et la population du pays. Bien sûr, vous trouverez toujours des grands-pères pour vous dire : « on a tout, mais on n'a plus nos terres... ». Une certaine nostalgie demeure.

Extrait de *Cergy Magazine,* n° 2, publié par l'Établissement Public d'Aménagement de la Ville Nouvelle de Cergy-Pontoise, novembre 1978.

L'OPPOSITION PARIS-PROVINCE

L'opposition traditionnelle entre la vie à Paris et la vie de province diminue. Cependant, dans les petites villes, le rythme de vie reste encore très calme et les gens y ont leurs « habitudes ».

les dames de Montargis

Montargis, 100 km de Paris. 19865 habitants. Une calme sous-préfecture [...].

Comment vit-on à Montargis? Comme dans n'importe quelle petite ville de France, comme à Orléans ou à Beaugency. Quelques femmes de Montargis nous ont raconté leurs joies, leurs attentes, leurs tendresses.

Montargis, son château, sa cathédrale du XIIe siècle, ses canaux, sa gastronomie et, ce qui n'est pas signalé sur les panneaux de la nationale 7, le charme discret de sa bourgeoisie.

L'arrivée à Montargis est banale : après la forêt du Gâtinais, des faubourgs claisemés, des maisons en meulière le long de la route, des files de camions rangés sur les bas-côtés puis la rue Dorée, la rue principale, commerçante, qui traverse cette petite sous-préfecture tranquille à 100 km au sud de Paris. [...]

Le dimanche matin, Montargis s'anime vers midi autour de l'église de la Madeleine. A midi moins dix, deux clochards qui ressemblent aux dessins de livres d'enfants du vieux Hansi se posent devant le porche de la cathédrale. Dans dix minutes les pâtisseries de l'avenue du Général-Leclerc vont se remplir. La sortie de la messe n'est pas très différente de celle de Paris : un peu plus de renards autour du cou des vieilles dames, des manteaux à gros carreaux ou à cols de fourrure plutôt que le « loden parisien ». J'aborde une femme de 40 ans, mince, élégante dans un manteau de gabardine marron avec une ceinture de cuir. « Je viens faire une enquête sur la vie quotidienne des femmes à Montargis. » En guise de réponse, Geneviève, femme de militaire de carrière, m'invite à déjeuner. Rue Dorée, place du Marché, petites rues du centre ville. La ville d'abord banale se découvre peu à peu : des hôtels anciens, des moulins, des petits canaux à moitié cachés par les arbres. Les magasins ont des noms désuets : *Aux Économes, Le Palais du vêtement, A la Corbeille de mariage* ou naïvement modernes, *Stephan's.* Installée depuis un an à Montargis, Geneviève a déjà fait son trou.

« Évidemment, il vaut mieux avoir une introduction dans une des familles de la ville, mais ensuite on fait vite connaissance avec une vingtaine d'autres. Ici, les dîners se font surtout le vendredi et le samedi, parce que les gens peuvent dormir le lendemain et comme beaucoup de Montargois font la navette avec Paris, il faut les inviter un mois à l'avance. Les Montargois se rencontrent au bridge civil de l'hôtel du Commerce le mardi soir ou au bridge mixte — civils et militaires — de l'École de transmissions. » Geneviève retrouve chaque semaine tout un groupe de femmes à la bibliothèque de l'hôpital où elle s'occupe du prêt des livres aux malades. Ici le bénévolat féminin est assez répandu. Les distractions possibles sont les cours de peinture le dimanche matin, les cours de coupe, les conférences mensuelles de *Connaissance du Monde,* et surtout, pour la majorité des Montargoises qui mettent leur point d'honneur à « être au courant », les journées à Paris pour voir des expositions. Geneviève est contente de son sort. Sa fille de 16 ans moins. « Ici, c'est une ville de vieux. Rien pour les jeunes. Pas de distraction et quand je mets une jupe-culotte en classe tout le monde me regarde. »

Être regardée, repérée, remarquée, dans une ville de

20 000 habitants il faut en prendre son parti ou alors déménager. Denise, 24 ans, femme d'un médecin de la ville, n'a pas déménagé mais n'en prend pas non plus son parti... « On me présente partout comme la femme de mon mari, ou la belle-fille de mon beau-père. Je suis « anonyme ». C'est délicieux. Ici, si mon mari va à la parfumerie pour mon anniversaire, avant qu'il ouvre la bouche, on lui dit : « Votre femme, c'est « Shalimar » qu'elle aime. » Au marché du samedi, j'entends des phrases comme : « Son mari ne peut soi-disant pas payer ses impôts mais elle a des bottes Jourdan » ou bien : « Regardez leur Porsche et vous avez vu comment c'est chez eux ! » Même si ça s'adresse à des gens qui me sont indifférents, c'est un peu agaçant. Tout se sait. »

Elle, 6 décembre 1976.

Cette vie où chacun se replie sur soi et observe l'autre, n'existe plus dans les grandes villes de province, où l'on peut, comme à Paris, appartenir à des groupes divers ou s'isoler quand on le veut.

PARIS MÉTROPOLE

la population de Paris et de la région parisienne

La population de Paris est de 2176000 personnes, en 1982.

Elle diminue depuis 1946.

Par contre, la population de l'ensemble de la région parisienne (Paris + départements de la Petite-Couronne — Hauts-de-Seine, Seine-Saint-Denis, Val-de-Marne — + départements de la Grande-Couronne — Essonne, Yvelines, Seine-et-Marne, Val-d'Oise) augmente. Elle est de 10 millions de personnes.

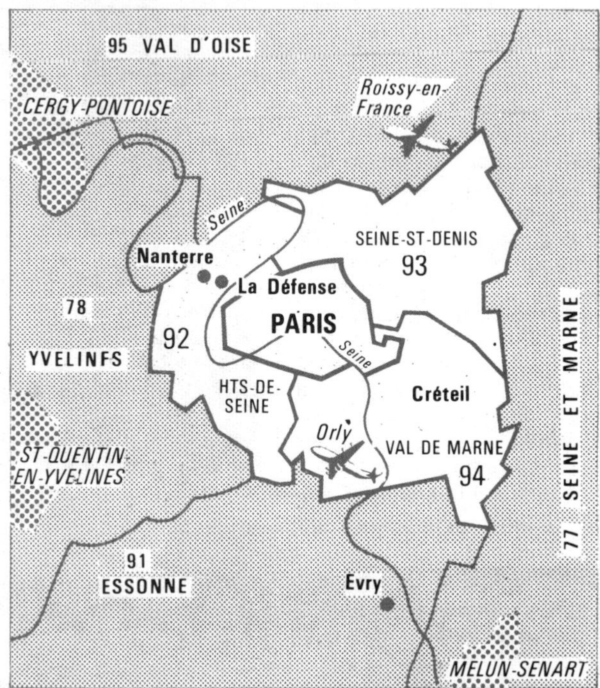

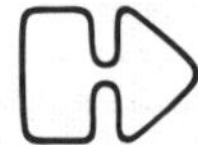

La région parisienne, au centre de laquelle se trouve Paris, est plus peuplée que la Belgique et que la Suisse : un Français sur cinq y habite (10 millions d'habitants). Elle produit à elle seule 28 % de la production nationale. Elle a le plus haut revenu de toutes les régions. Elle a le plus grand nombre de sièges sociaux d'entreprises, le plus grand nombre d'étudiants. La presque totalité des administrations de l'État y sont installées.

C'est enfin elle qui guide la vie intellectuelle et culturelle de la France bien que la décentralisation culturelle ait donné naissance en province à une activité théâtrale et musicale dynamique.

Paris a beaucoup changé. On a créé à la Défense près de Neuilly, à l'ouest de l'Arc de Triomphe, un grand centre d'affaires. On a transformé des quartiers, le quartier Italie dans le XIIIe arrondissement, le Front de Seine dans le XVe, Belleville et Jean-Jaurès dans le XIXe et le XXe. On a rénové des quartiers anciens, en particulier les quartiers du Marais et des Halles.

la Défense

Où trouve-t-on, rassemblés sur 742 hectares, plus d'un million de mètres carrés de bureaux, 30 000 employés, 19 000 places de parking, 12 000 logements, près de 60 000 résidents, un centre commercial parmi les plus grands du monde, 20 hectares de dalles piétonnes, 25 hectares de parcs paysagés, quelques œuvres d'art gigantesques ? Inutile d'en dire davantage, car la réponse est vraiment enfantine : *« A la Défense, une entreprise unique en son genre, l'opération d'urbanisme la plus compliquée qu'on ait inventée au monde »,* affirme M. Jean-Paul Lacaze, l'actuel directeur de l'É.P.A.D. (Établissement Public pour l'Aménagement de la Défense).

Pour mener à bien une opération d'une telle envergure, la puissance publique devait se doter d'un outil *ad hoc* aux pouvoirs et aux prérogatives fatalement très larges, et parfois exorbitantes du droit commun : ce fut l'É.P.A.D., créé en 1958 pour une durée de trente ans.

Les trois dernières opérations (quartier Michelet, quartier du Parc et Tête-Défense) sont en bonne voie, ce qui permet à M. Lacaze d'affirmer : *« Au rythme actuel de travail, nous aurons terminé dans les délais. »* En 1988, l'É.P.A.D. devrait donc disparaître, sa mission d'aménagement terminée. Restera alors le problème épineux de la gestion du « monstre ». Il faudra bien que les parkings, les espaces publics et les locaux communs continuent d'être surveillés et entretenus, que les escaliers mécaniques, les systèmes d'alarme, de sécurité et de ventilation continuent de fonctionner, que l'animation du quartier soit assurée, que la dalle soit balayée.

Jusqu'ici, cet aspect de fonctionnement du quartier de la Défense a été pris en charge matériellement et financièrement par l'É.P.A.D. Il lui en coûte actuellement 18 millions de francs par an.

F. ROLLIN,
Le Monde, 17 novembre 1983.

Près de l'Hôtel de Ville, on a démoli les vieux bâtiments du plateau Beaubourg pour y construire le *Centre National d'Art et de Culture Georges-Pompidou.* Après avoir déménagé les Halles du centre de Paris à Rungis, près de l'aéroport d'Orly, on a entrepris d'immenses travaux souterrains pour relier les nouvelles lignes du métro régional express au métro parisien (station Châtelet-les Halles). Là, un nouveau centre de loisirs et d'attractions se développe. Citons également la construction du musée des sciences et des techniques à La Villette, l'aménagement du Louvre et le projet du nouvel opéra à La Bastille.

Voici comment un spécialiste américain des problèmes urbains décrit l'évolution de Paris, dans un journal canadien.

Paris aujourd'hui

Gene Kelly ne reconnaîtrait guère la ville où il tourna *Un Américain à Paris.* Paris a changé, massivement, qualitativement, totalement.

Paris a une longue histoire, mais il semble parfois qu'il ait vécu plus d'histoire au cours des vingt dernières années que pendant les vingt siècles précédents. En tout cas, ses transformations ont été plus tangibles. Paris a changé plus profondément et plus rapidement que presque toutes les autres grandes cités, même Los Angeles où, pourtant, le changement frénétique est considéré comme un mode de vie. Pour l'immense majorité de ses habitants, plongés dans la vie quotidienne, Paris est une nouvelle ville : active et parfois rude. Pour beaucoup de gens, la vie quotidienne a pris un caractère agaçant et même pénible.

Paris est la capitale mondiale de la nostalgie et du romanesque, mais les réserves de nostalgie de Paris n'appartiennent pas aux seuls Parisiens. D'autres gens, partout dans le monde, la revendiquent aussi. Nous autres étrangers, nous disons aussi : c'est notre ville.

Pour nous, c'est facile. Nous n'y habitons pas. Nous ne vivons pas le quotidien de Paris. On a préservé et dans certains cas restauré — avec élégance et magnificence — le Paris de la mémoire et de la contemplation vers lequel nous pouvons revenir pour y rechercher notre imagination.

Pour les Parisiens, la situation est plus complexe. Ils vivent, eux, dans la tension : la ville a changé plus vite que les hommes.

Le Grand Paris — le vrai Paris — est une « superville » de quelque dix millions d'habitants dont les quatre cinquièmes vivent en banlieue (en 1955, 40 % des gens vivaient dans les vingt arrondissements de Paris). C'est une ville plus grande que Chicago ou Londres, et tout aussi urbaine. C'est aussi une ville plus neuve. Plus de la moitié des logements ont été construits au cours des vingt dernières années. Près de quatre millions de gens sont arrivés depuis la guerre et ont été logés, dans la hâte, en banlieue. En fait, la population de Paris, à l'intérieur du périphérique, a diminué en nombre, et, comme nous le verrons, changé en qualité.

Environ un million de Parisiens viennent chaque jour de leur domicile de banlieue pour travailler dans le centre. En moyenne, ils perdent plus de temps en déplacements que le citoyen de Los Angeles. Et ils sont plus nombreux à subir ce rythme. Les Parisiens travaillent : le pourcentage de femmes qui, à Paris, ont un métier dépasse d'un tiers la moyenne nationale française.

Cela fait un moment qu'on parle de « manhatannisation ». Certains quartiers sont désertés la nuit, d'autres le jour. Hyperconcentration d'activités spécialisées au centre et congestion; morne désert des banlieues-dortoirs. Des secteurs entiers, comme le quartier Latin, qui avaient une personnalité marquée, deviennent de plus en plus, le vendredi et le samedi soir, des lieux de rencontre, de loisirs, avec snacks et cinémas, pour les jeunes des banlieues.

Paris n'est pas la capitale mondiale de l'art, malgré le grandiose Centre Pompidou, ni celle des affaires internationales, malgré la Défense. Mais aucune ville n'a droit à ce titre. Ni New York ni Los Angeles, et même pas Londres. Encore moins Tokyo ou Francfort. Aucune cité ne jouera jamais plus ce rôle et sans doute est-ce préférable.

Mais Paris est au premier rang dans ces domaines et dans bien d'autres. Paris demeure la plus agréable des cités géantes.

Stephen S. Cohen,
Le Devoir, 19 août 1978.

LA DÉCENTRALISATION EST-ELLE POSSIBLE ?

Entre 1950 et 1960, on a parlé de *Paris et du désert français* pour opposer le sur-développement de Paris par rapport au reste de la nation. On a créé des institutions gouvernementales comme la Délégation à l'aménagement du territoire (D.A.T.A.R.) qui avait pour but de trouver un meilleur équilibre entre les différentes régions françaises.

Aujourd'hui, la politique de décentralisation continue à inspirer les actions de l'État. Elle aura permis de créer de nouvelles zones industrielles dans des régions jusque-là défavorisées et d'améliorer la situation de la province par rapport à Paris. Mais la décentralisation politique mise en œuvre par le gouvernement depuis 1981 aura sans doute encore des conséquences plus grandes, car elle a pour objectif de permettre aux régions de mener les actions dont elles sont responsables sans dépendre du pouvoir central (cf. chap. 10).

La carte des régions

Moins de complexes à Brest

« J'ai connu Paris à vingt ans. J'y ai fait mes études puis j'y ai travaillé durant des années. En 1970, ma femme et moi avons décidé de tout lâcher pour retourner en Bretagne. » Ce destin, exemplaire pour les Bretons, est celui de... M. Louis Le Pensec, maire socialiste de Mellac (Finistère) depuis 1971, député, conseiller général et régional, ancien ministre de la mer et premier à l'être.

Ils sont loin, aujourd'hui, les « complexes » des provinciaux, qui, d'où qu'ils viennent, « montaient » à Paris, même si « les élites continuent à partir », ainsi que l'affirme M. Georges Lombard (C.D.S.), président de la communauté urbaine de Brest.

Dans le passé, deux phénomènes ont modifié l'image de marque de la capitale : la crise économique et la loi sur la décentralisation. La crise économique : « Auparavant les jeunes Bretons partaient à Paris pour chercher du travail. Il n'y avait pratiquement pas d'industrie en Bretagne. Mais, depuis quelque temps, la situation a changé, et les Bretons ne voient pas pourquoi ils iraient à Paris pour y être au chômage alors qu'ils bénéficient de la même couverture sociale en restant chez eux » : remarque de M. Marc Bécam (R.P.R.), maire de Quimper.

La décentralisation : elle est diversement appréciée. Si M. Le Pensec affirme que le gouvernement a eu le courage politique d'appliquer ses idées et de changer véritablement le rapport des forces entre Paris et les régions, les élus de l'opposition ne sont pas du même avis. C'est toujours à Paris que se prennent certaines décisions. On n'a pas encore coupé le cordon ombilical entre la capitale et la province. Il n'y a pas transfert de compétences dans tous les domaines, affirme M. Lombard. C'est encore Paris qui a décidé de la fermeture de l'abattoir municipal.

Si les Bretons ont perdu leurs complexes, c'est enfin parce que la qualité de la vie compte aujourd'hui autant que la réussite d'une carrière professionnelle. Mais si les événements de ces dernières années ont modifié l'image de marque de la capitale, il semble bien que la partie ne soit pas encore gagnée : chacun sait ici et ailleurs dans la province que Paris reste la capitale des bureaux et de la bureaucratie.

M. C. ROBERT,
Le Monde,
18 novembre 1983.

APPAREIL PÉDAGOGIQUE 6

Présentation

Nous présentons ici les différents types d'environnement dans lesquels vivent les Français : entre le village de campagne et la ville nouvelle de la région parisienne, les différences sont grandes.

Dans d'autres chapitres, on a vu des aspects particuliers des modes de vie des Français à la campagne, au village ou en ville.

Dans le présent chapitre, on verra surtout des textes donnant les opinions et les réactions des gens sur le milieu dans lequel ils vivent.

On y trouvera des incitations sur les transformations générales qu'a subies la France dans ce domaine au cours des dernières années. Le départ des gens des campagnes vers les villes et la croissance massive de la région parisienne ont incité le gouvernement à établir un programme de décentralisation. Malgré tout, un grand déséquilibre entre les régions subsiste dans la France d'aujourd'hui.

P. 98 AVANT TOUT, JE SUIS PAYSAN

soigner : s'occuper de.
faire agneau : donner naissance à un agneau.
se remémorer : se rappeler.

P. 102 LE VILLAGE SAUVÉ PAR LA POSTE

RECEVEUR DES POSTES : employé chargé de recevoir toutes les sommes d'argent que l'on vient payer à la poste. Dans l'administration française, *receveur* est le titre des employés qui peuvent recevoir de l'argent pour le compte de leur administration.

SECRÉTAIRE DE MAIRIE : voir p. 178.
(A.N.P.E.) : Agence Nationale pour l'Emploi. Voir p. 118.
LA MEUSE : département de l'est de la France.
LA POLYVALENCE ADMINISTRATIVE : un bureau qui exerce les fonctions de plusieurs administrations à la fois.
LE GUICHET : en France, les fonctionnaires en contact avec le public étaient généralement séparés de celui-ci par un comptoir surmonté d'un grillage. Tous les rapports entre l'administration et le public sont encore symbolisés par le guichet bien que le grillage n'existe plus.
LE BOUILLEUR DE CRU : agriculteur autorisé à fabriquer son propre alcool à partir de ses récoltes de fruits comme la mirabelle. Pour transporter cet alcool en dehors de sa propriété, il a besoin d'une autorisation spéciale, le laissez-passer.
LOUIS JOUVET (1887-1951) : comédien et metteur en scène célèbre.
ANDRÉ ROUSSIN (né en 1911) : auteur de pièces de boulevard.
LA SALLE PAROISSIALE : salle appartenant à l'église du village et qui sert de lieu de réunion et de spectacle pour les habitants de la paroisse.
LE CANTON : petite division administrative.
LA CARTE GRISE : certificat de propriété d'une voiture.
LA VIGNETTE : certificat de paiement de la taxe annuelle sur les voitures, que l'on colle sur le pare-brise.
LA PRÉFECTURE : voir p. 177.
LA PERCEPTION : bureau où l'on paie les impôts.
LA D.A.T.A.R. : Délégation à l'Aménagement du Territoire et à l'Action régionale. C'est l'organisme administratif chargé de développer économiquement les régions françaises.
LES ÉLUS LOCAUX : les personnalités politiques élues dans le département, comme les conseillers généraux.
LA DIRECTION GÉNÉRALE DES IMPÔTS : nom de l'administration centrale de l'État responsable de tout le système fiscal.
LE MINISTÈRE DE L'INTÉRIEUR : ministère chargé du maintien de l'ordre, du contrôle administratif des départements et des communes, et d'autres tâches administratives comme la délivrance des cartes grises.
LES P.T.T. : nom de l'administration chargée de la poste et du téléphone.
LA SOMME : département français du nord de la France.
LA SÉCURITÉ SOCIALE : organisme administratif chargé de recevoir les cotisations et de payer les prestations en cas de maladie.

LA DIRECTION DES IMPÔTS : le bureau qui représente dans le département la Direction générale des impôts.
LA CARTE D'IDENTITÉ : document que doit pôsséder obligatoirement chaque Français et sur lequel figurent son identité et sa photo.
le bristol : (ici) carte de visite.
la fonderie : usine où on fait fondre le fer.
estropier : blesser.
l'harmonie (f.) : orchestre du village.
le céréalier : agriculteur cultivant les céréales.
l'adjudant : grade militaire ; probablement ici un adjudant de gendarmerie.
les entrées (f. pl.) : (ici) nombre de personnes qui ont assisté à la pièce.
mettre à jour : (ici) réviser.
la Monastérienne : femme habitant le village de Montiers.
éplucher : (ici) lire attentivement.
à l'affût : à la recherche de.
désaffecter : abandonner.
l'acquit et le timbre fiscal : certificat de paiement de certaines taxes indirectes.
tenir une permanence : être présent pendant des heures limitées pour recevoir le public.
le timbre amende : certificat de paiement d'une pénalité pour infraction à un règlement.
la formation : préparation pour exercer une activité professionnelle.
le comptable public : personne chargée d'enregistrer les recettes et les dépenses de l'État.
la survie : maintien en vie.

Discussion sur le texte

1. Quels sont les « centres vitaux » d'un village ?
2. Pourquoi a-t-on commencé cette expérience de « polyvalence administrative » ?
3. Dressez une liste de toutes les fonctions de M. Barrasson.
4. Pourquoi l'installation d'un médecin dans le village est-elle une bonne nouvelle ?
5. Trouvez dans ce texte des exemples qui montrent l'importance que l'Administration a prise dans la vie quotidienne des Français.
6. Quelles conclusions peut-on en tirer sur les rapports entre l'Administration et les administrés ?
7. A travers la description administrative de ce village, décrivez la vie quotidienne des habitants (le travail, les activités, les loisirs, etc.).

Exercices de langue

1. Dressez une liste des différentes Administrations citées dans ce texte et des formalités que l'on y effectue. Ex. : la Direction des impôts — obtenir un timbre fiscal.
2. Rédigez ensuite un dialogue entre une personne qui vient faire une demande et le fonctionnaire qui se trouve « derrière le guichet ».
3. M. Barrasson décrit au médecin qui vient d'arriver une journée caractéristique du travail dans son bureau de poste. Transformez ainsi des phrases du texte. Ex. : « C'est au guichet... carte d'invalidité », devient : « J'ai établi une carte d'invalidité pour le maire qui était tombé d'un échafaudage. »

Exercice de comparaison

Voici comment l'Administration annonce au public les nouvelles fonctions des bureaux de poste ruraux :

TOUT AU MÊME GUICHET
Les bureaux de poste les plus éloignés des grandes villes vont pouvoir représenter, en plus de leurs fonctions propres, plusieurs autres ministères afin d'éviter aux habitants de la région des démarches nombreuses et des trajets fastidieux. On obtiendra par exemple au même guichet les remboursements de la Sécurité sociale, la remise de la carte grise, le paiement d'une pension, etc.

A votre avis, cette annonce représente-t-elle correctement la description des fonctions de M. Barrasson ? Par quoi remplaceriez-vous « etc. » pour compléter cette annonce ?

P. 104 CERGY-PONTOISE

LA COMMUNE : voir p. 178.
LA BOUCHERIE DU COIN : petite boutique qui se trouve près de l'endroit où l'on habite.
LA POPULATION DU PAYS : les gens qui sont nés et qui ont grandi dans la région.
avoir (de la) peine à : avoir de la diffuculté à.
l'exploitant agricole : cultivateur.
la grande culture : (ici) grande ferme.
terreux : de terre.
les fournitures (f. pl.) : le matériel scolaire dont l'élève a besoin.
l'expropriation (f.) : obligation de quitter son terrain et de le vendre à l'État.
la gestion : cf. *gérer* ; administration.
confier : donner.
l'appui (m.) : soutien.
digérer : (ici) accepter.
le bilan : résultat final.
l'osmose (f.) : influence réciproque.

P. 106 LES DAMES DE MONTARGIS

LA SOUS-PRÉFECTURE : représentation de l'État de rang inférieur à la Préfecture.
LA NATIONALE 7 : la route nationale numéro 7. En France, les routes importantes en dehors des autoroutes sont appelées « routes nationales ».
LE CHARME DISCRET DE LA BOURGEOISIE : titre d'un film de Luis Bunuel qui est une satire des traditions bourgeoises.
HANSI (1873-1951) : écrivain populiste et dessinateur alsacien.
LE MONTARGOIS : habitant de Montargis.
L'HÔTEL DU COMMERCE : dans la plupart des villes de province, un des hôtels joue le rôle de lieu de réunion pour les gens de la « bonne société ».
L'ÉCOLE DE TRANSMISSIONS : école militaire spécialisée dans les études de télécommunications.
CONNAISSANCE DU MONDE : cycle de conférences annuelles données sur des pays étrangers souvent exotiques avec la projection d'un film.

DES BOTTES JOURDAN : bottes faites par un fabricant de chaussures très connu et qui coûtent très cher.
LA PORSCHE : voiture de sport allemande qui coûte très cher et qui est un symbole de luxe.
l'attente (f.) : *ici,* espoir.
le panneau : signalisation au bord de la route.
la meulière : pierre à surface rugueuse qui a servi à bâtir de très nombreux pavillons dans la banlieue parisienne et des maisons de la petite et de la moyenne bourgeoisie dans certaines villes du Bassin parisien.
le bas-côté : bord de la route.
le clochard : personne sans domicile qui ne travaille pas et a une vie souvent misérable.
la pâtisserie : boutique où l'on vend des gâteaux. Beaucoup de gens y vont, après la messe, pour acheter le gâteau pour le déjeuner du dimanche.
le renard : fourrure de renard que les femmes portent autour du cou. Seules les femmes âgées en province suivent encore cette mode.
le loden : manteau fait dans un tissu de laine épaisse. A cette époque, c'était la mode à Paris.
en guise de : comme.
le militaire de carrière : homme qui a fait sa carrière dans l'armée ; *ici,* il s'agit d'un officier.
désuet : démodé.
faire son trou (fam.) : se faire accepter par la société locale.
faire la navette : aller et venir régulièrement.
le bridge : jeu de cartes.
civil : *ici,* pour des gens qui ne sont pas dans l'armée.
le bénévolat : travail volontaire et gratuit.
le cours de coupe : cours où on apprend à faire soi-même des vêtements.
mettre son point d'honneur : attacher une grande importance.
être au courant : être informé.
la parfumerie : boutique où l'on vend des parfums et des produits de beauté.
soi-disant : *ici,* selon ce qu'il dit.
vous avez vu... chez eux : leur maison est très inférieure.
agaçant : irritant.

Discussion sur le texte

1. Pourquoi l'arrivée à Montargis est-elle « banale » ?
2. Quelles sont les principales activités à Montargis le dimanche matin ?
3. Comment occupe-t-on ses loisirs à Montargis ?
4. Qu'est-ce que les jeunes pensent de cette vie ?
5. Quels sont les moyens de rester « au courant » à Montargis ?
6. Comment peut-on « faire son trou » à Montargis ?
7. Pourquoi Denise n'aime-t-elle pas la vie dans cette ville ?
8. Quelle attitude révèlent les références fréquentes que font les habitants de Montargis à Paris ?
9. Qu'est-ce qui distingue la mode, la vie et les habitudes à Montargis de celles de Paris ?

Exercices de langue

1. Relevez les adjectifs utilisés dans ce texte pour décrire la ville et la vie à Montargis.
2. Essayez ensuite de définir le sens usuel de « la vie provinciale ».
3. Quels sont les adjectifs que vous associerez par contraste avec « la vie parisienne » ?

Exercice de simulation

Un(e) journaliste vous aborde dans la rue et vous pose des questions sur votre ville et sur la vie que vous y menez. Imaginez les questions et les réponses de cette interview.

P. 109 LA DÉFENSE

LA DÉFENSE : quartier de la proche banlieue de Paris, dans le prolongement des Champs Élysées vers l'Ouest, conçu pour être un grand quartier d'affaires, comportant des gratte-ciel de bureaux et quelques immeubles d'habitation.
des dalles piétonnes : endroits réservés aux piétons et où les voitures sont interdites.
des parcs paysagés : pelouses ou endroits plantés de fleurs et d'arbres.
enfantin : *ici,* très simple.
l'entreprise (f.) : *ici,* projet.
l'aménagement (m.) : *ici,* création et installation.
l'envergure (f.) : grandeur.
se doter de : posséder.
être en bonne voie : être bien avancé.
épineux : difficile.
la gestion : administration.

P. 109 PARIS AUJOURD'HUI

GENE KELLY (né en 1912) : danseur et acteur de nombreuses comédies musicales américaines.
LE PÉRIPHÉRIQUE : autoroute qui encercle la ville de Paris et qui sépare celle-ci de la banlieue.
LA MANHATTANISATION : évolution semblable à celle qu'a connue New York où les bureaux et les immeubles d'habitation sont séparés.
LA BANLIEUE-DORTOIR : voir p. 103.
LE QUARTIER LATIN : quartier de la rive gauche de Paris où se trouvaient avant 1968 la plupart des établissements d'enseignement supérieur comme la Sorbonne, les Facultés de Droit et de Médecine, l'École Polytechnique et qui était donc surtout fréquenté par les étudiants.
LE CENTRE POMPIDOU : voir p. 231.
LA DÉFENSE : nouveau quartier de gratte-ciel, de bureaux, à l'ouest de Paris.
tourner : *ici,* filmer.
frénétique : rapide et excessif.
rude : dur.
la réserve : *ici,* provision.
revendiquer : demander la propriété de.
la magnificence : grand luxe.
suburbain : qui comporte de grandes banlieues.
le déplacement : trajet.
la congestion : *ici,* foule et trafic excessivement denses.
morne : triste, sans variété.

le lieu de rencontre : endroit où les gens se donnent rendez-vous.
le snack : restaurant où l'on mange rapidement.

Discussion sur le texte

1. Pourquoi les changements qu'a connus Paris pendant les vingt dernières années ont-ils été importants ?
2. Comment la population de Paris s'est-elle transformée ?
3. Pourquoi la croissance de la banlieue parisienne a-t-elle rendu la vie de nombreux travailleurs plus pénible ?
4. Comment le caractère du quartier Latin a-t-il changé ?
5. Qu'est-ce que Paris représente encore pour la plupart des étrangers ?
6. Quel jugement l'auteur porte-t-il sur la transformation de Paris ?

Exercices de langue

1. Dressez une liste des adjectifs dans le texte pour décire le Paris d'autrefois et le Paris d'aujourd'hui. Comparez-les.
2. Utilisez ces adjectifs pour décrire des éléments de la vie quotidienne soit dans votre ville soit à Paris.

Exercices de familiarisation

1. Situez sur un plan de Paris les quartiers que vous voudriez visiter. Lisez dans un guide touristique de Paris la présentation de ces quartiers. Interrogez des gens qui ont visité Paris. Puis, faites le compte rendu de vos impressions sur Paris.
2. Vous voulez voir comment Paris a changé pendant les vingt dernières années. Qu'est-ce que vous iriez voir ? Avec un plan du métro, faites votre itinéraire.

P. 112 MOINS DE COMPLEXES A BREST

BREST : grande ville de Bretagne, située dans le Finistère, qui est le département le plus à l'ouest de la France.
MONTER A PARIS : cette expression utilisée souvent par les Français n'habitant pas Paris, révèle la place dominante qu'occupe la capitale dans la vie française. N'oublions pas que toutes les lignes principales de chemin de fer partent de Paris.
C.D.S. : Centre des Démocrates Sociaux, parti politique lié à l'U.D.F.
R.P.R. : Rassemblement pour la République, parti politique.
QUIMPER : ville du Finistère.
l'OPPOSITION : les partis politiques qui ne sont pas au gouvernement.
LE DÉPUTÉ : personne élue au Parlement National (Assemblée Nationale).
CONSEILLER GÉNÉRAL : personne élue au conseil général, assemblée politique du département.
CONSEILLER RÉGIONAL : personne élue au conseil régional assemblée politique de la région.
lâcher : quitter.
l'image de marque : *ici,* l'idée que l'on se fait.
la couverture : *ici,* protection.
les compétences (f. pl.) : *ici,* pouvoir de décision.
la partie... gagnée : la victoire ne soit pas encore assurée.

EXERCICES SUR LE CHAPITRE

Questions générales

1. A votre avis, est-il important aujourd'hui pour l'habitant des villes d'avoir gardé des attaches à la campagne ? Justifiez votre réponse.
2. En vous aidant de textes figurant dans d'autres chapitres, décrivez l'évolution de la vie à la campagne. Pensez-vous que le dépeuplement de la campagne soit inévitable ? Pourquoi ?
3. A votre avis, les nouvelles villes permettent-elles le même mode de vie que les villes anciennes ? Expliquez votre opinion. Comment une cité-dortoir peut-elle être transformée en une vraie ville ?
4. Que voulait dire François Mauriac quand il a écrit : « Paris est une solitude peuplée. Une ville de province est un désert sans solitude » ? Cette idée est-elle aussi vraie aujourd'hui qu'au moment où elle a été écrite ?
5. Pourquoi une politique de décentralisation est-elle nécessaire en France ?

LE JEU DES PREUVES *cf.* p. 5

— Est-ce qu'une majorité de Français habite et travaille encore à la campagne ?
— Est-ce qu'il y a une grande différence entre la population des grandes villes de France et celle de Paris ; entre les deux parties de la France séparées par une ligne allant du Havre à Montpellier ?
— Le bureau de poste peut-il jouer un rôle important à la campagne ?
— Est-ce que les villes nouvelles ont été planifiées ?
— Est-ce que la vie dans une ville de province est très différente de celle de Paris ?
— Est-ce que la capitale devient moins importante sur le plan administratif dans la vie des Français ?

LE JEU DE L'INTERVIEW *cf.* p. 5

— Vous interviewez des femmes qui habitent la banlieue parisienne, pour savoir si elles préfèrent vivre en banlieue plutôt qu'à Paris.
— Vous interviewez un(e) Parisien(ne) qui doit aller vivre dans une ville de province pour des raisons professionnelles.

THÈMES DU JEU INTERCULTUREL *cf.* p. 6

— Préférez-vous la vie dans la capitale ou dans d'autres régions du pays ? Pourquoi ?
— Y-a-t-il eu un exode rural dans votre pays, et ce mouvement continue-t-il ?
— Qu'est-ce que le gouvernement a fait pour corriger le déséquilibre entre les différentes parties du pays ?

activités professionnelles et groupes sociaux

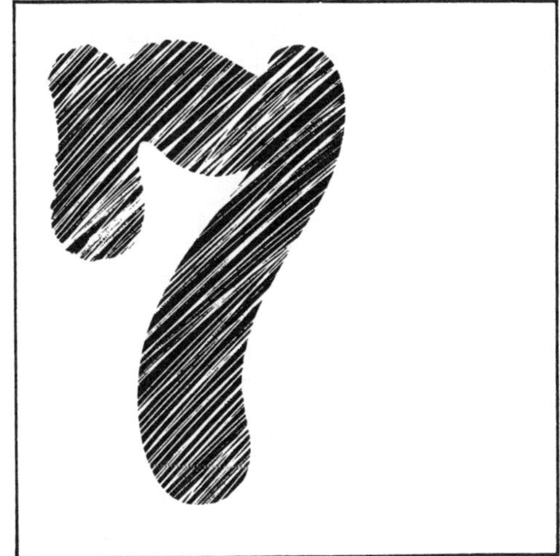

Dans les sociétés d'aujourd'hui, le travail est très nettement séparé du reste de la vie. C'est pourquoi on a inventé le terme de « population active » qui comprend tous les gens ayant une activité professionnelle et aussi tous ceux qui cherchent un emploi.

Comme il existe des gens qui n'exercent aucun métier et qui ne sont pas non plus des chômeurs, par exemple : des jeunes, des personnes âgées (des retraités) et des femmes qui n'ont pas d'activité professionnelle, la population active est moins nombreuse que la population totale d'un pays.

La durée de la vie professionnelle se réduit pour deux raisons : de nombreux jeunes poursuivent leurs études au-delà de 16 ans (âge de fin de la scolarité obligatoire, *cf.* au chap. 11) et l'âge de la retraite a été abaissé à 60 ans. Par contre le nombre de femmes ayant une activité professionnelle a augmenté. Au total, en 1984, la population active comprenait environ 22 millions de personnes. La durée totale du travail professionnel effectué dans la vie se réduit également, grâce à la diminution de la durée de travail hebdomadaire (réduite à 39 heures en 1983). Il y a donc de plus en plus de temps libre dans une vie (*cf.* chapitre 5).

Cependant le travail continue à jouer un rôle essentiel pour la plupart des gens. C'est pourquoi le travail est à la base du classement de la population en « catégories socioprofessionnelles ». Les modes de vie des gens sont largement déterminés par l'activité qu'ils exercent et les revenus qu'ils en tirent. Afin de comprendre la vie quotidienne des Français, il faut étudier les différences qui existent entre la vie d'un agriculteur et celle d'un ouvrier ou celle d'un haut fonctionnaire par exemple. L'Institut National de la Statistique et des Études Économiques (I.N.S.E.E.) a établi un classement en huit grandes catégories, dont deux pour les gens sans activité professionnelle. Ces huit catégories peuvent être subdivisées en 42 groupes plus petits et plus homogènes. Nous présentons ici la classification la plus récente :

1. Agriculteurs exploitants.
2. Artisans, commerçants et chefs d'entreprises.
3. Cadres et professions intellectuelles supérieures.
4. Professions intermédiaires.
5. Employés.
6. Ouvriers.
7. Retraités.
8. Autres personnes sans activité professionnelle.

TROUVER UN EMPLOI

Seule une petite partie du système d'enseignement mène directement à un emploi (*cf.* le chapitre 11), et la crise économique des années 80 a rendu plus difficile pour beaucoup de jeunes la recherche d'une activité professionnelle stable. La gravité du chômage qui touche les jeunes a conduit les pouvoirs publics à prendre des mesures particulières pour améliorer leur formation, les aider à trouver un emploi.

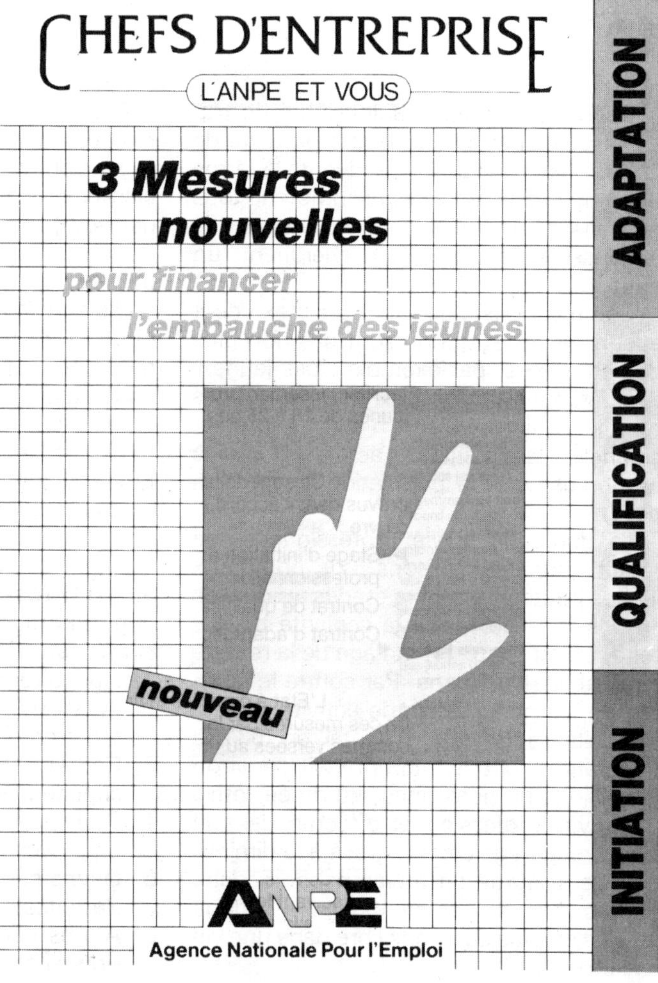

Ces mesures ne sont pas limitatives.

OFFRES D'EMPLOIS

CADRES ET MAITRISE

GENS DE MAISON

INFORMATIQUE

Tous les chômeurs doivent s'inscrire à l'A.N.P.E. afin de toucher les « allocations chômage » payées par le gouvernement. Le rôle de cette agence est de chercher les emplois offerts par les employeurs et de les proposer aux chômeurs. Il est également possible de chercher du travail soit en écrivant directement aux entreprises ou aux administrations qui engagent du personnel, ou en allant les voir, soit en lisant les annonces des journaux.

LE TRAVAIL DES FEMMES

Le nombre de femmes exerçant une activité professionnelle (44 % d'après le recensement de 1982) a augmenté. On trouve des femmes à tous les niveaux de responsabilité ; le gouvernement comportait, en 1984, 6 femmes dont le ministre des Droits de la femme, Madame Yvette Roudy, mais aussi le ministre du Commerce Extérieur et du Tourisme, Madame Édith Cresson[1] (*cf.* chapitre 9) le Secrétaire d'État à la consommation Madame Catherine Lalumière (*cf.* chapitre 10). Dans la magistrature, dans la haute administration (notamment dans le corps préfectoral), mais aussi à l'Académie Française (Madame Marguerite Yourcenar, élue en 1980) ou encore dans l'armée, et d'une manière générale partout où les fonctions semblaient réservées aux hommes, des femmes occupent aujourd'hui des postes de responsabilité.

(1) Devenue ministre du Redéploiement industriel et du Commerce extérieur en juillet 1984, et se trouvant donc à la tête d'un vaste ensemble administratif jamais encore constitué en France.

madame le général

La cour de l'École de guerre, à Paris. S'avance au devant de Valérie André un amiral en grand uniforme. Il s'incline respectueusement : « Mes hommages, madame ! » Valérie André le foudroie : « Est-ce parce que je suis une femme, amiral, que vous ne croyez pas devoir me saluer par mon grade ? » Penaud, l'amiral rectifie.

Et gare au naïf de bonne volonté qui croirait pouvoir dire : « Mes hommages, madame la Générale ! » « Pas de ça non plus, se récrie Valérie André. Regardez les dictionnaires : « la générale », c'est la *femme* d'un général. Je refuse donc cette appellation. Appelez-moi « madame le Général » ou « Général » tout court ! »

Il n'y a pas, pour le féminisme, de petits combats. Surtout dans les casernes.

L'Express, 12 août 1982.

Tous les problèmes du travail féminin ne sont pas cependant résolus. En effet, la majorité des femmes occupent des emplois moins qualifiés que les hommes; ces derniers aident encore assez peu leurs épouses à la maison (*cf.* le chapitre 1). Il faut donc encore de nombreux changements dans les attitudes et les habitudes pour que la pleine égalité d'accès au travail soit assurée entre femmes et hommes. Au moins peut-on observer que les Français semblent avoir admis que les femmes peuvent accéder aux postes les plus importants : 60 % des Français et Françaises interrogés seraient favorables à ce qu'une femme devienne président de la République.

l'accès aux responsabilités

Question. — S'il y avait plus de femmes aux postes de responsabilités dans les entreprises et dans les partis politiques, pensez-vous que...

	TOTAL	... les choses iraient mieux en France	... les choses iraient moins bien	... il n'y aurait pas de changement	Sans opinion
	100 %	20	10	63	7
SEXE					
— Homme	100 %	19	12	63	6
— Femme	100 %	21	8	62	9
AGE					
— 18 à 24 ans	100 %	23	3	67	7
— 25 à 34 ans	100 %	18	6	68	8
— 35 à 49 ans	100 %	21	8	63	8
— 50 à 64 ans	100 %	21	16	67	6
— 65 ans et plus	100 %	17	16	58	9
PROFESSION DU CHEF DE FAMILLE					
— Agriculteur, salarié agricole	100 %	23	12	57	8
— Petit commerçant, artisan	100 %	18	9	54	19
— Cadre supérieur, profession libérale, industriel, gros commerçant	100 %	25	5	80	10
— Cadre moyen, employé	100 %	19	6	71	4
— Ouvrier	100 %	21	7	65	5
— Inactif, retraité	100 %	17	18	58	7
PRÉFÉRENCE PARTISANE					
— Parti communiste	100 %	23	12	52	3
— Parti socialiste	100 %	20	8	67	5
— U.D.F.	100 %	21	11	63	6
— R.P.R.	100 %	17	10	58	5

Sondage du *Figaro*, 10 janvier 1984.

LES MÉTIERS ET CATÉGORIES SOCIOPROFESSIONNELLES

agriculteurs-exploitants et salariés agricoles

Il y a de grandes différences entre les modes d'exploitation et de vie des petites fermes en polyculture et ceux des entreprises agricoles en monoculture, céréalières par exemple. Et il y a des différences considérables entre l'agriculture d'il y a 30 ans et celle d'aujourd'hui. C'est le métier qui a le plus changé. (*Cf.* chap. 9, p. 155).

patrons de l'industrie et du commerce

Cette catégorie regroupe des activités très diverses, par exemple, les patrons pêcheurs, les artisans, les petits commerçants propriétaires de leurs boutiques, les gros commerçants et les présidents-directeurs généraux des grandes entreprises industrielles ou bancaires.

On trouvera, dans le chapitre 8 des textes présentant des attitudes et des portraits de patrons.

professions libérales, cadres supérieurs et cadres moyens

Ces catégories socioprofessionnelles augmentent très rapidement. Bien qu'elles soient composées de personnes ayant des niveaux de vie différents, elles constituent la « bourgeoisie nouvelle ». Dans les professions libérales, on trouve les médecins, les avocats, les notaires, les architectes, etc. Les cadres supérieurs comprennent les ingénieurs et les dirigeants administratifs, ainsi que les professeurs, les chercheurs scientifiques, etc. Dans la catégorie des cadres moyens figurent les techniciens, les personnels administratifs moyens, les instituteurs, les infirmières, les assistantes sociales, etc.

Les cadres moyens ont été remplacés dans les statistiques de l'I.N.S.E.E. par les « professions intermédiaires » où de nouveaux regroupements ont été faits, comme : les « professions intermédiaires de l'entreprise », les « professions intermédiaires de l'enseignement (instituteurs et assimilés) », etc.

Les textes ci-dessous donnent quelques exemples des professions rangées dans ce groupe de la bourgeoisie nouvelle.

ceux qui paient la crise

1973-1983. Dix ans de crise économique déjà. Dix ans de bouleversement et de mutations aussi bien pour les États, les industries et les individus. Dix ans de révolution des comportements et des valeurs.

« C'est vrai, disent les notaires. On a gagné de l'argent. Mais maintenant, avec la crise de l'immobilier, c'est fini. Les pharmaciens, par contre... »

« C'est vrai, reconnaissent les pharmaciens, *ça a payé*. Mais maintenant avec les pharmacies mutualistes et les ponctions sur nos revenus... Voyez plutôt les avocats. »

« Oh! la, la, vous datez, nous sommes une profession en voie de paupérisation, surtout chez les jeunes avocats. Rien à voir avec les revenus des cadres supérieurs. »

« Alors là, vous vous trompez! Cadre supérieur, c'était bien au début des années cinquante. Mais aujourd'hui, avec les impôts... Ah, ce n'est pas comme les banquiers. »

« Vous voulez rire, s'exclament les banquiers... Si vous cherchez de vrais privilégiés, allez plutôt voir à la Banque de France! »

Pour chacun, le privilégié c'est l'autre, et chacun a dans ses rangs le petit notaire de campagne ou le jeune pharmacien surendetté qui, c'est vrai, tirent le diable par la queue. C'est en France une vieille tradition qui survit aux régimes, aux constitutions et aux gouvernements, rien n'est plus secret que le revenu et donc rien n'est plus controversé.

© *Le Matin de Paris*, 29 septembre 1983.

les Français et les professions libérales

Ces dernières années, certaines professions libérales ont fait un effort pour se moderniser et se rendre plus accessibles. Lesquelles, parmi les professions suivantes, vous paraissent-elles correspondre le mieux à cette proposition?

Médecins	36 %
Avocats	11 %
Huissiers	9 %
Architectes	7 %
Syndics	4 %
Notaires	3 %
Commissaires-priseurs	—
Autres	4 %
Ne se prononcent pas	26 %

A quelle définition répond, selon vous, l'exercice d'une profession libérale?

Elle permet une rémunération avantageuse	27 %
Elle offre une grande liberté dans la gestion de son temps de travail et de loisirs	38 %
Elle conduit à un statut social enviable	15 %
Elle comporte des risques plus importants que pour les salariés	23 %
Ne se prononcent pas	—

L'Express, 2 juillet 1982.

qu'est-ce qu'un cadre?

Le premier cadre que je rencontrai en sortant du bureau de Saint-Ramé fut Le Rantec, attaché à la direction générale. [...]

Qui était ce Le Rantec? Un homme de taille moyenne, brun, aux yeux très noirs, portant des costumes sombres rayés. Il se piquait d'économie et, à cet égard, représentait assez bien une cohorte de gens de 30 à 40 ans, tous semblables et vivant d'une identique illusion : celle d'appartenir à la catégorie de ceux qui savaient gérer et créer du profit. Savaient-ils vraiment? Disposaient-ils d'une science et d'une culture véritables? Rien n'était moins sûr. La plupart avaient étudié dans des écoles classiques : Institut d'études politiques, École centrale, diverses écoles commerciales; puis ils avaient assimilé quelques-unes des informations dispensées par les principaux journaux. Ils lisaient, assidûment, en particulier, les éditoriaux de deux ou trois individus qui répandaient des idées reçues et des lieux communs. Ils apprenaient rapidement quelques règles vulgaires permettant de comprendre un bilan et les lois régissant les créations de sociétés; ils assaisonnaient le tout d'un vocabulaire anglo-saxon simpliste et faisaient grand cas et grand tapage de l'ensemble. Ils s'intitulaient eux-mêmes économistes et vouaient un mépris ostentatoire à autrui. Ils détestaient assumer de réelles responsabilités au sein des entreprises et recherchaient les postes d'influence situés à la périphérie des présidences et des directions générales. En revanche, ils détalaient comme des lapins à la perspective de diriger les hommes et les machines qui fabriquaient les produits. Mais ils excellaient à donner leur avis sur les méthodes qu'il convenait d'utiliser, et parfois même en inventaient. La seule carte des États-Unis d'Amérique du Nord pendue à un mur leur procurait des jouissances intenses. Ils proclamaient à la cantonade qu'ils enverraient leurs enfants étudier aux U.S.A. Ils disaient n'importe quoi au sujet des hommes dont ils se réclamaient : McLuhan, Marcuse, Galbraith, Bloch-Lainé, idoles éphémères qui se seraient peut-être bien passées de ces adorateurs ignares qui ne les avaient ni étudiés ni lus ! Le Rantec avait circonvenu Saint-Ramé et les Américains. Il jouissait à l'intérieur de la firme d'une réputation de compétence et d'intelligence. Celui qui aurait examiné de près sa carrière aurait découvert que jamais le cadre Le Rantec n'avait commandé, ni organisé. Mais il réunissait à l'intention des cadres de nombreuses conférences où les mots : *cash-flow, staff and line, international management,* capitaux, bilan, taxes, trésorerie, actions, *holding*, Europe, Amérique, Japon, pays de l'Est, Chine, export, import, optimisation, etc., abondaient.

R.-V. Pilhes, *L'imprécateur*, Éditions Le Seuil, 1975.

Ce portrait sévère rappelle l'importance du « savoir » dans la position sociale du cadre : employé, mais détenant une parcelle du pouvoir dans l'entreprise, le cadre est devenu un des nouveaux éléments essentiels de la civilisation du rendement et de la consommation.

la vie d'un cadre

« Je suis cadre de direction. Depuis dix ans. J'ai 37 ans. Je dirige une « division » de soixante personnes dont quatre cadres. J'ai une « bonne situation », des « responsabilités »... C'est un bon travail.

Mais c'est aussi le téléphone, des appels de Paris, de Lyon, de Nantes, de New York, de Milan, de Londres... à propos d'un sujet et d'un autre et encore d'un autre, alors que celui d'il y a une heure, d'il y a deux jours, d'il y a quinze jours n'est pas encore réglé.

C'est aussi l'interphone souvent en même temps que le téléphone. Le chef direct, le patron ou un autre patron, qui me demande, qui voudrait savoir, qui voudrait me voir, qui s'étonne que... qui ne comprend pas que...

Et puis aussi les déplacements en France, à l'étranger, partir le soir, coucher dans une chambre d'hôtel, tard, et le lendemain discuter, puis rentrer le soir, par avion, par le train, en voiture, et arriver tard le soir, et apercevoir ou pas ses enfants, et se coucher, et le lendemain recommencer... le téléphone, l'interphone...

Mais c'est aussi les copains qui travaillent avec moi, avec qui je m'entends bien, mais avec qui, hélas !, je discute peu car nous n'avons pas le temps. Ce sont aussi les employés qui sont parfois sympas, mais avec qui notre statut de cadre ne nous permet pas de sympathiser, car la société vit de telle façon, impose une telle forme de relations, que de telles sympathies ne peuvent que rester « platoniques » ; et puis d'ailleurs, eux-mêmes, « les employés » (moi aussi je suis « employé », mais on ne le dit pas, avant tout je suis « cadre »), les employés, donc, ne le souhaitent pas. Nous faisons partie pour eux d'un monstre qui a nom DIRECTION, car nous sommes ceux qui disent : « Il faut travailler plus, mieux, plus vite, non, vous ne méritez pas d'augmentation de salaire. Non, nous n'avons pas suffisamment d'argent à répartir. Nous ne pouvons vous en donner. »

Que m'a apporté mon travail ? De l'argent. Je gagne bien ma vie. Beaucoup mieux que mon père. Cela me permet le confort, les vacances, ma maison que nous avons achetée l'an dernier et bien sûr qui n'est pas encore entièrement payée.

Mais aussi une certaine réussite personnelle. Je me sens, parce que je n'ai pas mal « réussi », parce que je suis « reconnu » par les autres, plus confiant en moi qu'il y a quinze ou vingt ans, quand j'étais collégien (peu brillant) et étudiant (moyen).

Que m'a enlevé, que m'enlève mon travail ?

Le temps, ce qui me semble aujourd'hui le seul luxe de l'existence. Le temps de vivre tranquillement. »

(Pierre C., 37 ans, cadre, marié, trois enfants, Grenoble.)

J. Arbois et J. Schidlow, *La vraie vie des Français*, Éditions Le Seuil, 1978.

employés

Personnel de bureau ou personnel commercial sans grande responsabilité, soumis, comme les ouvriers, aux changements de procédures de production, les employés étaient plus nombreux en 1975 (3 840 000) qu'en 1968 (environ 3 millions), malgré l'introduction de l'ordinateur dans le travail de bureau.

conditions de travail dans une banque

Le travail en agence est très différent de celui des bureaux centraux, les cadences n'existent pas, le rythme du travail est donné selon l'importance de la clientèle. A des moments de bousculade dans la journée succèdent d'autres plus creux. Quand la clientèle est là, il faut évidemment la servir très vite, tout le monde s'affaire et s'agite en tous sens, il n'est pas question de souffler un instant. Certains clients sont courtois, d'autres vous rudoient un peu et l'on est sur les nerfs. Puis viennent les moments calmes, bien qu'il reste toujours de petits travaux à faire, du courrier, du classement. Et, les clients partis, il faut faire les comptes ; quand ils ne tombent pas juste, on nous demande de rester jusqu'à ce qu'on ait trouvé l'erreur.

Contre cela, j'ai très rapidement mené une petite bagarre, expliquant que, si nous refusions tous de rester, il faudrait bien que l'agence, enfin le directeur, trouve une autre solution ; le travail serait ajusté le lendemain en début de journée et cela n'avait rien d'anormal. On s'aperçoit vite que, même dans une agence où l'atmosphère se veut très familiale, on subit toujours des pressions au niveau du travail, des heures supplémentaires, etc. Aussi, faut-il savoir résister, se faire respecter, et faire son travail, mais marquer des limites.

Très rapidement, j'ai travaillé sur des machines mécaniques où l'on « tape » le chèque, en déduisant le montant de la position du compte pour obtenir la nouvelle position. Ce sont des machines très bruyantes et, le plus souvent, tassées dans un petit coin de l'agence. Car le principe n° 1, en agence, c'est que la clientèle soit à l'aise ; tant pis si le personnel, lui, est mal installé. Ce travail sur machine était si pénible qu'il bénéficiait de primes supplémentaires, lesdites primes diminuant en cas d'erreurs successives. Il fallait donc faire très attention. Le vendredi était une journée particulièrement épuisante car, en ce dernier jour ouvrable de la semaine, les chèques s'accumulaient et il fallait tous les passer en compte. Aujourd'hui, ces machines si bruyantes sont en train de disparaître des agences. Les ordinateurs les ont remplacées au siège central et il suffit désormais d'appuyer sur un bouton pour voir apparaître à l'écran la position du compte.

Arlette Laguiller,
Moi, une militante,
Éditions Stock, 1974.

ouvriers

Dans cette catégorie, il y a une évolution des emplois et des compétences allant par exemple du mineur de fond (métier en train de disparaître) au surveillant de raffinerie de pétrole ou de chaîne automatisée. Cette catégorie comprend également les contremaîtres, les manœuvres et les apprentis.

Le nombre d'ouvriers qualifiés a augmenté mais les manœuvres ont diminué en pourcentage.

un ouvrier juge son travail

« Je me lève à 5 h 55. Il me faut une heure pour me rendre à l'usine à Vitry. Un car passe me chercher à 500 mètres d'ici et m'y ramène à 17 h 30. A l'usine, on ne parle jamais de problèmes personnels. Les discussions tournent autour du football, du tiercé et de la télé. Il y a toujours quelqu'un qui trouve à placer une histoire de « bonne femme ». Ceux qui s'intéressent à la politique se retrouvent entre eux et cela forme un ghetto. C'est usant.

Comment devrait se passer le travail en usine?

Tout d'abord, il est scandaleux de demander à des gens de produire quelque chose sans qu'ils sachent à quoi ça sert. Il faudrait mettre les ouvriers au courant de la situation économique ; ensuite, des conseils d'ouvriers, formés de délégués, décideraient du niveau et de la qualité de la production. Cela éviterait le pouvoir des technocrates et remettrait la hiérarchie en cause. Mais il est difficile de parler de ça avec les copains ; la plupart du temps ils disent : « Ça y est, t'as encore enfourché ton manche à balai, te voilà barré là-haut. »

(Marcel D., 50 ans, ouvrier électricien, La Varenne.)

J. Arbois et J. Schidlow.
La vraie vie des Français.
Éditions Le Seuil, 1978.

les espoirs de Mai

Le bilan depuis le 10 mai? Pour Annick et Joël, un couple « ouvrier » de Sarcelles, il est *« globalement positif »*. Joël, trente-six ans, barbu, est technicien, l'échelon supérieur de la classification « Ouvrier » à la Thomson. Annick, trente-cinq ans, jolie, décontractée dans son jean rouge et son polo rayé, est guichetière à la Sécurité sociale.

« Mon père était gendarme. J'ai commencé à travailler à quatorze ans, dans un atelier de couture où je gagnais cinquante-six francs par semaine. Depuis vingt ans, je suis employée à la Sécu. Sans espoir de promotion, car je ne possède aucun diplôme. »

Ils sont heu-reux. « En 1970, explique Joël, je gagnais mille six cents francs par mois. Aujourd'hui, j'atteins neuf mille trois cents francs et ma femme six mille francs. Dans notre milieu, nous sommes des privilégiés.

— Avec la rigueur socialiste, les fins de mois sont difficiles, non?

— Pas vraiment. Nous dépensons tout ce que nous gagnons. Quand notre fils Christophe avait cinq ans, nous lui achetions un jean à Prisunic et il était content. Maintenant, il sait ce qu'il veut. Pour le principe nous ne cédons pas tout de suite mais il obtient le jean qu'il désire.

Annick et Joël sont de gauche, comme la majorité des « petits » salariés. La victoire du 10 mai, ce fut la leur aussi. Mais elles les a surpris. « C'est comme le Loto, on y joue sans y croire, et un jour... le 10 mai, c'était ça : une joie inattendue. Le lendemain, à la Thomson, les bouchons de champagne sautaient. »

Et maintenant? Ils n'ont pas la gueule de bois. « Je travaillais quarante heures par semaine et je ne bosse plus que trente-neuf heures, dit Joël. J'avais quatre semaines de congés payés. J'en ai cinq. Les travailleurs peuvent désormais prendre leur retraite à soixante ans, c'est-à-dire en profiter vraiment. »

Joël s'arrête brusquement. « Il faut avouer aussi, reprend-il, que nous ne sommes pas réellement touchés par la politique de rigueur alors que les smicards continuent de vivre mal et que de nombreux chômeurs plongent carrément dans la misère. »

« Quant au peuple, ajoute-t-il dans un sourire, le gouvernement ne l'a pas réveillé. »

« Quand la moitié des Français vivaient dans l'opposition avant 1981, ils débordaient de projets : nous ferons la fête, nous monterons des pièces de théâtre, nous serons solidaires... Aujourd'hui, plus rien. Le ressort est cassé. Les Français attendent tout du gouvernement et des organisations syndicales. »

Que s'est-il passé? « On a sous-estimé, dit Joël, l'influence de la réelle augmentation du niveau de vie. Tout cela a déstructuré le monde ouvrier et tué les aspirations collectives. Comme le P.C. et la C.G.T. n'ont pas compris cette évolution, le phénomène a été accentué. Il y a un décalage énorme entre l'ouvrier réel et l'ouvrier que l'on représente : modèle 1917 modifié 1936 puis 1945. »

Joël devient songeur. « Soyons francs. Il n'y a plus de volonté collective. Jadis, c'était simple : les hommes se battaient pour du pain, pour des congés, pour la Sécurité sociale. Aujourd'hui, une partie des classes populaires a rejoint la petite bourgeoisie. Qu'y a-t-il de commun entre les ouvriers professionnels et les O.S.? Entre ceux qui ont un travail régulier et les chômeurs? Qu'est-ce que ça veut dire « la classe ouvrière »? J'aimerais qu'elle renaisse de ses cendres. »

Le Nouvel Observateur,
15 mai 1983.

autres catégories

Le personnel domestique diminue régulièrement en nombre, comme les membres du clergé. Le nombre des policiers, des militaires et des artistes augmente légèrement.

les travailleurs immigrés

Les travailleurs immigrés occupent des emplois en général non qualifiés, surtout dans le bâtiment et le génie civil, où ils représentent plus de 50 % des effectifs, mais aussi dans l'automobile, sur les chaînes de montage (90 % des ouvriers à la chaîne aux usines Renault).

Leur nombre, l'importance du chômage, ont provoqué, de 1983 à 1985, des réflexes racistes dans certaines parties de la population française, et un début d'utilisation politique du thème de l'immigration. En sens contraire, des associations de soutien se sont constituées, et des hommes politiques ont insisté sur les valeurs traditionnelles d'accueil en France (*cf.* le livre de Bernard Stasi, « L'immigration, une chance pour la France », éd. Robert Laffont 1984).

Samia de Paris

Samia : née dans une cité de transit, fille d'un O.s. algérien, dix frères et sœurs. Aujourd'hui, avocate au barreau de Nanterre. Ravissante dans son blue-jean et son pull, elle se raconte à toute allure : « Excusez-moi, je suis restée agressive. »

Première chance de Samia : l'institutrice se risque un jour dans l'appartement de la cité de transit pour expliquer à sa mère que la petite doit faire des études secondaires. La mère, illettrée, submergée de gosses, y croit dur comme fer et joue le jeu. Pour lui donner les meilleures chances, Samia est inscrite au lycée Renoir, à Paris : « J'étais la seule Arabe de la classe, je ne comprenais pas le principe du cahier de textes et des devoirs à rendre. Personne ne s'est intéressé à moi. » Fin de l'année : le conseil de classe décide d'orienter la petite Arabe vers une section couture.

Second miracle : la mère, toujours drapée dans son voile, trouve le courage, avec son français approximatif, d'aller discuter le verdict des professeurs. Et d'emporter le morceaux. Samia fera de brillantes études. Ignorant les regards moqueurs sur son allure, les remarques apitoyées sur sa « culture arabe ». « Pour les Français qui m'entouraient, être arabe ne pouvait qu'être un handicap. Ils ne se sont jamais souciés de découvrir ce que cela m'apportait de positif. Ce que, éventuellement, j'aurais pu leur apporter. »

« Maintenant, je suis contente du résultat, dit-elle. Mais le chemin a été tellement dur que je n'aurais pas le courage de le refaire aujourd'hui. Et je comprends que d'autres calent. »

L'Express, 4 février 1983.

Répartition actuelle des étrangers par nationalités

L'enquête de l'I.N.S.E.E. sur l'emploi, en octobre 1981, constitue une bonne source (si on tient compte des « ménages collectifs » pour redresser les résultats) :

Nationalités	Effectifs (milliers)	% du total
Algériens	926	24,4
Marocains	469	12,4
Tunisiens	181	4,8
Portugais	797	21,1
Espagnols	322	8,5
Italiens	309	8,2
Turcs	102	2,7
Ressortissants d'Afrique noire	145	3,8
Autres	532	14,1
Total	3 783	100,0

LA MOBILITÉ SOCIOPROFESSIONNELLE

La démocratisation de l'enseignement a augmenté la proportion de fils d'employés ou d'ouvriers faisant des études supérieures, mais pas de manière égale partout, car un nombre très faible d'entre eux entrent aux Grandes Écoles qui assurent la meilleure réussite sociale. Les autres moyens d'ascension sociale n'offrent que des possibilités limitées : le sport, particulièrement démocratique, n'apporte cependant la réussite sociale qu'à un nombre limité d'individus ; la création d'une entreprise, malgré les encouragements des pouvoirs publics, reste en général le fait de gens bien préparés par leur famille, leur richesse ou leurs études, sauf pour les entreprises artisanales.

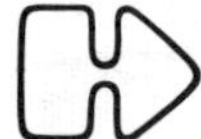

comment passe-t-on d'une catégorie sociale à une autre ?

Il était une fois un fils d'ouvrier studieux, intelligent, méritant, et tout. Ses bonnes notes à l'école lui permirent d'obtenir une bourse et de poursuivre ses études. Il parvint ainsi à forcer les portes de Polytechnique. A la sortie, il eut la chance insigne de se faire remarquer par le Premier ministre. Celui-ci était un fils d'instituteur sorti d'un village du Cantal ; il se nommait Georges Pompidou, prit ce jeune homme méritant comme conseiller, et l'emmena ensuite avec lui à l'Élysée. Aujourd'hui, Bernard Esambert est président d'une grande banque d'affaires, la Compagnie financière Edmond de Rothschild.

Il était une autre fois trois fils d'un modeste boutiquier que les malheurs des temps avaient conduits à émigrer d'Europe centrale vers la France. Leur carrière commerciale débuta dans le bric et le broc du marché aux Puces. Bernard, Marcel et Nathan Darty règnent aujourd'hui, comme aucun auditeur de radios périphériques ne l'ignore, sur l'électroménager. Leur société de 2000 salariés réalise 800 millions de chiffre d'affaires.

Ces histoires édifiantes de *self-made men* font rêver et confortent certains petits dans l'espoir de devenir grands un jour. Pourquoi pas ?

Mais de telles réussites sont rares. Bernard Esambert compte parmi les 3 % de fils d'ouvriers dont on peut lire la biographie dans le « Who's Who », ce panthéon de la réussite sociale.

3 % seulement. La France serait-elle demeurée une société bloquée ? En dépit de la révolution urbaine, de l'expansion industrielle, et surtout de la démocratisation de l'enseignement et de la formation permanente dont l'ambition était précisément de lui apporter fluidité et mobilité ? Énorme question !

Un autre chiffre donne une première approche : d'une génération à l'autre, près de 40 % des Français actifs se maintiennent dans leur catégorie d'origine. Fils d'ouvriers, ils restent ouvriers ; fils de cadres, ils deviennent cadres ; enfants de commerçants, ils reprennent la boutique familiale, et ainsi de suite. C'est un *« niveau de reproduction »*, comme disent les spécialistes, important.

Le Point, 6 juin 1977.

ce que deviennent leurs fils

Les schémas de ces pages indiquent, pour chaque catégorie socioprofessionnelle, ce que devient la génération suivante : ou bien les fils ont la même profession que leur père ou bien ont d'autres activités.

Les fils de professions libérales ne connaissent pas de « descente aux enfers » dans la classe ouvrière. Ils reprennent volontiers la profession de leur père : 30 % des fils de médecins restent médecins, 20 % des notaires sont fils de notaire.

Professeurs : c'est la profession qui garantit le mieux ses enfants contre la descente. Plus de 3 fils sur 4 sont assurés d'appartenir à la catégorie la plus élevée, celle des cadres supérieurs et professions libérales.

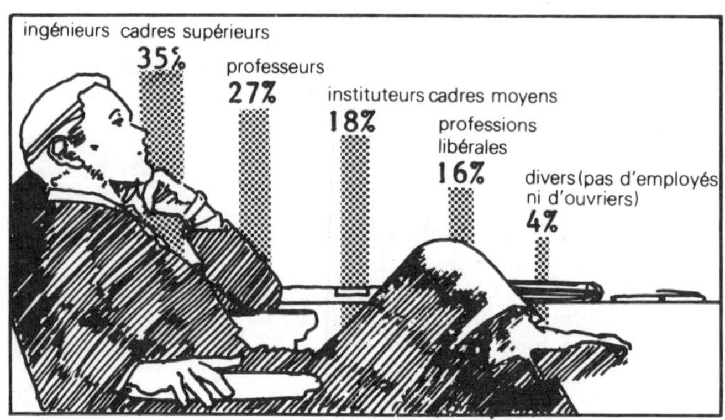

Les instituteurs font bénéficier leurs enfants d'un milieu culturel et d'une ambition scolaire assez vifs : 3 fils sur 4 parviennent à monter ou à se maintenir dans la catégorie de leur père.

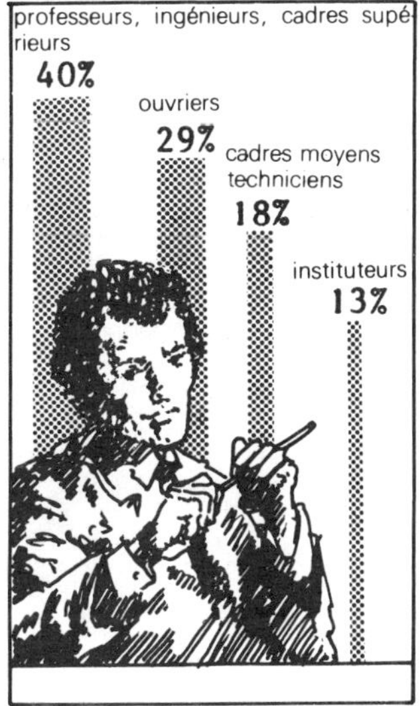

Les artisans ou les petits commerçants se trouvent dans une situation précaire. Chaque année voit autant de faillites que de créations. Leur niveau de vie modeste et l'insécurité de la profession ne peuvent éviter à leurs enfants une prolétarisation importante.

Les industriels et les gros commerçants transmettent à leurs fils une affaire suffisamment importante et solide pour qu'un sur trois parvienne à conserver le statut d'indépendant.

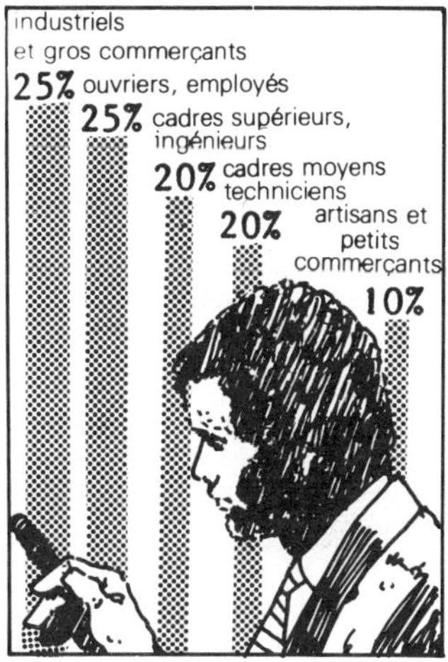

Ouvriers : l'ascension, rare dans ce milieu, s'effectue surtout par la filière « technique », à partir de l'ouvrier qualifié jusqu'à l'artisan, ou l'ingénieur, en passant par le contremaître et le technicien.

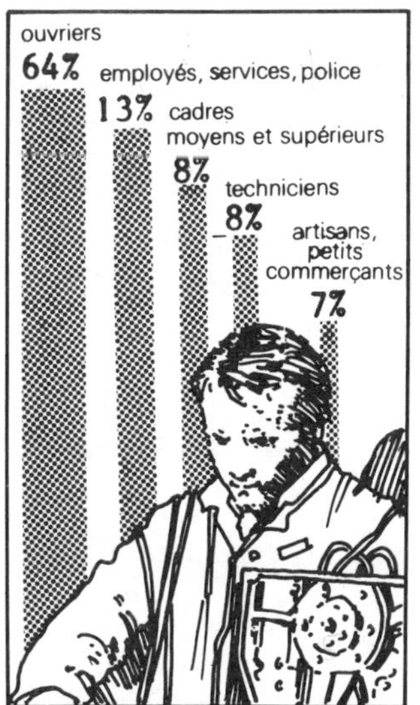

Plus d'un **fils d'agriculteur** sur deux quitte la terre. La plupart vont à l'usine : on compte 8 ouvriers pour 1 employé seulement. Pour rester paysan, il faut hériter de la terre familiale ou du moins de la ferme.

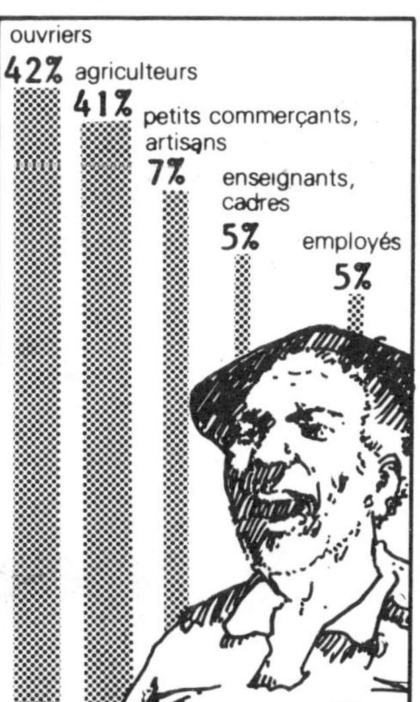

Les fils d'employés ont autant de chances de grimper que de descendre dans la hiérarchie sociale. Cette catégorie est appelée « le carrefour des destins sociaux ». Le flux important de ceux qui deviennent ouvriers s'explique en partie par la similarité des niveaux de vie.

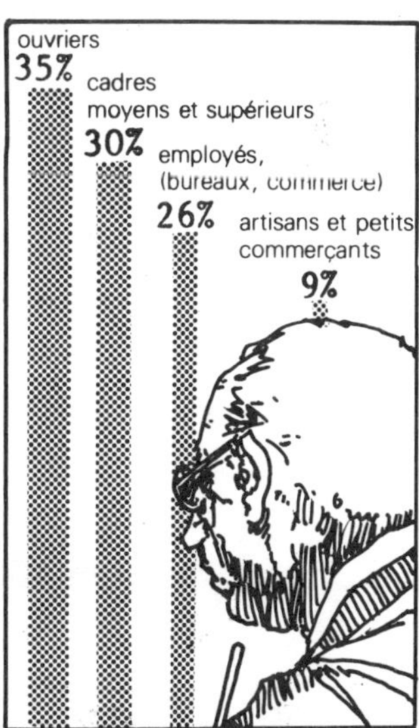

APPAREIL PÉDAGOGIQUE 7

Présentation

La division du travail a créé de nombreux métiers différents les uns des autres, qui non seulement sont pour chacun le moyen de gagner sa vie, mais aussi sont un moyen de définir la situation de chacun dans la société. On appelle d'ailleurs le métier exercé la « situation ». En étudiant les conditions de travail des gens, leurs revenus, leurs habitudes, les statisticiens ont trouvé que l'on pouvait classer les gens en catégories professionnelles. Ils ont appelé celles-ci « catégories socioprofessionnelles » pour bien montrer que le classement a un sens pour la société tout entière.

Faute de place, il n'était pas possible d'analyser dans chaque chapitre de ce manuel comment se comportent toutes les catégories socioprofessionnelles. L'objet du présent chapitre est de montrer les principales différences entre ces catégories afin de rappeler que, tout comme la France est composée de régions différentes, les Français ne peuvent être représentés par une seule catégorie socioprofessionnelle.

P. 119 VOCABULAIRE DES PETITES ANNONCES

C.A. : chiffre d'affaires; c'est le total des ventes annuelles.
le siège : siège social; c'est là où se trouve la direction de l'entreprise.
Grande École : *ici*, qui a fait ses études dans une Grande École; voir p. 199.
la filiale : société dont le capital est possédé par une autre société.
la voiture de fonction : voiture payée par l'entreprise.
C.V. : curriculum vitae; c'est le résumé de la vie professionnelle d'un candidat à l'emploi.
prétent., prét. : les prétentions (f. pl.); ce que les candidats au poste proposé souhaitent gagner.
Cie : Compagnie.
libre de suite : pouvant commencer à travailler immédiatement.
la standardiste : personne qui répond au téléphone.
le restaurant d'entreprise : cantine pour les employés de l'entreprise.
le 13e mois : à la fin de l'année, on reçoit un mois de salaire supplémentaire.
B.T.S. : brevet de technicien supérieur.
confirmé : diplômé et expérimenté.
D.U.T. : diplôme universitaire de technologie.
le fixe : salaire de base.
la prime : rémunération supplémentaire.

Exercices de langue

1. Expliquez les abréviations suivantes :
expér. ; tél. ; r.-v. ; J. F. ; sté ; rech. ; se prés. ; Écr. ; Env.
2. Comparez ces petites annonces avec des petites annonces semblables dans un journal de votre pays.

Exercice sur les annonces

Vous décidez de présenter votre candidature à un des emplois offerts. Écrivez votre lettre de candidature.

P. 120 MADAME LE GÉNÉRAL

VALÉRIE ANDRÉ : en 1976, elle est devenue la première femme ayant le grade de général en étant nommée médecin général inspecteur dans l'armée de l'air. Auparavant elle avait été pilote d'hélicoptère. En 1983, le nombre de femmes dans l'armée de terre a augmenté de 13 % et dans la Marine de 16 %.
« MES HOMMAGES, MADAME ! » : expression traditionnelle du savoir-vivre adressée par les hommes aux femmes.
penaud : embarrassé d'être pris en faute.
gare au : attention au.
se récrier : s'exclamer.
la caserne : logement militaire.

P. 121 SONDAGE : L'ACCÈS AUX RESPONSABILITÉS

PROFESSION DE CHEF DE FAMILLE : notez comment la classification en groupes socioprofessionnels montre les variations d'opinion à l'intérieur de l'ensemble des réponses.
PRÉFÉRENCE PARTISANE : tendance politique. On peut également analyser les opinions en fonction du parti politique préféré de la personne qui répond.
l'U.D.F. et le R.P.R. : voir p. 173. Ce sont des partis politiques du centre-droit et de la droite.

P. 123 CEUX QUI PAIENT LA CRISE

LE SECRET DES REVENUS : c'est une vieille tradition en France de ne pas révéler l'argent que l'on gagne (les bénéfices, les honoraires, les salaires).
l'immobilier : *ici*, la construction et la vente de logements.
mutualiste : appartenant aux assurés sociaux.
les ponctions (f. pl.) : *ici*, impôts spéciaux.
dater : *ici*, (fam.), être démodé.
en voie de paupérisation : en train de devenir pauvre.
le cadre supérieur : personne ayant de hautes fonctions de responsabilité.
de campagne : *ici*, dans un petit village où il n'y a pas beaucoup de clients.
surendetté : qui a beaucoup de dettes.
tirer le diable par la queue (fam.) : avoir des difficultés financières.
le régime : *ici*, le type d'organisation politique par exemple, royauté, république.

P. 123 SONDAGE : LES PROFESSIONS LIBÉRALES

la gestion de son temps : l'organisation de son temps.
un huissier : personne chargée d'exécuter les décisions des tribunaux et de faire des constats.
un syndic : personne chargée de faire l'administration d'un bien (immeuble ou entreprise).
un commissaire-priseur : personne chargée de la vente de tableaux et d'œuvres d'art.

P. 123 QU'EST-CE QU'UN CADRE ?

SAINT-RAMÉ : nom du directeur général de l'entreprise.
L'INSTITUT D'ÉTUDES POLITIQUES : école d'enseignement supérieur où l'on peut s'inscrire après le baccalauréat si l'on a eu de bonnes notes. Cette école prépare les étudiants à des postes administratifs dans les entreprises et aussi au concours d'entrée à l'E.N.A. *Cf.* p. 199.
L'ÉCOLE CENTRALE : grande école d'ingénieurs.
se piquer : se vanter d'avoir des connaissances.
gérer : administrer.
la science : *ici*, connaissances.
les idées reçues : idées connues partout et qui n'ont plus d'originalité.
le lieu commun : phrase banale.
le tapage : bruit.
à la périphérie de : proche de.
détaler : fuir.
à la cantonade : à tout le monde.
se passer de : ne pas avoir besoin de.
l'optimisation (f.) : action de rendre le meilleur possible.

Discussion sur le texte

1. D'après ce texte, qu'est-ce qui caractérise les cadres ?
2. Est-ce que la connaissance technique que les cadres semblent posséder vous paraît solide ? Expliquez votre réponse.
3. Pourquoi la connaissance de l'économie prend-elle aujourd'hui tant d'importance ?
4. Pourquoi les cadres décrits dans ce texte préfèrent-ils donner leur avis sur les méthodes à utiliser plutôt qu'assumer de réelles responsabilités ?
5. Qu'est-ce qui incite les cadres à vouloir occuper des postes près des présidences et des directions générales ?
6. Quelles différences y a-t-il entre les préoccupations des cadres et celles des autres empoyés de l'entreprise ?
(Voir les autres textes du chapitre et en particulier « Un ouvrier juge son travail ».)
7. Comment la différence de statut entre les cadres et les autres salariés de l'entreprise influence-t-elle les rapports entre eux ?
(Voir le texte « La vie d'un cadre ».)

Exercices de langue

1. Relevez dans le texte les mots et expressions ironiques qu'utilise l'auteur pour décrire le comportement des cadres.
2. Récrivez la partie du texte : « Il se piquait d'économie... fabriquaient les produits », en changeant le ton : au lieu de vous moquer des cadres, vous les admirez.

Débats

1. On parle des cadres depuis peu d'années. A quelle évolution attribuez-vous l'augmentation de leur importance ?
2. Souhaitez-vous être cadre dans une grande entreprise ? Pourquoi ?

P. 124 LA VIE D'UN CADRE

le cadre de direction : cadre qui fait partie de la direction de l'entreprise.
régler : *ici*, finir d'examiner.
l'interphone (m.) : instrument qui permet de communiquer directement entre des bureaux.
le déplacement : voyage.
sympa (fam.) : sympathique.
le statut : *ici*, situation.

platonique : *ici*, sans relations plus étroites.
répartir : distribuer.
« reconnu » : bien considéré.
moyen : ni brillant ni mauvais.

P. 125 CONDITIONS DE TRAVAIL DANS UNE BANQUE

les heures supplémentaires : voir p. 27.
l'agence (f.) : bureau local.
la bousculade : *ici*, travail intense parce qu'il y a de nombreux clients.
souffler un instant : se reposer un peu.
rudoyer : être désagréable.
le montant : somme inscrite sur le chèque.
la position du compte : somme d'argent qui reste sur le compte.
tassé : mis ensemble.
la prime : argent payé en supplément du salaire.
passer en compte : en porter le montant sur le compte.

P. 126 UN OUVRIER JUGE SON TRAVAIL

LE TIERCÉ : voir p. 91.
LE TECHNOCRATE : expression de plus en plus fréquente pour désigner les gens qui prennent les décisions en réfléchissant seulement à l'aspect technique des problèmes. On l'applique surtout aux administrateurs.
le car : autocar.
la télé (fam.) : télévision.
l'histoire de « bonne femme » : anecdote sur les femmes.
le ghetto : groupe fermé.
enfourcher son manche à balai : *ici*, parler de son sujet favori qui mène en dehors de la réalité.
se barrer (fam.) : partir.

P. 126 LES ESPOIRS DE MAI

LE 10 MAI 1981 : date de l'élection du premier Président socialiste de la cinquième République, François MITTERRAND.
SARCELLES : première « ville nouvelle » de la région parisienne.
LA THOMSON : Thomson C.S.F. est une grande compagnie française de l'électronique.
LA SÉCURITÉ SOCIALE : (*fam.* la Sécu.) organisme d'État qui rembourse aux individus leurs dépenses médicales.
LA RIGUEUR SOCIALISTE : nom d'un programme d'austérité économique introduit par le gouvernement socialiste.
AVOIR DES FINS DE MOIS DIFFICILES : manquer d'argent à la fin de chaque mois. La plupart des travailleurs français reçoivent leur salaire au début de chaque mois.
PRISUNIC : chaîne de magasins bon marché.
ÊTRE DE GAUCHE : voter pour les partis politiques de gauche.
LE LOTO : jeu de chance ; voir p. 91.
LE SMICARD : salarié qui touche le SMIC, salaire minimum garanti aux travailleurs.
LE P.C. : le parti communiste.
LA C.G.T. : la Confédération Générale du Travail Syndicat à sympathie communiste.
1917 : date de la Révolution soviétique en Russie.
1936 : élection du Front Populaire, gouvernement socialiste qui a introduit les congés payés pour tous les travailleurs.
1945 : Fin de la Deuxième Guerre mondiale et début d'une période d'expansion économique rapide.
Les trois dates ci-dessus sont des dates historiques qui ont eu des répercussions sur la vie des ouvriers.
O.S. : ouvrier spécialisé ; c'est le titre de l'ouvrier le moins qualifié.
le bilan : les résultats positifs et négatifs.
l'échelon (m.) : rang.
la guichetière : employée dans une administration qui travaille au comptoir où se présentent les clients.
la couture : fabrication de vêtements.
nous ne cédons pas (fam.) : nous ne lui accordons pas tout ce qu'il demande.
les bouchons ... sautaient : nous buvions du champagne (pour fêter la victoire).
avoir la gueule de bois (fam.) : se sentir malade quand on a trop bu ; *ici*, être déçu.
bosser (fam.) : travailler.
carrément (fam.) : vraiment.
embrayer : *ici*, continuer.
vivre dans l'opposition : être opposé au gouvernement.
déborder de (fam.) : avoir beaucoup de.
collectif : *ici*, de l'ensemble de la classe ouvrière.
le décalage : différence.
songeur : contemplatif.
rejoindre : *ici*, avoir le même confort que.
renaître de ses cendres : recommencer à vivre.

Discussion sur le texte

1. Comment le niveau de vie de ce couple d'ouvriers a-t-il évolué ?
2. Pourquoi disent-ils qu'ils sont « des privilégiés » ?
3. Quels sentiments ont-ils éprouvé le 10 mai ?
4. Comment les conditions de travail des ouvriers ont-elles changé depuis le 10 mai ?
5. Est-ce que les aspirations collectives des ouvriers sont les mêmes qu'autrefois ? Pourquoi ?

P. 128 SAMIA DE PARIS

[Beaucoup de travailleurs immigrés ont fait venir leurs familles en France où leurs enfants vont à l'école. Cependant il est très souvent difficile pour ces enfants de réussir dans une société où les traditions familiales et culturelles sont extrêmement différentes.]
UNE CITÉ DE TRANSIT : groupe d'immeubles bon marché habités par des travailleurs immigrés et qui

doivent leur permettre de s'habituer à la vie en France.
O.S. : ouvrier spécialisé, titre de l'ouvrier le moins qualifié.
NANTERRE : banlieue du nord-ouest de Paris où se logeaient beaucoup de travailleurs immigrés des usines de la région parisienne.
LE CAHIER DE TEXTES : cahier dans lequel les écoliers français notent le travail qu'ils doivent faire chez eux.
LE CONSEIL DE CLASSE : réunion des professeurs et des parents d'élèves à la fin de l'année scolaire où, sur la base des résultats obtenus par les élèves, on décide dans quelle classe les élèves seront placés l'année suivante.
le barreau : ensemble des avocats exerçant auprès d'un même tribunal.
à toute allure : très vite.
se risquer : *ici,* voir le courage d'aller.
illettré : ne sachant ni lire ni écrire.
jouer le jeu : *ici,* aider à donner à sa fille la possibilité de continuer ses études.
la section couture : classe où les élèves apprennent à fabriquer des vêtements.
le voile : les femmes musulmanes traditionnelles portent un voile qui cache leur visage.
emporter le morceau (fam.) : gagner.
l'allure (f.) : façon de s'habiller et de se comporter.
caler (fam.) : *ici,* s'arrêter.

P. 129 COMMENT PASSE-T-ON D'UNE CATÉGORIE SOCIALE À UNE AUTRE ?

IL ÉTAIT UNE FOIS : expression qui commence tous les contes de fées.
L'ÉCOLE POLYTECHNIQUE : voir p. 198.
LE CANTAL : région pauvre du centre de la France.
L'ÉLYSÉE : résidence officielle du Président de la République.
LE MARCHÉ AUX PUCES : voir p. 66.
LA RADIO PÉRIPHÉRIQUE : voir p. 221. Ces stations de radio font de la publicité pour les magasins Darty.
LA SOCIÉTÉ BLOQUÉE : système social qui n'évolue pas ; allusion au titre d'un livre célèbre qui analyse la rigidité de la société française.
et tout : et qui a toutes les autres qualités.
forcer les portes : être admis dans un domaine généralement réservé à d'autres.
la chance insigne : grande chance.
sorti de : *ici*, né dans.
le bric et le broc : *ici*, la vente d'objets bon marché de toutes sortes.
l'électro-ménager (m.) : appareils électriques que l'on utilise à la maison.
le panthéon : endroit où sont rassemblés les gens célèbres.
la formation permanente : voir p. 207.
actif : *ici*, qui a une activité professionnelle.
le niveau de reproduction : le niveau de la hiérarchie sociale dans laquelle les enfants continuent à faire ce qu'on fait les parents.
important : *ici*, qui est considérable.

P. 130 CE QUE DEVIENNENT LEURS FILS

LA DESCENTE AUX ENFERS : (ici) passage à la catégorie sociale la plus basse. C'est une allusion au mythe d'Orphée.
l'affaire (f.) : entreprise, commerce.
la création : (ici) création d'une nouvelle entreprise commerciale ou artisanale.
la prolétarisation : (ici) fait de devenir prolétaire, membre de la classe ouvrière.
le carrefour des destins sociaux : endroit à partir duquel on peut soit monter soit descendre dans la hiérarchie sociale.
la similarité : caractère semblable.

Discussion sur le texte

1. Quels sont les deux éléments qui ont permis à M. Ésambert d'arriver en haut de la hiérarchie sociale ?
2. Que veut démontrer l'auteur en citant l'exemple des frères Darty ?
3. Pourquoi ces exemples sont-ils rares en France ?
4. Quels sont les phénomènes sociaux qui auraient dû rendre la mobilité sociale plus facile en France ?
5. Pourquoi à votre avis, parle-t-on dans ce texte seulement des fils et non pas des filles ?

Exercice de langue

Imaginez l'ascension sociale d'un fils d'agriculteur dont vous raconterez la vie à la manière d'un conte de fées.

Études de mobilité sociale d'après les schémas

1. Dans quelles catégories sociales y a-t-il le plus de mobilité sociale d'une génération à une autre ?
2. Classez les catégories sociales dans l'ordre des chances de promotion qu'elles offrent d'une génération à l'autre. Ex. : Dans la catégorie des instituteurs, 40 % des enfants peuvent devenir professeurs, ingénieurs ou cadres supérieurs ? C'est donc cette catégorie qu'il faut classer numéro 1.

EXERCICE SUR LE CHAPITRE

Questions générales

1. Quels sont les problèmes que rencontrent les Français qui travaillent dans des activités économiques en déclin ?
2. A votre avis, est-il facile de changer de métier ? Quels moyens sont employés pour rendre ce changement plus facile ?
3. En vous aidant des autres chapitres du livre, comparez les catégories socioprofessionnelles en France : revenus, patrimoines, loisirs, modes de vie en général.

Débats de civilisation

1. L'enseignement devrait-il avoir pour but principal de former à des métiers particuliers ? Justifiez votre réponse.

2. Pensez-vous que les métiers manuels ne sont pas assez bien considérés dans la société ? Pourquoi ? Que faudrait-il faire pour changer cela ?
3. Que représente pour vous le fait d'avoir un métier ?
4. Pensez-vous que hommes et femmes devraient avoir accès aux mêmes métiers ? Pourquoi ?
5. Estimez-vous que tous les enfants naissent avec les mêmes chances de réussir dans la société ? Expliquez votre réponse.

LE JEU DES PREUVES *cf.* p. 5

1. Est-ce que toute la population est comprise dans le classement en « catégories socioprofessionnelles » ?
2. Est-ce que le gouvernement a créé des programmes particuliers pour aider les chômeurs à trouver un travail ?
3. Les attitudes envers le travail féminin ont-elles évolué ?
4. Est-ce que les cadres ont une grande importance dans la nouvelle structure sociale ?
5. Est-il vrai que les professions libérales souffrent beaucoup de la crise économique ?
6. Les travailleurs immigrés sont-ils bien accueillis en France ?
7. Y a-t-il une grande mobilité socioprofessionnelle en France ?

LE JEU DE L'INTERVIEW *cf.* p. 5

1. Vous interviewez de jeunes Français qui terminent leurs études pour savoir les raisons de leur choix du métier qu'ils aimeraient faire. Voici quelques sujets pour vos questions : avoir un métier adapté à ses goûts personnels ; avoir un emploi sûr ; être bien payé ; être indépendant dans son travail ; avoir des responsabilités ; faire un travail utile à la société.
2. Vous interviewez le cadre présenté dans « La vie d'un cadre » et le couple ouvrier présenté dans « Les Espoirs de Mai » sur l'évolution des aspirations collectives aujourd'hui.

THÈMES DU JEU INTERCULTUREL *cf.* p. 6

1. Quelle est la place du travail dans votre vie ?
2. A quelle catégorie socioprofessionnelle voudriez-vous que vos enfants appartiennent ?
3. Est-ce que les gens appartenant à certaines catégories socioprofessionnelles ont la vie plus facile que d'autres ?
4. Quelles sont les catégories socioprofessionnelles qui changeront le plus rapidement à l'avenir ?

le pouvoir à l'intérieur de l'entreprise

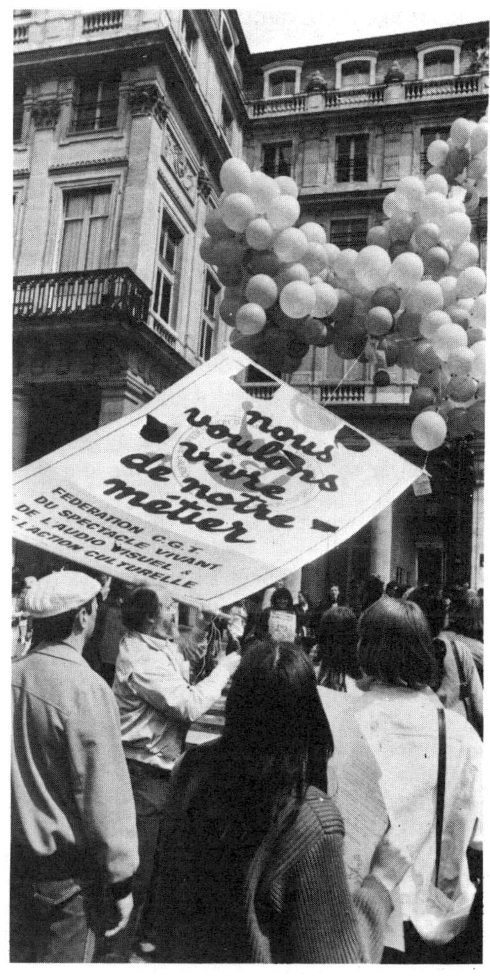

PATRONS ET EMPLOYÉS

les chefs d'entreprise

L'organisation patronale la plus puissante est le C.N.P.F. (Conseil national du patronat français) qui a pour objectif de défendre les intérêts de l'ensemble des entreprises auprès des pouvoirs publics, des travailleurs et de l'opinion. Il comporte une assemblée générale, qui élit le président, une assemblée permanente et un conseil exécutif. Le C.N.P.F. est généralement considéré comme plus représentatif des grandes entreprises que des petites, regroupées dans la Confédération générale des petites et moyennes entreprises (C.G.P.M.E.), et dans le syndicat national du patronat moderne et indépendant (S.N.P.M.I.).

Dans les régions, les entreprises se regroupent dans des syndicats patronaux locaux et dans des chambres de commerce et d'industrie, des chambres d'agriculture et des chambres des métiers

un chef d'entreprise moyenne

Depuis cent dix ans, de père en fils, les Guyon font des fours de boulangerie et de pâtisserie, à Excenevex, près de Thonon, dans ce coin reculé de Savoie.

Mais les méthodes ont bien changé. Avec Jean Guyon, l'entreprise est passée du stade artisanal au stade semi-industriel, avec toutes les contraintes que supposait cette mutation : bouleversements techniques, difficultés commerciales, nécessité d'exporter. Ça n'a pas toujours été facile. Courageux et volontaire, il s'en est pourtant bien sorti. Et sur un marché étroit, les Fours Guyon se sont fort bien positionnés. Jean Guyon est l'image même de cette race de dirigeants qui ont fait leur entreprise et s'identifient à elle. Individualiste et régionaliste comme beaucoup de petits industriels de province, il supporte mal le poids des contraintes administratives, le centralisme et le « parisianisme » des organismes officiels...

Jusqu'au pouvoir dans l'entreprise qui semble même vouloir à présent lui échapper avec la création d'un syndicat ! « Les temps sont devenus bien difficiles pour les dirigeants de petites et moyennes entreprises », soupire-t-il. Des bâtiments bas dans la verdure, derrière la maison familiale. « Les fours Guyon cuisent votre pain quotidien depuis 1867. » L'inscription en lettres rouges sur la vitre qui sépare les ateliers des bureaux vous cueille dès l'entrée. Et donne le ton. « C'est toujours le même amour du travail », souligne Jean Guyon. En bras de chemise, col ouvert, l'accent chantant du Chablais, ce petit homme actif dirige l'entreprise depuis l'après-guerre. « J'ai vécu une véritable course d'obstacles, et ça continue. »

L'Usine nouvelle, septembre 1977.

les entreprises artisanales

L'artisanat ne fait guère parler de lui. Il regroupe pourtant huit cent mille entreprises, employant moins de dix salariés chacune (non compris le « patron » et son conjoint). Au total, il donne du travail à plus de deux millions de personnes, soit environ 12 % de la population active. Son chiffre d'affaires annuel est de l'ordre de 450 milliards de francs. Enfin, ces petites firmes relèvent de quelque trois cents corps de métier, aux productions ou aux services très divers, aux besoins différents et qui résistent très différemment aux aléas de la conjoncture.

M. Crépeau, maire de La Rochelle, connaît bien le rôle — trop peu connu — que jouent, en province notamment, ces petits de l'économie. Il entend en valoriser les activités, leur donner officiellement plus de considération ; surtout, il se promet de les aider à se développer.

Dans un récent entretien, le ministre du Commerce et de l'Artisanat constatait en effet : « Alors que, depuis dix ans, l'industrie perdait sept cent mille emplois, l'agriculture un million, l'artisanat est le seul secteur qui ait offert de nouveaux postes de travail... A condition, précisait encore le ministre, qu'on lui permette de créer de nouvelles entreprises. Il sera à l'avenir le seul à continuer à proposer des emplois supplémentaires... »

Le Monde,
27 août 1983.

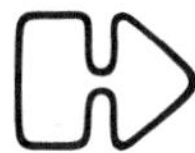

Les patrons décrits ci-dessus sont à la fois les propriétaires et les dirigeants de l'entreprise. Le plus souvent, la propriété de l'entreprise, c'est-à-dire du « capital social », appartient à des actionnaires qui ne participent pas à la gestion quotidienne de l'entreprise. En fait, cette gestion est assurée par la direction et les « Cadres » (cf. chap. 7).

les salariés

Dans l'ensemble des salariés de l'entreprise, les cadres occupent une position particulière, et ont une organisation syndicale distincte, la C.G.C. (Confédération générale des cadres). Seule une minorité d'entre eux adhère aux grandes centrales syndicales ouvrières, que les cadres trouvent trop hostiles au patronat et au « capitalisme ».

Cette hostilité, qu'on ne retrouve pas chez les syndicats des pays libéraux les plus industriels, reflète largement le combat qu'ont dû mener les organisations syndicales pour exister, et la misère de la condition ouvrière au XIXe siècle.

les principaux syndicats de salariés

C.G.T.

La « Confédération générale du travail » a des positions proches de celles du parti communiste, et donc très hostiles au système « capitaliste ».

Elle est la plus puissante centrale syndicale et déclare avoir 2 000 000 d'adhérents.

Elle arrive en tête dans presque toutes les élections aux comités d'entreprise et a le plus grand nombre de sections syndicales d'entreprise (environ 15 000).

C.F.D.T.

La « Confédération française démocratique du travail » est la seconde centrale syndicale. Elle veut également changer le système économique mais pour un système moins centralisé que la C.G.T., que lui paraît offrir l'autogestion.

Elle déclare avoir un million d'adhérents et a environ 10 000 sections syndicales d'entreprise.

F.O.

La Confédération « Force ouvrière » est la plus disposée à la discussion avec le patronat et le gouvernement.

Elle déclare avoir 1 million d'adhérents et a environ 5 000 sections syndicales d'entreprise.

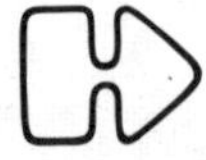

Ces trois principaux syndicats recrutent leurs adhérents dans tous les secteurs de l'économie. Cela explique pourquoi ils peuvent déclencher des grèves nationales plus facilement que les syndicats de métier d'autres pays.

Parmi les syndicats importants, il faut aussi citer la F.E.N. (Fédération de l'Éducation Nationale) qui a 500 000 adhérents.

Les syndicats français sont relativement faibles et ont peu de moyens financiers (on estime que le quart des salariés français seulement ont une carte syndicale). On explique ce fait par les préoccupations politiques qu'ont les syndicats français, beaucoup moins liés aux questions de métier que d'autres syndicats dans des pays occidentaux. Ces préoccupations les conduisent à subir les conséquences des conflits entre les partis de gauche. De plus, les salariés français semblent souvent persuadés qu'ils peuvent se débrouiller tout seuls conformément au tempérament individualiste national (cf. tract de la C.F.D.T.).

Bien que la plupart des discussions entre patrons et syndicats ne finissent pas par la grève, celle-ci est l'arme ouvrière la plus forte et la plus spectaculaire. C'est donc celle qu'on voit souvent.

un conflit dans l'entreprise

(Extrait de scénario)

Usine - intérieur jour

Divers plans de machines modernes en marche et qui font un grand bruit dans l'atelier. Un ouvrier surveille une grue intérieure, un autre avec un masque de protection soude un tuyau, un autre surveille une fraiseuse automatique, un autre un marteau-pilon.

Bureau Prosper - intérieur jour

Plan américain de Prosper, songeur, debout devant une fenêtre aux volets vénitiens. Plan américain serré de Berthe en tailleur clair marchant dans la pièce. Panotravelling la suivant dans le bureau moderne aux murs desquels sont affichés des graphiques.

BERTHE. Toute entreprise connaît des époques troublées ! Une crise chasse l'autre... n'exagère rien

Berthe, qui a une paire de lunettes d'écaille à la main, s'approche de Prosper. Contre-champ sur lui de face qui s'avance.

PROSPER. Aucune crise n'est la même. La concurrence

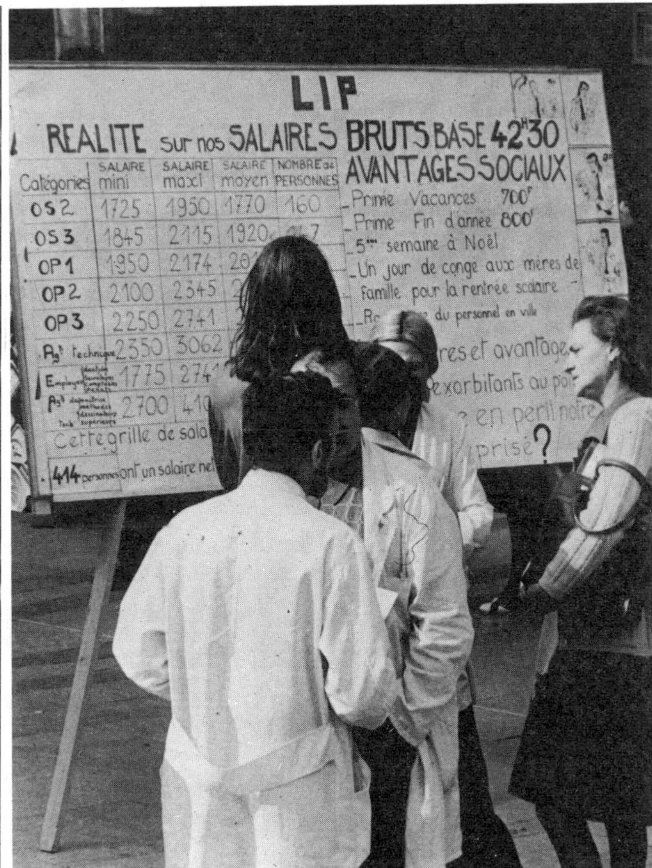

Panneau sur les conditions de travail chez Lip, Besançon.

croissante menace directement nos marchés. Comment survivre?... *(Ils sont face à face.)* La petite industrie se laisse dévorer par la grande. Où trouver des moyens pour lutter?
BERTHE. Certains arrangements, certaines subventions...
PROSPER. Oui, je sais. La Cinquième République nous a été profitable. Ton héroïsme nous a servi. Tes appuis nous ont aidés. Ça ne suffit plus.
BERTHE. Que vas-tu faire? *(Prosper ne répond pas; il baisse légèrement la tête et sort du champ. On reste sur Berthe qui lentement met ses lunettes.)* Licencier?

Rue - extérieur jour

Une quinzaine d'ouvriers marchent en longeant le mur de l'usine moderne.
Plan moyen face à l'entrée de l'usine, la cour en arrière-plan. A la porte, on peut voir un écriteau «Entrée du personnel». Une dizaine d'ouvriers sortent de l'usine. [...]
La cour de l'usine : un groupe important d'ouvriers et d'employés forment un cercle autour de quatre des leurs, responsables syndicaux; l'un de ceux-ci, Pierre, lit un texte.
Plan américain serré de Pierre.
PIERRE. En conséquence, la grève a été votée à l'unanimité.
Plongée sur les ouvriers qui applaudissent. [...]

Bureau de direction - intérieur jour

Nous sommes dans le bureau de Prosper.
Plan américain de Pierre, un cahier à la main : il vient s'asseoir à une grande table, en face (plan moyen) de Berthe, ils sont seuls dans la pièce, légèrement dans la pénombre en raison des volets baissés.
BERTHE. J'accepte toutes vos conditions. Votre lutte est juste. La bonne volonté triomphera. *(Il s'accoude à la table. Elle prend le cahier et l'ouvre.)* L'État ne s'occupe pas assez de vous, mais il viendra jusqu'ici. *Plan américain d'elle, feuilletant le cahier tout en parlant.)* Les réformes sont en cours. Demain, vous serez mieux représentés *(les deux face à face),* mieux encadrés, mieux animés. *(Off sur Pierre, attentif.)* Un détail me gêne cependant... *(Sur les deux : elle lui rend le cahier; il veut parler, mais elle le coupe.)* Vous ne travaillez pas chez Renault ou dans une grande boîte. *(Elle tourne légèrement sur son siège pivotant, évitant ainsi son regard.)* Vous connaissez les limites de notre modeste industrie. Ne vous laissez pas influencer par des idées générales trop abstraites. Vérifiez si elles correspondent à votre situation. *(Sur les deux.)* Chaque entreprise a son histoire particulière. *(Sur elle.)* Tenez-en compte.

A. Téchiné,
extraits du scénario de
Souvenirs d'en France,
l'Avant-Scène-Cinéma, n° 166.

Dans la période de crise économique qu'a connu le monde dans les années 1980, le gouvernement français a essayé de renforcer, à la demande des syndicats, la protection dont bénéficient les travailleurs. Mais cette politique est parfois en contradiction avec celle de modernisation industrielle qui est également nécessaire.

licenciements aux cycles Peugeot

débrayages et manifestations à Beaulieu-Sochaux

Un débrayage massif d'une heure a eu lieu hier à l'usine Peugeot-Cycle de Beaulieu, près de Sochaux (Doubs), qui emploie 4500 personnes, à l'appel de la C.G.T., la C.F.D.T. et F.O. pour exiger l'annulation de 55 licenciements autorisés par la Direction départementale du travail. Un meeting a rassemblé plus de 600 salariés. *« Il n'y a pas sureffectif dans nos usines et, en aucun cas, un seul licenciement ne peut être accepté »*, a déclaré Martial Bourquin, secrétaire de la fédération du P.C.F. du Doubs, au cours d'une conférence de presse.

Depuis les grandes grèves de 1976, les organisations syndicales n'avaient pas rassemblé autant de monde à un meeting, avec arrêt de travail.

La direction Peugeot ne s'attendait pas à une telle riposte pour empêcher les licenciements. La fédération du Doubs du P.C.F. donnait, le matin même, une conférence de presse. Martial Bourquin, déclarait notamment : *« L'industrie automobile se porte bien et particulièrement Peugeot qui voit sa production augmenter. Si certaines entreprises d'équipement autos, comme les cycles Peugeot, ont des difficultés, ce n'est pas à cause de la modernisation. Il n'y en a pas du tout dans l'entreprise.*

Les difficultés viennent de la politique de mondialisation, d'exportation de fabrications entières. En effet, on constate que les pots d'échappement de la 205, en grande partie, ne sont plus fabriqués à Beaulieu alors qu'ils ont été conçus et expérimentés dans cette usine.

Même chose pour les pots d'échappement de la BX.

D'autre part, le scooter Peugeot est seulement 70 % français. Un simple travail d'assemblage est fait à Beaulieu. »

Le responsable de la fédération du P.C.F. a montré que les carnets de commandes se rempliraient si on rapatriait les fabrications de l'étranger et si une politique du deux roues se mettait en place avec, comme objectif, une gamme de motos françaises.

« La direction Peugeot, pour des intérêts égoïstes et juteux, préfère le chômage, le malheur des familles, le déclin de notre industrie à l'application de ces mesures, capables d'éviter les licenciements, capables de redresser l'entreprise. »

Martial Bourquin a déploré vivement que le gouvernement ait cédé au chantage de Peugeot *« en autorisant 55 licenciements, le gouvernement fait preuve d'une singulière mollesse et laisse frapper la base sociale de la majorité de la gauche. En aucun cas nous ne pouvons accepter une telle décision. »*

Une délégation du P.C.F. de la fédération, de la section d'entreprise a été reçue par le préfet de région. Elle a demandé l'annulation des 55 licenciements et la négociation d'ensemble sur la politique industrielle avec, notamment, la constitution d'un contrat de confiance entre P.S.A. et les entreprises équipementières.

L'Humanité,
14 janvier 1984.

---

la modernisation industrielle ne doit pas se faire contre les travailleurs

Premier dirigeant syndical à être reçu par M. Mauroy au cours des consultations des partenaires sociaux prévues par le premier ministre, Henri Krasucki, secrétaire général de la C.G.T., a répété pendant près de deux heures, les arguments qu'il avait déjà développés les jours précédents, notamment en prenant appui sur l'exemple de Talbot.

« La modernisation industrielle ne peut être le prétexte à une augmentation du chômage, a déclaré M. Krasucki à sa sortie de l'hôtel Matignon. *Il n'est pas question pour nous d'opposer les industries traditionnelles et les industries de pointe. Le vrai problème est de créer des emplois utiles. »*

» S'il y a des choix essentiels à faire, la politique industrielle ne peut se faire contre les travailleurs, contre le pouvoir d'achat et par le chômage, a ajouté le secrétaire général, qui a affirmé que *« chaque entreprise qui modernise est responsable des conséquences, et on doit pouvoir discuter pour qu'il n'y ait pas de chômeurs ».*

Indiquant que le premier ministre avait proposé une série de discussions, secteur par secteur, pour traiter des dossiers des charbonnages, de la sidérurgie et des chantiers navals, comme de la situation de certaines régions ou sites, M. Krasucki a ensuite parlé de l'affaire Talbot. Affirmant que le gouvernement *« avait les moyens de faire respecter le droit »,* le secrétaire général a réclamé que celui-ci *« dise la vérité ».*

Le Monde,
10 Janvier 1984.

protection du salarié et de son revenu par l'État

• La loi fixe pour toutes les professions, un salaire minimum qui croît en fonction de l'augmentation du coût de la vie et de la croissance des salaires moyens : le salaire minimum interprofessionnel de croissance (S.M.I.C.).

• Le salaire doit être payé en priorité en cas de difficultés financières de l'entreprise.

• En cas de licenciement d'un salarié, des indemnités de licenciement sont dues par l'entreprise. Si le licenciement est « abusif », des indemnités complémentaires doivent être payées.

• En cas de chômage, un salarié a droit à des allocations de chômage payées par le système d'Assurances sociales.

Celui qui assume une responsabilité dans son travail, quelle qu'elle soit, est lui aussi un responsable. Un vrai.

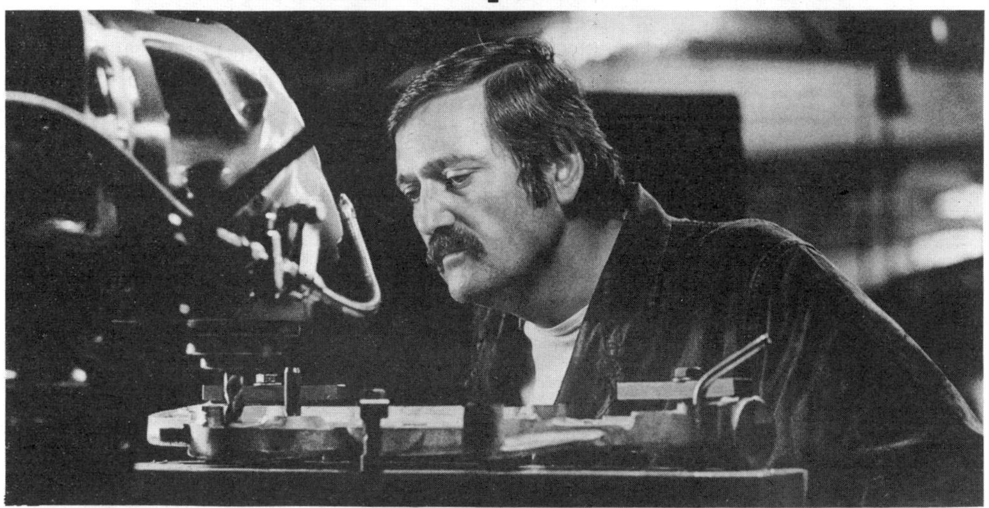

Maintenant, priorité aux travailleurs manuels.

CAMPAGNE NATIONALE POUR LA REVALORISATION DU TRAVAIL MANUEL

On a souvent dit que l'organisation interne de l'entreprise était faite en France sur un modèle rigide : on ne délègue pas l'« autorité ». La hiérarchie est forte, les rapports sociaux sont formels (le chef peut être bienveillant, mais les subordonnés doivent être respectueux)... Bien entendu, ce modèle a progressivement évolué, notamment depuis les événements et la grève générale de mai 1968.

On parle de plus en plus dans les entreprises de concertation, de « direction participative par les objectifs »... Les cadres ont plus de responsabilités et disposent d'une part plus importante du pouvoir de décision ; le travail manuel est « revalorisé » ; le travail à la chaîne commence à être remplacé par du travail en équipe...

La France en même temps semble découvrir les vertus de l'efficacité qui lui avaient fait tant défaut au moment où la Grande-Bretagne construisait sa grande industrie. La vieille France rurale, agricole et féodale paraît laisser la place à une France industrielle et où finalement l'esprit d'entreprise se développe. On a essayé ci-dessous de dresser un tableau des comportements qui ont changé.

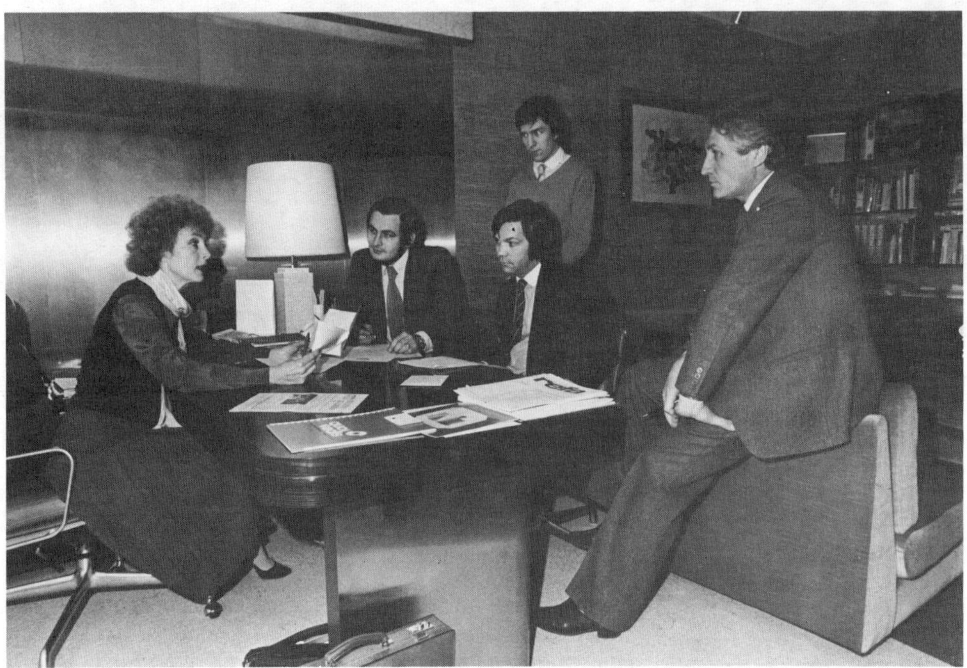

Modèle ancien	Modèle nouveau
• Soumission au chef et révolte.	• Rapports naturels de discussion/acceptation.
• Pas de délégation de responsabilité.	• Partage des responsabilités.
• Distinction entre tâches de commandement et d'exécution.	• « Enrichissement » des tâches, renforcement de l'initiative.
• Rigidité professionnelle : peu de changements dans la vie, changements lents entre les générations.	• Mobilité professionnelle, changement.

En même temps que les comportements changent, on a cherché à modifier les structures de l'entreprise.

LES TRANSFORMATIONS DE L'ENTREPRISE

les nationalisations

Dans tous les pays du monde, l'État est devenu propriétaire d'entreprises. En France, les premières entreprises publiques remontent à la Royauté, mais l'idée la plus souvent exprimée en faveur des nationalisations est de mettre les entreprises au service de l'intérêt général. Les Constitutions de 1946 et de 1958 rappellent que : « Tout bien, toute entreprise dont l'exploitation a ou acquiert les caractères d'un service public national ou d'un monopole de fait, doit devenir la propriété de la collectivité. »

On connaît les noms d'un certain nombre d'entreprises nationales, comme Air France, la S.N.C.F., l'Électricité de France, les Charbonnages de France, ou Renault, mais en général on ignore qu'il y a des entreprises nationales dans presque tous les secteurs. Par exemple, les principales banques et sociétés d'assurances sont également propriété de l'État ; il est vrai qu'on le voit peu, parce qu'elles sont gérées d'une manière peu différente des entreprises privées.

Le gouvernement socialiste constitué après l'élection de F. Mitterrand à la Présidence de la République en mai 1981 a lancé un programme de nationalisations comprenant de grands groupes industriels comme Thomson-Brandt ou Péchiney-Ugine Kulhmann et la majeure partie du secteur bancaire privé comme la banque de l'Indosuez et la banque de Paris et des Pays-Bas.

LE CONTRÔLE DE L'ÉTAT SUR L'ÉCONOMIE

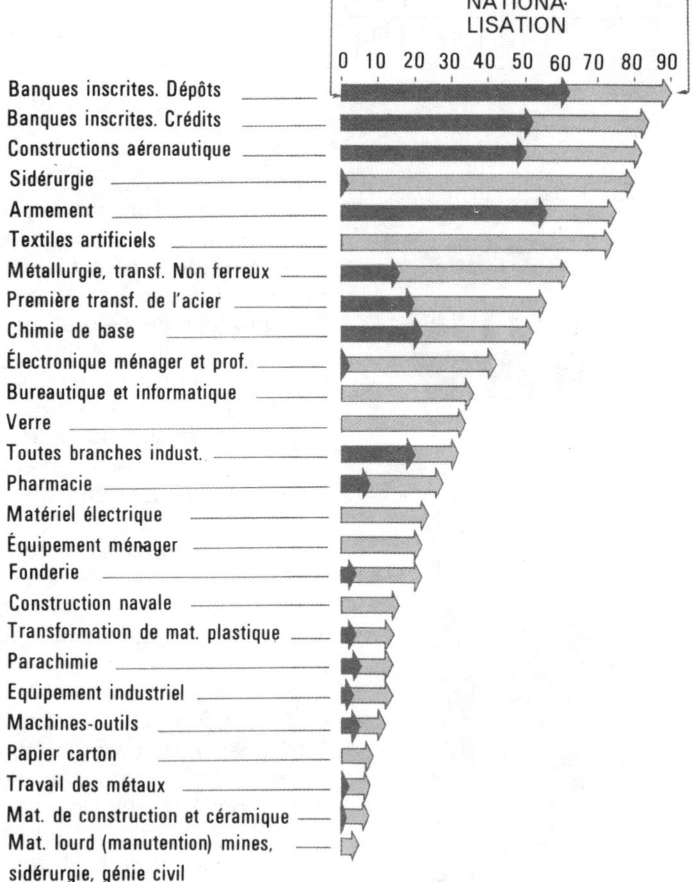

A travers les nationalisations l'État est devenu propriétaire de 32 % de l'industrie française

Source : Ministère de l'Industrie

la participation

Les partis qui étaient au gouvernement depuis le début de la Ve République et jusqu'en 1981 souhaitaient éviter de nouvelles nationalisations. Le gouvernement avait dû cependant prendre le contrôle d'une partie de la sidérurgie en 1978. On estimait que les oppositions qui existent dans les entreprises, et qui menacent l'efficacité de celles-ci, et de l'économie tout entière, devaient être corrigées d'une autre manière : il fallait intéresser les salariés à la vie de leur entreprise, il fallait les associer à son expansion. C'est là le but de la « participation ». Cette politique commencée par le général de Gaulle avait été continuée par ses successeurs. Des lois ont prévu, en 1967, qu'une part des bénéfices des entreprises pourrait être reversée aux salariés, puis en 1978, que des actions gratuites leur seraient distribuées.

l'autogestion

Un vieux rêve d'une grande partie du socialisme français est que l'entreprise soit dirigée par ses employés et ouvriers. Cela ne se produit que dans quelques coopératives ouvrières de production.

Le syndicat qui a le plus réfléchi à la responsabilité ouvrière dans l'entreprise est la C.F.D.T., avec l'appui de certains dirigeants de la gauche, comme Michel Rocard. L'idée de l'autogestion est née : les personnes qui dirigent l'entreprise seraient élues par les employés. Des conseils d'ateliers et des conseils d'entreprise composés d'ouvriers et d'employés prendraient des décisions pour orienter la gestion de l'entreprise.

Les patrons, qui voyaient leur rôle ainsi diminué, sont presque unanimes à refuser l'introduction de l'autogestion.

la planification

Tout le monde admet qu'une prévision à moyen ou long terme est souhaitable pour les sociétés nationalisées aussi bien que pour les entreprises privées. Il suffit qu'à cette prévision s'ajoutent quelques objectifs, c'est-à-dire une volonté politique de développement, pour que la planification économique apparaisse.

A la fin de la Seconde Guerre mondiale, l'économie française était à reconstruire. La production, en 1945, était inférieure de 20 % à ce qu'elle était en 1929. Aussi le premier « Plan de développement économique et social » français (1947-1953) a-t-il été un plan de reconstruction du pays après la guerre.

Les plans économiques suivants étaient devenus de plus en plus indicatifs : leurs objectifs sont moins précis, et leur réalisation plus incertaine. Ils ressemblaient donc de plus en plus à de simples prévisions économiques. Le gouvernement socialiste a décidé de changer cette évolution et de développer à nouveau le rôle du plan, en particulier, en signant des « contrats de plan » avec les régions pour une action concertée pendant les cinq années 1984-1989.

APPAREIL PÉDAGOGIQUE 8

Présentation

L'économie a pris aujourd'hui une très grande place dans la société. La « société de consommation », dans laquelle les gens achètent les biens de consommation en grande quantité, est aussi une société « de production ». Il faut bien produire, en effet, ce que l'on consomme. On produit les marchandises dans les entreprises, qui sont le cadre de vie des travailleurs pendant la plus grande partie de leur journée.

Afin de mieux comprendre la société, il faut donc regarder ce qui se passe à l'intérieur de l'entreprise.

Dans ce chapitre on verra les principaux groupes qui travaillent dans l'entreprise, essentiellement les patrons ou les dirigeants d'un côté et les employés de l'autre. Entre les deux groupes il existe en France une traditionnelle opposition. On décrit également une catégorie un peu particulière à la France, « les cadres », qui sont des employés par leur statut, mais qui sont proches des patrons par leur formation, leurs revenus et leur situation hiérarchique dans l'entreprise.

Les conflits dans l'entreprise sont souvent très graves, et, depuis plusieurs années, on a essayé en France de trouver des formules qui permettent de concilier les intérêts opposés de chaque groupe. C'est ce qu'on examine dans la partie intitulée « Les transformations de l'entreprise ».

P. 138 UN CHEF D'ENTREPRISE MOYENNE

LA SAVOIE : région montagneuse du sud-est de la France.
LE PARISIANISME : esprit superficiel qui règne à Paris. Ce terme est utilisé dans un sens péjoratif pour désigner l'excès de centralisme sur Paris.
le stade artisanal : état de l'entreprise à ses débuts où elle produit peu avec peu d'ouvriers.
la contrainte : difficulté ; obligation.
le dirigeant : personne qui dirige une entreprise.
la verdure : paysage vert.
cueillir (cliché journalistique) : accueillir par surprise.

P. 139 LES ENTREPRISES ARTISANALES

ENTREPRISE ARTISANALE : En France, une entreprise est appelée artisanale non pas à cause de son activité, mais à cause de sa grandeur (moins de 10 employés).
LA POPULATION ACTIVE : les personnes qui ont une activité professionnelle (cf. chap. 7).
LA ROCHELLE : ville de la côte Atlantique.
MICHEL CRÉPEAU : ministre du Commerce et de l'Artisanat à l'époque du texte.
le conjoint : le mari ou la femme.
le chiffre d'affaires : le montant total des ventes.
les aléas de la conjoncture : difficultés de la situation économique actuelle.

P. 140 LE TRACT C.F.D.T.

Interprétation globale du tract

1. Quel est l'objet du tract ?
2. Pourquoi a-t-on choisi pour ce tract la technique de la bande dessinée ?
3. Décrivez les trois stades de développement de la scène représentée par le tract. Comment la C.F.D.T. met-elle en valeur son objectif dans la conclusion de la scène ?

Exercice de langue

Relevez les termes reflétant un point de vue individualiste et ceux reflétant l'idée d'action collective.

Discussion sur le tract

Discutez le pour et le contre de l'action collective et de l'action individuelle pour améliorer les conditions de travail.

Jeu de rôles

Deux syndicalistes, l'un C.F.D.T., l'autre C.G.T., et deux patrons, l'un d'une grande entreprise nationalisée, l'autre d'une moyenne entreprise. Vous prenez ces différents rôles et discutez de l'activité à l'intérieur des entreprises, de la manière dont celles-ci sont dirigées, des rapports et les ouvriers.

P. 141 UN CONFLIT DANS L'ENTREPRISE

LE PLAN : terme technique qui au cinéma désigne la dimension de l'image.
LE CONTRECHAMP : mouvement de la caméra à 180°.
CHEZ RENAULT : cette entreprise nationale d'automobile est souvent citée comme exemple d'une bonne gestion sociale.
SOLEX : petit vélo à moteur bien connu en France.
la subvention : argent payé par le gouvernement à une entreprise ou à quelqu'un.
en cours : en train de se faire.
la boîte (fam.) : *ici*, entreprise.
pas un sou de bénéfice : pas de profit du tout.
compulser : examiner, contrôler.

P. 143 LICENCIEMENTS AUX CYCLES PEUGEOT

LE DOUBS : département de l'Est de la France.
LA C.G.T., LA C.F.D.T., LA F.O. : les principaux syndicats.
LA DIRECTION DÉPARTEMENTALE DU TRAVAIL : bureau du Ministère du Travail qui autorise les licenciements et qui contrôle les conditions de travail.
LE P.C.F. : le Parti Communiste Français.
LA 205 : modèle de voiture Peugeot.
LA BX : modèle de voiture Citroën (Citroën appartient au groupe Peugeot).
LE PRÉFET DE RÉGION : le plus haut fonctionnaire qui représente le gouvernement central dans la région.
P.S.A. : initiales pour désigner la société anonyme Peugeot.
le licenciement : le fait de congédier un travailleur.
le débrayage : arrêt de travail.
le meeting : une grande réunion de gens pour protester.
le sureffectif : un trop grand nombre de personnes.
la direction : les personnes qui dirigent.
la riposte : réponse.
les carnets ... rempliraient : *ici*, l'usine recevrait davantage de commandes.
rapatrier : ramener en France.
le deux-roues : véhicules à deux roues comme les bicyclettes.
la gamme : série.
juteux (fam.) : qui rapporte de l'argent.
la mollesse : faiblesse.

P. 144 LA MODERNISATION INDUSTRIELLE...

L'HÔTEL MATIGNON : résidence et bureau officiel du Premier Ministre.
PIERRE MAUROY : Premier Ministre à l'époque du texte.
TALBOT : les usines où se fabriquent cette marque de voiture ont été la scène de manifestations et de grèves importantes en janvier 1984 pour protester contre des licenciements de travailleurs provoqués par la modernisation de l'industrie automobile.
LES CHARBONNAGES DE FRANCE, LA SIDÉRURGIE ET LES CHANTIERS NAVALS : trois secteurs de l'industrie française qui connaissent des difficultés financières et dont la modernisation doit provoquer le licenciement de travailleurs.
une industrie de pointe : industrie qui développe de nouvelles technologies.

EXERCICES SUR LE CHAPITRE

Question d'opinions

Vous trouverez ci-dessous une liste de différentes opinions. Attribuez chacune de ces opinions à la personne qui vous paraît l'avoir donnée le plus probablement. Expliquez votre choix.

a. Liste des opinions.
1. Les ouvriers ne pensent qu'à protester et ils ne font même pas le travail pour lequel on les paie !
2. Si tout le monde se mettait à commander dans l'entreprise, on n'arriverait pas à la faire marcher.
3. Il n'y a pas de raison que les actionnaires, qui n'assistent même pas aux assemblées générales, aient plus de pouvoir que ceux qui font marcher l'entreprise.
4. De toute façon, les patrons ne pensent qu'à s'enrichir sur notre dos. Et quand l'économie ne va pas bien, qui est-ce qui est mis à la porte ?
5. Quand Jean rentre à la maison, toute la famille a déjà dîné. Il voudrait passer davantage de temps en famille, mais il prétend qu'il a tellement de travail qu'il ne peut pas quitter son bureau avant huit heures du soir. En fait, il doit souvent travailler pour son bureau le week-end aussi. Et tout cela sans la garantie de ne pas être licencié un jour.

b. Liste des personnes
Mme D. : femme d'un « cadre supérieur ».
Mme R. : syndicaliste, « cadre moyen ».
M. F. : chef d'une entreprise moyenne.
M. L. : directeur de la production dans une grande entreprise.
M. A. : ouvrier spécialisé.

Débats de civilisation

1. Pensez-vous que « les cadres » font partie du patronat ou des employés ? Justifiez votre réponse.
2. Diriez-vous qu'il y a, en France, une opposition plus grande entre les patrons et les employés que dans d'autres pays ? Pourquoi ?

3. Les syndicats peuvent-ils modifier la société ? Justifiez votre réponse.
4. Pensez-vous qu'une entreprise travaille toujours dans le sens de l'intérêt général ? Pourquoi ?

LE JEU DES PREUVES *cf.* p. 5

— En France, les syndicats ouvriers et le patronat ont-ils souvent la possibilité de discuter ensemble ?
— Est-ce que les conditions d'emploi des travailleurs français souffrent quand l'industrie traverse une période de difficultés économiques ?
— Le gouvernement français joue-t-il un rôle important dans l'économie ?
— Est-ce que les syndicats ont des liens étroits avec les partis politiques en France ?
— Les syndicats sont-ils prêts à jouer un rôle pour faciliter la modernisation des entreprises ?

LE JEU DE L'INTERVIEW *cf.* p. 5

— Vous interviewez des représentants syndicaux et des travailleurs licenciés de l'usine de cycles Peugeot.
— Vous interviewez M. Jean Guyon sur les problèmes qu'il rencontre dans la gestion de son entreprise.

THÈMES DU JEU INTERCULTUREL *cf.* p. 6

— Est-ce que le pouvoir de décision dans l'entreprise est partagé ? Pourquoi ?
— Y-a-t-il beaucoup d'entreprises qui appartiennent à l'État dans votre pays ?
— Quand l'État est propriétaire d'une entreprise, permet-il aux dirigeants de cette entreprise d'exercer leur responsabilité de direction ?
— Aimeriez-vous être patron d'une entreprise ? Laquelle ?
— En dehors de votre travail précis, avez-vous des moyens de participer à la vie de l'organisme dans lequel vous travaillez, et d'agir sur la manière dont il est dirigé ?

La fusée Ariane

l'activité économique

Le Concorde

LA PLACE DE LA FRANCE

Depuis 1945, le développement économique a été rapide, beaucoup plus rapide même que par le passé : entre 1946 et 1966, la production a triplé et la productivité horaire par personne a crû de 5 % par an. En moyenne, le taux de croissance de la production a été le plus élevé de tous les pays de l'O.C.D.E. sauf le Japon.

la France et la compétition économique

Dans un monde qui bouge, la place de la France s'est sensiblement modifiée au cours des quinze dernières années.

Elle a participé à sa manière au grand essor mondial, le plus puissant que l'histoire ait connu. Sans effacer complètement ses handicaps traditionnels dus par exemple au centralisme excessif, elle est entrée dans la compétition mondiale sans subir de gros dégâts et en remportant des succès non négligeables. Devenue un grand pays industriel, elle a devancé la Grande-Bretagne à la fois pour la production de richesses par habitant et pour le commerce extérieur. Mais elle n'a pas comblé le retard qu'elle avait sur l'Allemagne Fédérale. Les réévaluations périodiques du D.M. et la dévalorisation chronique du franc font que malgré toutes nos performances économiques, l'écart se maintient avec nos voisins d'outre-Rhin.

Les Échos,
23 juin 1977.

Les différents secteurs contribuent de la manière suivante à l'économie française :

Agriculture :	5,2 %
Industries :	34,2 %
Bâtiments et Travaux Publics :	7,9 %
Services :	52,7 %

(valeur ajoutée de chacun des secteurs)

Au début des années 1980, la crise n'a pas épargné la France ; elle a cependant été retardée, atténuée, mais peut-être aussi prolongée par la politique sociale du gouvernement qui s'est efforcé de protéger l'emploi et de rendre plus doux le choc des inévitables mutations industrielles que la récession mondiale entraînait.

L'AGRICULTURE

La France reste un grand pays producteur et exportateur en matière agricole, mais elle est de plus en plus une puissance industrielle.

Le nombre élevé des petites propriétés qui ont longtemps caractérisé l'agriculture française a baissé. A mesure que progressait le remembrement des terres et que diminuait le nombre d'agriculteurs, des petites exploitations agricoles disparaissaient : en 25 ans, le nombre des exploitations inférieures à 20 ha a été réduit des deux tiers. Les exploitations de plus de 50 ha, elles, sont deux fois plus nombreuses qu'il y a 25 ans. Parallèlement, les techniques de culture et d'élevage évoluent et deviennent de plus en plus industrielles.

On a souvent dit que les Français étaient un peuple de paysans. Henri Mendras, spécialiste du monde rural, pense que ce temps est passé.

la disparition des paysans

Interview de H. Mendras par A. Giraudo.

H.M. — Contrairement à ce que tout le monde dit, j'affirme et je réaffirme que nous avons assisté à la fin des paysans. [...]

• *Ne jouez-vous pas sur les mots?*

H.M. — Non. Il s'agit simplement de donner une définition précise du paysan. J'entends par paysans des gens qui vivent dans une société relativement autarcique économiquement et relativement autonome politiquement par rapport à la société

qui les englobe et qui ont une forme de vie complètement particulière. Eh bien, cela, qui était la caractéristique de la société paysanne depuis l'an mil jusqu'à aujourd'hui, a disparu. Ce qui ne veut pas dire, bien évidemment, qu'il ne reste pas des agriculteurs et des gens vivant à la campagne. Les ruraux de la France contemporaine sont des citoyens qui participent à la vie économique et sociale. Il n'y a plus aucune différence fondamentale de nature entre un agriculteur de la Dordogne et un ouvrier de Boulogne-Billancourt. Il y a des différences secondaires, mais pas la différence raciale d'il y a un siècle. Alors, le paysan de la Dordogne produisait pratiquement tout ce qu'il consommait. Pratiquement, la nation ne faisait appel à lui qu'au moment des conflits pour défendre le territoire. Mais politiquement il ne participait à la vie politique qu'au travers des notables.

• *Pourquoi tout le monde parle encore des paysans?*

H.M. — D'abord, parce que les agriculteurs et les campagnes ont relativement plus de poids que dans le système d'influence politique. Les hommes politiques sont obligés de parler des paysans et des campagnes, car ils ont tous un morceau de clientèle rurale. Or ils ne savent pas leur parler autrement que dans le langage traditionnel, disons « paysanniste ». Seconde raison : l'urbanisation folle des vingt dernières années qui a conduit à un dégoût de la ville. La campagne, la vie villageoise, sont devenues des thèmes idéologiques, très forts.

Henri Mendras,
Le Monde, 13 septembre 1977.

L'INDUSTRIE

Concentrations, restructurations... Depuis une quinzaine d'années, l'industrie française n'a cessé de se grouper ou de signer des accords avec le gouvernement pour se mettre au niveau de la compétition internationale. Elle y est bien parvenue dans des secteurs comme l'aéronautique, les télécommunications, l'espace...

les vingt premières grandes entreprises industrielles en France

sociétés	activité principale	chiffre d'affaires 1980 (millions de francs)	nombre de salariés 1980
1. Française des pétroles	Pétrole	101 044	44 000
2. Renault	Automobile	80 105	231 700
3. Elf Aquitaine	Pétrole	76 702	37 000
4. Peugeot S.A.	Automobile	71 103	245 000
5. C.G.E.	Construction électrique	45 282	179 600
6. Saint-Gobain	Verre, mécanique	43 489	163 492
7. Shell France	Pétrole	41 956	8 120
8. Péchiney Ugine Kuhlmann	Métaux, chimie	38 111	90 000
9. Thomson Brandt	Électricité électronique	36 540	128 400
10. Esso France	Pétrole	35 929	4 880
11. Michelin	Pneumatiques	32 630	115 020
12. Schneider	Métallurgie	31 603	117 000
13. Rhône Poulenc	Chimie	30 199	95 389
14. Générale Occidentale	Alimentation	29 107	60 000
15. Usinor	Sidérurgie	21 538	34 238
16. Charbonnages de France	Charbon, chimie	20 040	79 327
17. B.S.N. Gervais Danone	Alimentation	18 233	47 969
18. Française de Pétroles-BP	Pétrole	17 581	4 895
19. I.B.M.-France	Informatique	13 698	20 506
20. Aérospatiale	Aéronautique	13 169	34 422

L'Expansion, 6-19 novembre 1981.

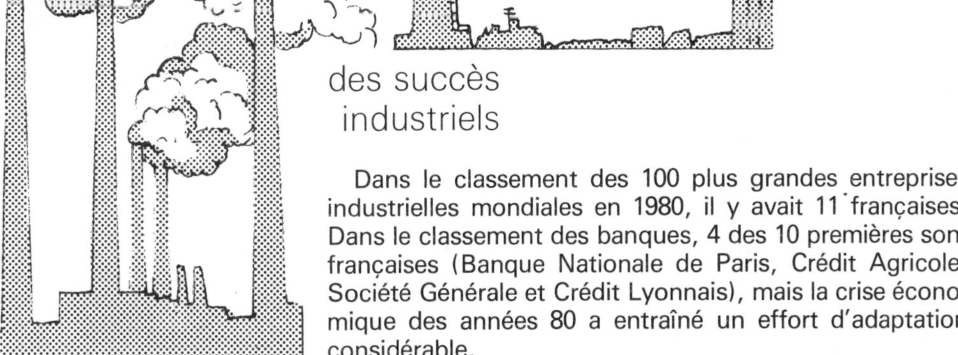

des succès industriels

Dans le classement des 100 plus grandes entreprises industrielles mondiales en 1980, il y avait 11 françaises. Dans le classement des banques, 4 des 10 premières sont françaises (Banque Nationale de Paris, Crédit Agricole, Société Générale et Crédit Lyonnais), mais la crise économique des années 80 a entraîné un effort d'adaptation considérable.

T.G.V.

T.G.V. C'est l'aboutissement d'une aventure de quatorze ans. Il roule, ce train dont personne ne voulait. A 260 km/h.

Tout commence en 1967. C'est le temps de la croissance, le temps des grands défis. On parle de Concorde. Air Inter tisse, sur tout le territoire, sa toile d'araignée. L'automobile triomphe. Et le chemin de fer, dans tout cela? Démodé. La S.N.C.F., pourtant, relève ce défi. Elle lance le Capitole, sur Paris-Toulouse, premier train européen à rouler à la vitesse commerciale de 200 km/h. En même temps, elle expérimente des automotrices turbo de conception aéronautique. Avec succès. Dès leur mise en service, en 1970, sur la ligne Paris-Caen-Cherbourg, le trafic augmente de 30 %. Preuve que la clientèle est toujours fidèle au rail. A condition de lui offrir sécurité, confort et vitesse. La S.N.C.F. décide donc d'ouvrir le dossier de la ligne Paris-Lyon. Celle-ci, à elle seule, représente 40 % du trafic sur le réseau national.

D'où l'idée ambitieuse de construire une voie entièrement nouvelle. Avec de larges courbes, à la manière des autoroutes. L'avantage est évident : un tracé plus court (427 km), moins de viaducs et plus du tout de tunnels.

L'Express,
25 septembre 1981.

A Sandouville

Renault mobilise et forme son personnel pour assurer la qualité de la R 25

Les Échos, 22 décembre 1983.

Airbus

En dix ans, Airbus est devenu le symbole de la coopération européenne. Le plus grand programme civil jamais réalisé sur le vieux continent. Une sorte de défi à la toute-puissante Amérique. Construit en coopération par la France, l'Allemagne fédérale, la Grande-Bretagne et l'Espagne, Airbus a permis à l'Europe de reconquérir ses titres de noblesse sur le marché mondial de l'aéronautique. En dix ans, le consortium Airbus-Industrie s'est hissé du quatrième au deuxième rang mondial des avionneurs civils, juste derrière Boeing.

L'Express,
5 novembre 1982.

Ariane/Spacelab

Le Spacelab — embarqué le 28 novembre dans les entrailles de la navette spatiale américaine — est enfin sur orbite. Dix ans après la signature du traité entre la N.A.S.A. et l'E.S.A., l'Agence spatiale européenne. Il va tourner sur nos têtes durant neuf jours.

Ariane ou Spacelab? En l'occurence, il se trouve que nous autres Français avons sans doute fait le bon choix : même si le Spacelab débouche sur un succès complet, il aura été retardé à de nombreuses reprises. Il aura coûté nettement plus cher que prévu au contribuable européen — 8 milliards de francs, estime-t-on aujourd'hui.

Côté Ariane, en revanche, on affiche une complète satisfaction : la fusée a finalement fait ses preuves. Elle donne à l'Europe son indépendance en matière de satellite de télécommunications — un enjeu certainement aussi important que celui d'engranger quelques myriades de données chiffrées de plus sur la physique de l'atmosphère ou la science des matériaux. Surtout : la fusée européenne va finir par rapporter de l'argent sur le marché des mises sur orbite pour le compte d'autrui.

Le Nouvel Observateur,
2 décembre 1983.

TGV
agnez du temps sur le temps
SNC
ions et vente ici.

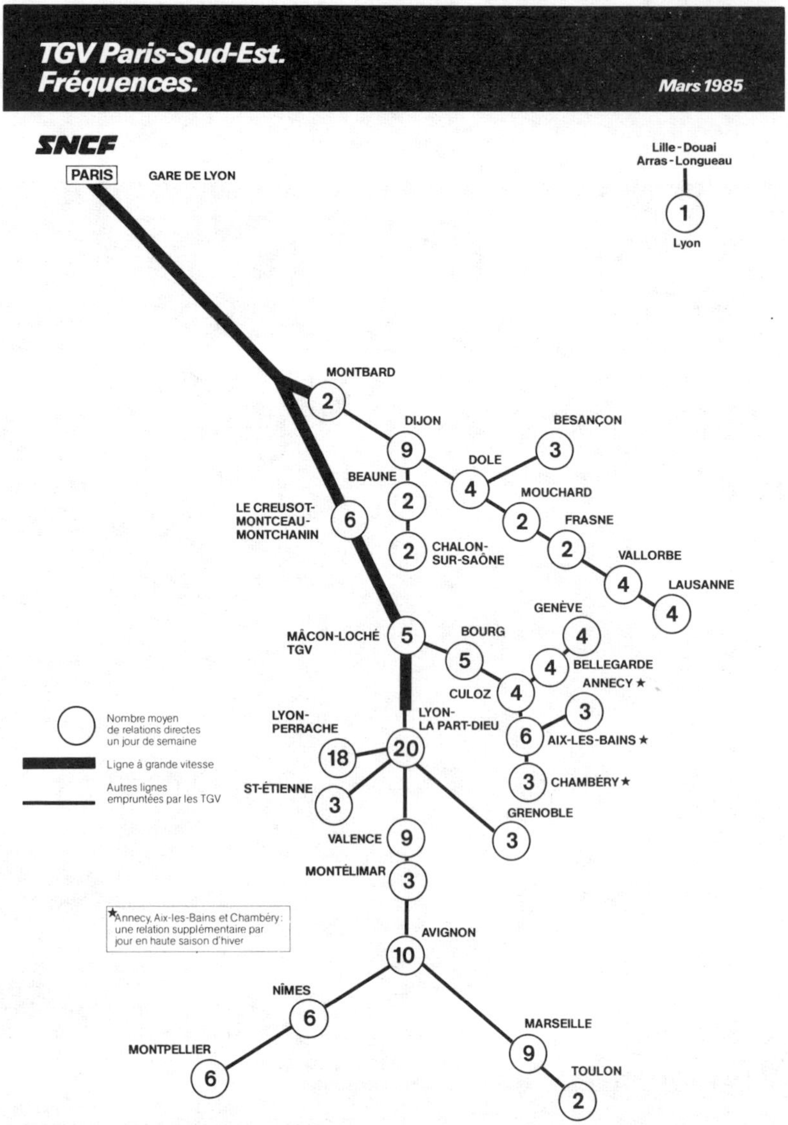

Mars 1985

SNCF

PARIS GARE DE LYON

Lille-Douai Arras-Longueau 1 Lyon

MONTBARD 2
DIJON 9
BESANÇON 3
DOLE 4
BEAUNE 2
MOUCHARD 2
LE CREUSOT-MONTCEAU-MONTCHANIN 6
CHALON-SUR-SAÔNE 2
FRASNE 2
VALLORBE 4
LAUSANNE 4
GENÈVE 4
MÂCON-LOCHÉ TGV 5
BOURG 5
BELLEGARDE 4
CULOZ 4
ANNECY ★ 3
LYON-PERRACHE 18
LYON-LA PART-DIEU 20
AIX-LES-BAINS ★ 6
CHAMBÉRY ★ 3
ST-ÉTIENNE 3
GRENOBLE 3
VALENCE 9
MONTÉLIMAR 3
AVIGNON 10
NÎMES 6
MONTPELLIER 6
MARSEILLE 9
TOULON 2

Nombre moyen de relations directes un jour de semaine

Ligne à grande vitesse

Autres lignes empruntées par les TGV

★Annecy, Aix-les-Bains et Chambéry : une relation supplémentaire par jour en haute saison d'hiver

la France à l'heure de la télématique

Le succès du terme de télématique (télécommunication + informatique) symbolise la naissance d'une activité économique nouvelle, à la fois industrielle puisqu'il faut produire des appareils (terminaux, ordinateurs, transmetteurs...) mais aussi très proche des services puisqu'elle fournit à ses utilisateurs tout autre chose que des marchandises, et qu'elle a besoin pour cela de systèmes de mise en œuvre, programmes ou logiciels.

L'industrie des micro-ordinateurs est dominée par les entreprises américaines. Cependant la France est en tête pour les réseaux et terminaux téléphoniques ou pour certaines applications comme les cartes à mémoire.

LES SERVICES

A mesure que les besoins des gens en biens matériels sont satisfaits, de nouveaux besoins se découvrent.
A la différence de l'agriculture qui peut se définir par une fonction simple (nourrir les hommes), les activités de services répondent à des fonctions multiples : assurer le mieux-être des personnes en satisfaisant leurs besoins d'éducation, de santé, d'information, de sécurité, besoins jugés à ce point fondamentaux que des modes de financement collectifs ont été mis en place pour les deux premiers cités ; assurer aussi le mieux-vivre des hommes en satisfaisant leurs besoins de mobilité (transports, hôtellerie, etc.), de communication, de crédit, d'hygiène, de distraction, etc. ; assurer enfin l'acheminement, le stockage, la distribution, la réparation et l'enlèvement, après usage, des produits alimentaires ou industriels consommés par les ménages.

Pendant les vingt dernières années, le secteur tertiaire a connu une expansion considérable. En particulier, de nouvelles professions sont apparues, notamment dans les domaines de la communication, de l'informatique, des loisirs, de la santé, de la banque et du crédit.

LA FRANCE ET LE PROBLÈME DE L'ÉNERGIE

Les pays industrialisés consomment (et produisent) beaucoup plus d'énergie par habitant que les pays en voie de développement. Les États-Unis, par exemple, consomment un tiers de l'énergie mondiale alors que leur population représente un peu plus du 20e de la population mondiale. La France, dont pourtant le revenu par habitant n'est pas très éloigné de celui des États-Unis, est relativement économe, puisqu'elle consomme trois fois moins d'énergie par habitant que ceux-ci. Mais elle doit s'approvisionner en sources d'énergie extérieures, en particulier en pétrole. La politique de l'énergie est donc devenue vitale pour le pays. Elle comporte d'abord un effort d'économie d'énergie (par exemple, limitation du chauffage des maisons et immeubles ou augmentation des taxes sur l'essence), mais aussi la diversification des fournisseurs (par exemple, par la participation aux recherches de pétrole et de gaz en mer du Nord).

Plus encore que la diversification de ses fournisseurs, la France cherche à augmenter son autonomie énergétique. Elle est parmi les premières nations du monde en matière d'énergie solaire (pompes solaires, centrales solaires) et le gouvernement subventionne en partie l'installation de chauffe-eau solaires dans les maisons ou les appartements.

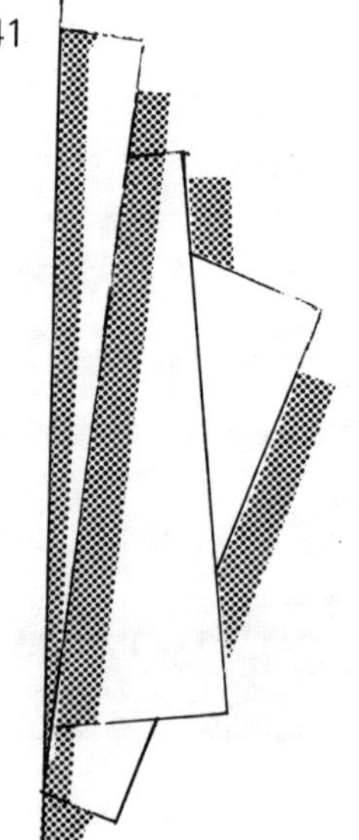

LE MONDE — Mardi 13 - Mercredi 14 mai 1980 — Page 41

ENVIRONNEMENT

Corbère-les-Cabanes

parie sur les énergies nouvelles

UN VILLAGE « ÉCOLO »

De notre envoyé spécial

Le Président de la République a déclaré qu'en matière d'écologie il fallait laisser l'initiative aux communes. A Corbère-les-Cabanes, dans les Pyrénées-Orientales, ce principe a été mis au service du « bio-développement » régional. Dans ce petit village de cinq cents habitants où viennent d'être organisées des journées d'information sur l'utilisation des énergies renouvelables, le chauffage de l'école est assuré par des résidus d'une scierie, l'éclairage public est commandé par des cellules photo-électriques et une installation d'éoliennes devrait fournir de l'électricité.

Le Monde, 13 et 14 mai 1980.

Malheureusement, l'ensemble des dispositifs d'énergies « nouvelles » qui seront installés à la fin du siècle ne fournira qu'environ 3 % des besoins français. Le choix du gouvernement s'est donc porté sur les centrales nucléaires, qui devront fournir 80 à 90 % de l'énergie électrique nécessaire en l'an 2000.

A la construction de centrales nucléaires sont opposés en particulier les écologistes, certains scientifiques qui redoutent les risques génétiques, et des gens hostiles au développement du nucléaire. Les autorités leur répondent en général que le programme nucléaire est une nécessité économique. Le débat engagé par le gouvernement socialiste à l'automne 1981 n'a pas abouti à des changements significatifs de politique, et le programme nucléaire est seulement ralenti. Les opposants sont d'ailleurs de moins en moins nombreux et on a même vu des manifestations pour le maintien d'une ancienne centrale dont la technique est dépassée.

LE COMMERCE EXTÉRIEUR

Le développement du commerce extérieur est devenu une priorité pour la France.

Madame Édith Cresson, ministre du Redéploiement industriel et du Commerce extérieur a présidé des réunions d'exportateurs pendant toute l'année 1983. A la fin de l'année, elle les a remercié de leur participation au cours d'une séance de conclusion des travaux, en présence du Président de la République.

allocution du Ministre

Mesdames, messieurs,

Je voudrais tout d'abord vous féliciter. Je voudrais le faire à plusieurs titres.

D'abord parce que nous sommes aujourd'hui très nombreux pour une manifestation dont l'unique objet est « le commerce extérieur ». Savez-vous que c'est sans doute la première fois qu'autant de monde se trouve ainsi rassemblé, en France, autour de ce thème.

J'y vois naturellement un important soutien à l'action que nous devons mener pour le rétablissement de notre commerce extérieur. J'y vois surtout la preuve que la mobilisation de tous, qui est nécessaire pour que nous réussissions, est entrée dans les faits.

Cette mobilisation, j'ai déjà pu la mesurer lors des journées régionales qui ont été organisées par les commissions régionales.

Nous ne représentons ici, aujourd'hui, qu'un quart de ceux qui tout au long de ces six derniers mois ont travaillé et participé, dans leurs régions, à ces journées régionales sur le commerce extérieur.

Mes félicitations s'adressent justement aussi à ceux-là mêmes qui ont travaillé dans les commissions « d'initiatives 83 » :

— aux membres des commissions nationales et à leurs présidents qui ont si bien initié le travail de réflexion, base du travail conduit dans les régions,

— aux membres des commissions régionales et à leurs présidents qui ont su, souvent dans un très court délai, compléter les réflexions initiales et surtout les adapter à un contexte local.

Nous disposons aujourd'hui, grâce à eux, et pour la première fois, d'un ensemble très vaste de propositions faites par des hommes de terrain et d'expérience. C'est grâce à une meilleure prise de conscience des nécessités de l'ouverture sur l'extérieur, de l'apprentissage des langues, de la valeur de la fonction commerciale que nous pourrons un jour nous considérer et être considérés par nos grands partenaires comme une nation véritablement commerçante.

Discours prononcé le 7 décembre 1983.

Il y a une quinzaine d'années, le chiffre du commerce extérieur ne représentait que 10 % du produit intérieur. Aujourd'hui, cette proportion est passée à 20 % et la France est le 4e exportateur mondial après les États-Unis, l'Allemagne fédérale et le Japon auquel elle dispute la 3e place. Le commerce entre les pays du Marché Commun a très vite augmenté, et depuis le Traité de Rome, en 1957, on a assisté à la naissance d'une véritable économie européenne dans laquelle les produits circulent librement (ou presque) et les travailleurs peuvent s'installer où ils veulent (ou presque). Des groupes industriels européens se constituent. En 1979, les pays membres du Marché Commun créent le Système monétaire européen (S.M.E.) avec une monnaie de référence commune : l'écu.

un entretien avec le vice-président de la commission de Bruxelles chargé des affaires industrielles

LE NOUVEL OBSERVATEUR. — Comment voyez-vous l'avenir de la France ?

ÉTIENNE DAVIGNON. — Comme celui de l'Europe, car la France n'a pas d'avenir sans l'Europe.

N.O. — Et l'Europe est-elle bien préparée à la nouvelle révolution technologique ?

E. DAVIGNON. — Non. Dans le secteur des industries traditionnelles, comme la sidérurgie, nous ne sommes pas beaucoup plus atteints que le Japon ou les États-Unis. Mais si l'on regarde du côté de la deuxième ou de la troisième génération industrielle, de l'électronique à la biotechnologie, alors là le fossé qui se creuse entre eux et nous devient carrément affolant. Nous sommes les grands perdants. Sur tous les plans. Le montant d'argent public que nous déversons est pourtant du même ordre de grandeur. Quand il n'est pas supérieur ! Le plus grave est que les activités que nous subventionnons sont parfois celles qui rapportent déjà le plus au fisc japonais ou américain : voyez l'informatique. Et c'est ainsi que notre retard s'accroît...

N.O. — Vous n'avez quand même pas perdu tout espoir ?

E. DAVIGNON. — Bien sûr que non. Sur le plan scientifique, l'Europe est redevenue ce qu'elle était avant la guerre de 39-40, c'est-à-dire avant que ses savants ne s'éparpillent dans le monde entier. Ce qui ne marche pas, c'est l'articulation entre le travail scientifique et les objectifs de l'industrie. Que font les autres ? Le Japon s'est doté d'une planification extrêmement rigide qui l'amène, parfois, à faire des bêtises — quand il développe à l'excès la sidérurgie ou les chantiers navals, par exemple. Les États-Unis, eux, laissent jouer le marché à fond. Nous autres Européens, nous tergiversons. Dans le domaine industriel, en fait, nous sommes des pragmatiques qui, finalement, ne savent pas ce qu'ils veulent.

N.O. — Vous être injuste. La France et ses partenaires ont fait preuve de volontarisme, dans le passé.

E. DAVIGNON. — Les pays européens ont, c'est vrai, souvent réussi à masquer leur absence d'objectifs stratégiques derrière ce que j'appelle la théorie du champion. Prenez l'informatique. Chaque nation s'est dit : « Voilà un domaine d'avenir. Nous allons montrer de quoi nous sommes capables. » Ainsi sont nés, pour faire pièce à I.B.M., I.C.L. en Grande-Bretagne, C.I.I.-Honeywell-Bull en France et Siemens en Allemagne fédérale. Autant de super-champions.

Tout le monde décida qu'il fallait les protéger pendant leur période d'entraînement, tout en leur garantissant une bonne alimentation — avec des commandes publiques. Ils sont donc restés chez eux.

C'est l'histoire du « grand espoir blanc » qui, naguère, aux États-Unis, ne montait jamais sur le ring : naturellement, s'il y était allé, il ne s'en serait jamais remis. Avec cette théorie, l'Europe a perdu cinq ans. Et son industrie informatique est aujourd'hui mal en point. La coopération commence seulement maintenant.

Le Nouvel Observateur,
9 décembre 1983.

APPAREIL PÉDAGOGIQUE 9

Présentation

La France est une puissance économique importante, surtout depuis qu'elle est devenue un pays industriel et non plus seulement agricole.

Beaucoup des modifications sociales qu'elle a connues s'expliquent par cette transformation qui a commencé après la Seconde Geurre mondiale.

Il faut noter aussi que les économies de nombreux pays sont de plus en plus interdépendantes ; c'est particulièrement le cas de la Communauté économique européenne à laquelle appartient la France. La construction européenne a eu et aura de plus en plus de conséquences sur l'équilibre économique mondial.

P. 154 LA FRANCE ET LA COMPÉTITION ÉCONOMIQUE

LE P.N.B. : Produit National Brut. C'est le résultat annuel de toutes les activités économiques d'un pays (total des biens produits et des services rendus par les entreprises).
LES PRÉVISIONS : on essaie de plus en plus souvent de savoir quels sont les événements les plus probables dans l'avenir. Les prévisions économiques, en particulier, sont de plus en plus nécessaires aux gouvernements et aux grandes entreprises.
l'essor (m.) : développement.
le taux de croissance : pourcentage d'augmentation d'une année à l'autre.
extrapoler : tirer des conclusions pour l'avenir.
l'atout (m.) : avantage.

P. 155 LA DISPARITION DES PAYSANS

DORDOGNE : département pauvre du centre de la France.
BOULOGNE-BILLANCOURT : banlieue de Paris où se trouvent les usines Renault.
le constat : vérité d'évidence.
autarcique : qui se suffit à soi-même.
paysanniste : mot construit à partir du mot paysan — le langage paysanniste est ici un langage qui veut plaire aux paysans en reflétant leurs préoccupations.

P. 157 LES VINGT PREMIÈRES GRANDES FIRMES FRANÇAISES

Exercice de familiarisation avec le tableau

1. Combien de salariés travaillent chez Renault? Combien de salariés travaillent aux Charbonnages de France ?
2. Quelle est l'activité économique de l'Aérospotiale ? Pouvez-vous citer le nom d'un avion que fabrique cette entreprise ?
3. Divisez le chiffre d'affaires des entreprises suivantes par le nombre de leurs salariés, afin de trouver le chiffre d'affaires par personne employée :
Renault,
Peugeot,
Française des Pétroles,
ELF Aquitaine,
Rhône-Poulenc,
B.S.N. Gervais-Danone.
Que remarquez-vous? Quelle influence peut avoir l'automatisation sur ces résultats ?

Exercices de langue

1. Que veulent dire les abréviations suivantes utilisées dans le tableau ?
— mécan.

– chim.
– const. électr.
– charb.
– const. nav.

2. Dans le tableau, le secteur d'activité économique de B.S.N. Gervais-Danone est l'alimentation, c'est-à-dire : B.N.S. Gervais-Danone fabrique des produits alimentaires.
Complétez les phrases ci-dessous :
– La Française des Pétroles fabrique ...
– Rhône-Poulenc fabrique ...
– Usinor fabrique ...
– Renault fabrique ...

Questions comparatives sur le tableau

1. Cherchez quelles sont les cinq plus importantes entreprises de votre pays (par le chiffre d'affaires annuel).
– Comparez avec le tableau des entreprises françaises.
– Sont-elles dans les mêmes secteurs économiques ?
– Comment se classent selon le chiffre d'affaires annuel les cinq premières entreprises de votre pays par rapport aux cinq premières entreprises françaises ?

2. Dans quels secteurs économiques y a-t-il le plus d'entreprises multinationales ?
En trouvez-vous dans cette liste ?
Y en a-t-il dans votre pays ?

Débat

Le rail joue-t-il le même rôle dans votre pays ? Veuillez en discuter et comparez les réponses données, posez-vous la question de l'opportunité d'un T.G.V. dans votre pays.

P. 158 AIRBUS

reconquérir ses titres de noblesse : *ici,* retrouver sa place élevée avec des succès technologiques qui la (l'Europe) distinguent des autres nations.
consortium : groupement d'entreprises en vue de réalisations communes.
se hisser : s'élever.

Discussion sur le texte

1. Connaissez-vous d'autres symboles de la coopération européenne ? Dans quels domaines cette coopération ne paraît pas avoir réussi ?
2. Quelles différences voyez-vous entre le succès de Concorde et celui d'Airbus ?

Débat

Essayez d'analyser l'importance de la coopération économique sur la construction politique de l'Europe occidentale. Est-elle suffisante pour créer une nation à caractère confédéral ?

P. 158 T.G.V.

CONCORDE : nom donné à l'avion franco-anglais qui a franchi le mur du son.
AIR INTER : compagnie nationale d'aviation qui assure les communications aériennes entre toutes les grandes villes du territoire français.
S.N.C.F. : Société Nationale des Chemins de Fer français.
LE CAPITOLE : nom donné au train qui reprend celui du Capitole, monument de Toulouse.
une automotrice turbo : un autorail propulsé par un moteur à turbine.

Questions sur le texte

1. Le monument de Toulouse a donné son nom à ce nouveau train sur la ligne Paris-Toulouse. Quelle est l'origine de ce nom « Capitole ». D'autres monuments portent-ils ce nom ?
2. « Concorde » est-il le nom attribué au seul avion franco-anglais ? Si oui, donnez les exemples que vous connaissez.
3. Connaissez-vous d'autres compagnies aériennes françaises qu'Air Inter ?

Discussion

Cherchez les villes de France pour lesquelles il est plus intéressant de prendre le T.G.V. au lieu de l'avion en partant de Paris. Développez tous les arguments qui favorisent ce choix (en vous inspirant du tableau de la p.   et des documents de la p.   ).

P. 158 ARIANE/SPACELAB

les entrailles : *ici,* à l'intérieur.
l'orbite : *ici,* courbe décrite par un satellite autour de sa planète.
faire ses preuves : *ici,* démontrer ses capacités, ses succès.
engranger, mettre en grange (pour le blé surtout) : *ici,* mettre en réserve, en mémoire.
une myriade : nombre d'une importance indéterminée.

Questions sur le texte

1. Sur le marché des mises en orbite pour le compte d'autrui, qui est autrui ?
2. A votre avis où se trouve l'avantage des Européens ? Accompagnez votre réponse d'arguments précis.

P. 163 ALLOCUTION DU MINISTRE

entrer dans les faits : devenir une réalité.
conduit : poursuivi.
l'enjeu (m.) : *ici,* objectif.
engranger : *ici,* accumuler.
rapporter : gagner.
pour le compte d'autrui : *ici,* pour d'autres pays qui voudraient louer les services de la fusée.

P. 165 UN ENTRETIEN...

LA COMMISSION DE BRUXELLES : l'administration de la Communauté Économique Européenne se trouve à Bruxelles en Belgique. Des hauts fonctionnaires, des industriels et des hommes politiques des différents pays de la C.E.E. sont nommés aux postes de responsabilité de la Commission. M. Étienne Davignon est belge.
atteint : touché.
le fossé : *ici,* différence.
carrément : vraiment.
déverser : donner.
rapporter le plus : fournir le plus d'argent.
le fisc : trésor public.
s'éparpiller : se disperser.
des bêtises : *ici,* de mauvais calculs.
à fond : complètement.
tergiverser : ne pas arriver à se décider.
naguère : autrefois.
il ne s'en serait jamais remis : *ici,* il aurait été vaincu.
être mal en point : être faible.

EXERCICES SUR LE CHAPITRE

Questions générales sur le chapitre

1. Comparez l'importance des différents secteurs (agriculture, industrie, services) de l'économie française et leur évolution. Que remarquez-vous ?
2. Quelles sont les conséquences de l'évolution de l'économie sur l'évolution de la société ?
3. Quelles sont les diverses sources d'énergie que vous connaissez ?
Quelles sont les sources qui vous paraissent devoir être les plus importantes en France dans les 20 ans à venir ? Pourquoi ?
4. La Communauté Économique Européenne peut-elle devenir une grande puissance ? Expliquez avec des exemples, votre point de vue.

LE JEU DES PREUVES *cf.* p. 5

— Est-ce que l'agriculture en France est restée une activité traditionnelle ?
— Le Commerce extérieur occupe-t-il une place importante dans l'économie française ?
— Y a-t-il des technologies avancées en France ?
— La construction européenne est-elle importante pour la France ?

LE JEU DE L'INTERVIEW *cf.* p. 5

— Vous interviewez le président d'Airbus qui vient de vendre des avions au Canada. Que pense-t-il de la compétition avec les grands constructeurs américains comme Boeing ?
— Vous interviewez des chefs de petites entreprises exportatrices qui viennent de participer à la réunion organisée par le ministre du Commerce extérieur. Qu'est-ce qu'ils en ont conclu ? Quels sont leurs espoirs dans leur profession ?

THÈMES DU JEU INTERCULTUREL *cf.* p. 6

— Votre profession a-t-elle changé et s'est-elle modernisée pendant les dernières années ?
— Quel type de transport utilisez-vous pour vous déplacer ? Le train joue-t-il un grand rôle dans votre pays ?
— Quelle est la principale activité économique de votre pays ?

le citoyen et le pouvoir politique

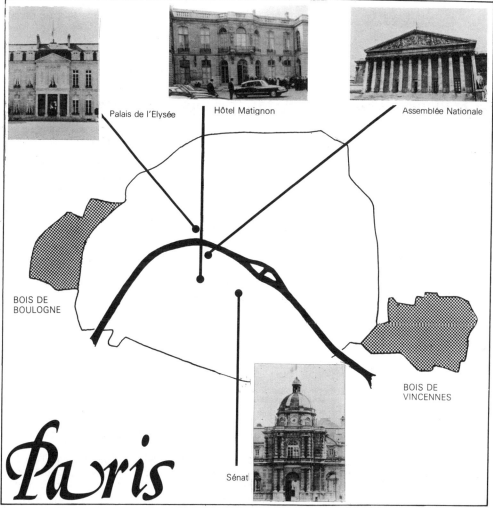

Palais de l'Elysée

Hôtel Matignon

Assemblée Nationale

BOIS DE BOULOGNE

BOIS DE VINCENNES

Sénat

Paris

L'ÉTAT, SYMBOLE DU POUVOIR

De nombreux visiteurs étrangers sont étonnés en France par le nombre de panneaux interdisant de faire quelque chose : « Défense de fumer », « Défense de parler au conducteur », « Pelouse interdite », « Défense d'entrer ». Ce n'était donc pas par accident que parmi les affiches sauvages de mai 1968, il y ait eu celle-ci : « Il est interdit d'interdire... »

Dans cette patrie des révolutions qu'est la France, une personne assitera (ou participera...), selon toute probabilité, à au moins un changement de Constitution dans sa vie. On a parfois l'impression que les conflits inévitables entre les gens ou entre les groupes sociaux qui existent dans toute vie ou société, se résument en un conflit permanent entre l'individu et le pouvoir, entre le citoyen et l'État.

les Français n'aiment pas l'État, mais ils en attendent tout

Les Français n'aiment pas leur État, mais ils en attendent tout — ou presque. Ils le soupçonnent d'être l'instrument des nantis et des puissants, mais ils lui demandent assistance et protection. Ils se défient de ce Léviathan inaccessible, et secret, mais ils se réjouissent qu'il accroisse et diversifie ses interventions. Ils s'irritent des lenteurs de son administration, ils critiquent et jalousent ses fonctionnaires, mais ils lui confient volontiers leur destin. Ils redoutent son emprise et ils revendiquent ses bons offices. Bref, chaque citoyen a pour l'État à la fois les yeux de Colbert et ceux d'Alain.

Voilà ce qui ressort du premier examen d'une importante enquête, inédite à ce jour, sur *Les Français et l'État,* effectuée par la S.O.F.R.E.S. à la demande du Comité interministériel pour l'information. En 1930, Siegfried soulignait déjà l'humeur singulière de ce peuple de paysans, de bourgeois et d'artisans qui se méfiait si fort d'un État auquel, cependant, il s'abandonnait si volontiers. Nous sommes en 1970. La France est devenue un pays de citadins, de salariés, engagé de toutes ses forces dans la course à l'industrialisation. Pourtant l'attitude des citoyens vis-à-vis de l'État semble quasi immuable : il est toujours l'ennemi aussi bien que le sauveur.

Le Monde, 10 octobre 1970.

Pour beaucoup de Français, le pouvoir politique est représenté dans la vie de tous les jours par un guichet derrière lequel se trouve un fonctionnaire qui vérifiera que tous les papiers et les documents qui lui sont présentés sont en règle.

au guichet...

M. J. Mialhe, de Paris, nous écrit :

On parle beaucoup en ce moment de réconcilier les Français avec leur administration. Ce qui frappe le plus, ce sont les initiatives ponctuelles dont peuvent bénéficier les usagers, par exemple l'accélération de la procédure pour l'obtention de diverses pièces d'identité, et là ce n'est pas tant la bonne volonté qui manque que l'imagination.

Un exemple : 18 h 30 dans un bureau de poste de quartier, étroit et peu commode, une file s'installe devant le guichet de retrait des recommandés où la préposée assure en outre le téléphone, la poste restante et les retraits à vue. Des femmes, retour du travail, sac à main, parapluie, sacs à provisions, et l'inévitable fiche mauve assortie de la carte d'identité; ça avance, mais une dame doit s'expliquer longuement pour une histoire compliquée de procuration à établir qui a été faite, mais apparemment pas enregistrée.

Le dialogue est rendu difficile par la plaque de verre qui protège tous les employés, on lui tend les papiers par la fente étroite, elle doit les remplir, elle ne comprend pas, elle ne sait où poser les sacs dont elle est encombrée. La file s'allonge, s'impatiente, l'énervement gagne. N'eût-il pas été plus sage qu'une autre employée ou le receveur lui-même fasse entrer cette cliente dans un petit local, la fasse asseoir, l'écoute, lui explique, l'aide à remplir les papiers?

Le Monde, 7 mai 1980.

L'ÉTAT MENACÉ?

Marianne

Les sentiments des Français vis-à-vis du pouvoir se traduisent, comme l'ont remarqué de nombreux observateurs, par la défiance, l'irresponsabilité et parfois la violence (« les Français sont ingouvernables », dit-on).

Les mouvements autonomistes au Pays Basque, en Bretagne ou en Corse ne sont pas les seuls à défier l'État en utilisant la violence : quelquefois les agriculteurs manifestent, les chauffeurs de poids lourds bloquent les routes. L'augmentation des vols dans les maisons conduit de plus en plus de gens à se faire justice eux-mêmes car ils pensent que la justice et la police ne sauront pas les protéger.

On peut penser que cette attitude se retrouve partiellement dans le système des partis politiques français. Ceux-ci ne sont pas seulement des « machines » à conquérir le pouvoir politique, mais aussi des organes de contestation, largement opposés sur la nature de l'État et sur les moyens de gouverner. D'une manière générale, la volonté d'affrontement des Français vis-à-vis du pouvoir explique ce que l'on appelle la « société bloquée ». On a pu décrire l'absence de participation des Français à un projet collectif qu'ils accepteraient tous, comme le « mal français ».

LES PARTIS POLITIQUES

le parti socialiste

Le Parti Socialiste regroupe différentes opinions et tendances de gauche. De tradition humaniste et associationniste, il s'oppose au centralisme démocratique du Parti Communiste.

Il est l'héritier de la Section Française de l'Internationale Ouvrière (S.F.I.O.) qui en 1905 avait réuni les différents partis socialistes nés avant le XXe siècle. Après la rupture avec les Communistes en 1920 au congrès de Tours, la S.F.I.O. réussira à maintenir un courant socialiste qui se développera. En 1969 la S.F.I.O. se transforme en Parti Socialiste et au congrès d'Épinay en 1971, le Parti socialiste adopte une nouvelle orientation politique.

Cette nouvelle orientation va lui permettre de constituer une base plus large et plus diversifiée pour devenir le plus grand parti français.

Le premier secrétaire, François Mitterrand, qui a joué un grand rôle dans le renouveau de son parti, a été élu Président de la République en mai 1981 et le Parti Socialiste a obtenu la majorité des sièges à l'Assemblée Nationale la même année. Après la nouvelle victoire de François Mitterrand, en 1988, une nouvelle majorité présidentielle se dessine.

le parti communiste

Le Parti Communiste, qui remportait habituellement entre 20 et 25 % des voix aux élections de 1945 à 1978, est le parti le plus organisé. C'est ce qui fait sa force, car il ne bénéficie pas des soutiens financiers qui vont à d'autres partis. A la base, les « adhérents », qui ont une carte du Parti, seraient 600 000. Parmi eux, les « militants » animent les « cellules » qu'on peut comparer à des associations locales de quartiers ou d'entreprises, très liées au système pyramidal du parti, qui aboutit au Comité central, au Bureau politique et au Secrétariat général. Le Parti communiste, que beaucoup de ses adversaires soupçonnent d'être aux ordres de l'Union Soviétique, a de plus en plus souvent insisté sur ses idées « nationales » et s'est rapproché de ce qu'on appelle maintenant l'Eurocommunisme. Après avoir conclu une alliance avec les socialistes et participé au gouvernement, il l'a quitté en 1984. Il semble être en déclin.

le mouvement des radicaux de gauche

Le Mouvement des radicaux de gauche : l'ancien Parti radical n'a pu rester uni. Une partie s'était ralliée à la gauche et se trouve donc aujourd'hui dans la majorité, sous ce nom de Mouvement des Radicaux de Gauche (M.R.G.).

Les autres membres du Parti Radical, désormais dans l'opposition, hésitent parfois entre cette dernière et la majorité. Les Radicaux, contrairement à ce que leur nom peut suggérer, sont une famille politique du centre.

l'union pour la démocratie française

L'U.D.F. avait été constitué pour regrouper les partis favorables au Président Giscard d'Estaing, notamment le *Parti Républicain*, le plus proche du président, le *Centre des Démocrates Sociaux*, et le *Parti Radical*. Ces partis sont en général plus importants en influence qu'en nombre. Ils sont en faveur du système économique libéral, accompagné de réformes sociales. Les partis composant ce mouvement ont connu des fortunes diverses.

Après avoir fait partie de la majorité gouvernementale de 1986 à 1988, ils se retrouvent dans une opposition incertaine et fragmentée. Les Centristes ont d'ailleurs créé un groupe parlementaire autonome, l'Union du Centre.

le rassemblement pour la République

Le R.P.R. est la dernière transformation du parti qui avait soutenu l'action du Général de Gaulle, fondateur de la cinquième République, et de son successeur Georges Pompidou. Ce parti s'est appelé d'abord l'U.N.R., puis l'U.D.R. Il reste désigné comme le parti gaulliste, bien que le Général de Gaulle soit décédé en 1970. On retrouve dans le R.P.R. beaucoup des anciens collaborateurs du Général de Gaulle et du Président Pompidou. Son président est Jacques Chirac, ancien Premier Ministre et maire de Paris. Le R.P.R. est sans doute le parti le plus orienté vers la conquête du pouvoir politique. On considère qu'il est l'héritier de la droite traditionnelle, centralisatrice et nationaliste.

Lors des élections législatives de 1986, l'U.D.F. et le R.P.R. ont obtenu la majorité et ont formé un gouvernement dont Jacques Chirac est resté Premier Ministre jusqu'aux élections présidentielles de 1988.

le front national

Le chômage, l'insécurité économique, l'augmentation de la délinquance ont conduit à la renaissance d'une extrême-droite du repli sur soi et de l'exaltation des valeurs les plus traditionnelles. Le Front National, dirigé par Jean-Marie Le Pen attire environ 10 % des voix des électeurs en 1985.

LE RÉGIME POLITIQUE

les institutions politiques

La Constitution de la Ve République, approuvée par référendum le 28 septembre 1958, a créé un régime à la fois parlementaire et présidentiel. Le pouvoir exécutif appartient au Président de la République et au gouvernement, le pouvoir législatif à un Parlement composé d'un Sénat et d'une Assemblée Nationale.

Le Gouvernement est désigné par le Président et il est responsable à la fois devant le Président et devant l'Assemblée Nationale. Le Président et l'Assemblée Nationale sont élus au suffrage universel direct.

Les Français estiment que les institutions de la Ve République fonctionnent bien et n'envient plus les institutions d'autres pays. Le régime présidentiel des États-Unis ou le régime parlementaire de la Grande-Bretagne ont perdu le rôle de modèles qu'ils avaient. On peut donc dire que la constitution de la Ve République a bien réussi. Il existait cependant une incertitude dans le système politique : que se passerait-il si la politique du Président et celle de la majorité parlementaire n'étaient pas les mêmes ? Une telle situation s'est présentée de 1986 à 1988. Période dite de « cohabitation » entre le Président socialiste François Mitterrand et le Premier Ministre R.P.R., Jacques Chirac. Les institutions ont pu résister.

L'EXÉCUTIF

LE PRÉSIDENT DE LA RÉPUBLIQUE

- il est élu au suffrage universel pour 7 ans
- il préside le Conseil des ministres
- il signe les décrets
- il promulgue les lois
- il négocie et ratifie les traités
- il nomme le Premier Ministre
- il peut dissoudre l'Assemblée
- il peut recourir au référendum
- il réside au Palais de l'Élysée.

LE GOUVERNEMENT

- il est responsable devant l'Assemblée Nationale.
- ses pouvoirs sont exercés collectivement sous la direction du Premier Ministre, chaque ministre étant responsable de son département ministériel
- il détermine et conduit la politique de la nation par le moyen des projets de loi qu'il dépose et par le pouvoir réglementaire qu'il exerce
- le Premier Ministre réside à l'hôtel Matignon.

LE LÉGISLATIF

L'ASSEMBLÉE NATIONALE

- 491 députés élus pour 5 ans au suffrage universel direct
- siège au Palais-Bourbon.

LE SÉNAT

- 291 sénateurs élus par tiers pour 9 ans au suffrage universel indirect : ils représentent essentiellement les collectivités locales et plus particulièrement les petites communes
- siège au Palais du Luxembourg.

LE PARLEMENT

L'Assemblée Nationale et le Sénat constituent le *Parlement*.

- les deux Assemblées votent la loi dans les mêmes termes (passage du texte de l'une à l'autre), mais prépondérance de l'Assemblée nationale si le Gouvernement le veut
- elles peuvent désigner une *Haute Cour de Justice* pour juger le Président de la République s'il est accusé de haute trahison

- deux sessions par an, durant au total cinq mois et demi au plus, sauf session extraordinaire
- les membres du Parlement bénéficient d'*immunités*; ils reçoivent des indemnités.

LE CONSEIL ÉCONOMIQUE ET SOCIAL

- 205 conseillers désignés par les organisations professionnelles (2/3) et par le Gouvernement (1/3)
- il a un rôle consultatif pour les projets de lois économiques et sociaux
il est en particulier consulté pour l'élaboration du Plan.

LE CONSEIL CONSTITUTIONNEL

- 9 membres désignés pour 9 ans auxquels s'adjoignent les anciens présidents de la République
- contrôle la constitutionnalité des lois avant promulgation. Toutes les lois organiques lui sont soumises. Les autres ne peuvent lui être soumises que par le Président de la République, le Premier ministre ou les Présidents de l'Assemblée nationale et du Sénat.

La Constitution reflète largement les idées du Général de Gaulle, fondateur de la Ve République.

Dans ce système, le premier rôle revient au Président de la République, élu pour sept ans, et disposant de nombreux pouvoirs. C'est sa personnalité qui importe, c'est son style qui marque la politique du moment.

Les présidents de la Ve République.
1958-65 le Général de Gaulle
1965-69 le Général de Gaulle
1969-74 Georges Pompidou
1974-81 Valéry Giscard d'Estaing
1981-88 François Mitterrand
1988- François Mitterrand

COMPOSITION DE L'ASSEMBLÉE NATIONALE ISSUE DES ÉLECTIONS DE JUIN 1988

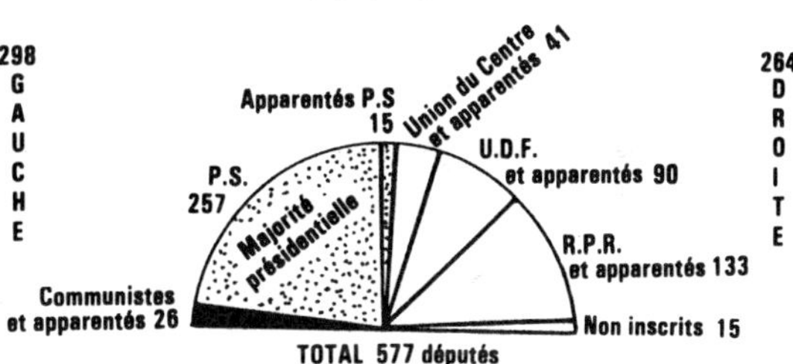

la profession de foi d'un candidat à l'élection présidentielle

C'est à chacune, à chacun d'entre vous que je m'adresse.

De votre vote dépendent, pour une large part, votre emploi, votre sécurité, l'avenir de votre famille. De votre choix dépendent l'honneur et la dignité de nos pays.

Vous êtes inquiet de voir le chômage s'aggraver, la hausse des prix se poursuivre, le fossé se creuser entre les plus riches et les plus pauvres. Je le suis comme vous. Vous êtes inquiet devant les incertitudes de notre diplomatie, l'improvisation et l'absence de grands desseins. Je le suis comme vous.

Vous jugez qu'il est temps de faire une autre politique. Sept ans, c'était beaucoup, quatorze ce serait trop.

Mais l'heure n'est plus au regret, elle est à la décision. Ce que je vous propose tient en trois mots : **Emploi, Paix, Liberté**.

L'emploi, c'est la première de nos obligations. J'y consacrerai toute ma volonté. La relance de notre économie passe par :
— L'augmentation des bas salaires, des allocations familiales, de celles des handicapés, du minimum vieillesse, de l'allocation-logement.
— Un programme ambitieux de grands travaux et de logements.
— La reconquête de notre marché intérieur contre une concurrence souvent déloyale.
— La création d'emplois indispensables dans les hôpitaux, l'enseignement, les P.T.T., pour l'aide ménagère et les crèches.
— La promotion de l'exploitation familiale agricole.
— La semaine de 35 heures négociée par branches et entreprises dans la croissance de la productivité et de la production.
— Une répartition plus juste des charges sociales, par modification de l'assiette des cotisations (P.M.E., commerces et artisanat).

En agissant ainsi, nous gagnerons cette première bataille.

La Paix, la fermeté de nos positions, l'autonomie de notre défense et le respect de notre indépendance peuvent seuls l'assurer. La France s'adressera sans relâche à la conscience universelle pour garantir partout le droit des peuples à disposer d'eux-mêmes, au Salvador comme en Afghanistan. Elle prendre des initiatives en vue du désarmement, de la construction d'une Europe indépendante, de la création d'un nouvel ordre économique mondial et de l'aide au Tiers Monde. Elle refusera la suprématie du dollar.

La Liberté : sans elle rien ne vaut et je saurai la défendre, en toutes circonstances, contre toutes les formes de violence et de racisme. La Liberté doit être source de responsabilité et de dignité. Pour les femmes je proposerai l'égalité des chances, pour les travailleurs de nouveaux droits dans l'entreprise, pour l'ensemble des citoyens la possibilité de participer plus directement à la gestion des affaires publiques par la décentralisation et la régionalisation. Vivre, travailler, décider au pays.

Avec les départements et territoires d'outre-mer, un dialogue libre et franc sera ouvert, l'identité de chacun sera reconnue, comportant le droit d'être soi-même, et les moyens d'y parvenir.

Je suis socialiste et vous savez qu'un socialiste, dans la tradition de Jaurès et de Blum, est passionnément attaché à la réduction des inégalités, à la diffusion du savoir par l'enseignement et la culture, à la sauvegarde des équilibres naturels, à la maîtrise de la science.

Sur tous ces points, j'ai annoncé des mesures concrètes. [...]

Vu le candidat : François Mitterrand.

François Mitterrand

les vœux du Président de la République

Voici des extraits du texte de l'allocution que M. François Mitterrand a prononcée dans la soirée du 31 décembre 1981 : « Françaises, Français de métropole et d'outre-mer.

» Je vous souhaite une bonne année et je souhaite, en votre nom, bonne année à la France !

» Seule l'histoire pourra dire, avec le recul du temps, la trace laissée par l'année qui s'achève ; mais chacun sait déjà que 1981 aura été l'année du changement que la France a voulu et que son peuple, le 10 mai, m'a chargé de conduire, avec le concours du gouvernement de la République et de l'Assemblé nationale issue des dernières élections.

» Je vous avais promis d'entreprendre aussitôt les réformes qui permettraient ce changement. Nous l'avons fait. Le gouvernement a proposé et le Parlement a voté les nationalisations dont le pays avait besoin pour mener à bien sa politique économique.

» Je vous avais promis de réduire la domination de l'État sur les individus, sur les collectivités locales, communes, départements, régions. Dans le respect de l'unité de la nation, vous disposerez du pouvoir et du droit à la différence, à la responsabilité, vous gérerez plus largement vos propres affaires et vous ne verrez plus l'administration régenter de Paris votre vie quotidienne.

» J'avais promis aux plus pauvres et aux plus démunis d'entre vous le moyen de vivre un peu mieux, tout en relançant la consommation populaire si nécessaire à la croissance de notre économie. Nous l'avons fait, en attendant de pouvoir le faire davantage. (...)

» Je vous avais promis d'étendre le champ des libertés publiques. Nous l'avons fait. Notre droit pénal est en voie d'être débarrassé des lois inutilement répressives. Mais nous avons en même temps renforcé votre sécurité : cinq mille à six mille gardiens de la paix, deux mille cinq cents gendarmes actuellement recrutés iront grossir les rangs de la force publique et veiller à la tranquillité des villes et des campagnes.

» Je vous avais promis des réformes sociales. Ce sera fait dans le courant du trimestre prochain et dès le mois de janvier, avec la réduction du temps de travail hebdomadaire, la cinquième semaine de congés, la retraite facultative à soixante ans, l'interdiction de certains cumuls d'emploi et de retraite, la formation professionnelle des jeunes de seize à dix-huit ans. [...]

D'une manière générale, de nombreuses réformes ont été faites en matière sociale et politique. Toutefois, à partir de 1983, la crise économique mondiale a imposé au gouvernement socialiste une politique de rigueur et a réduit ses possibilités d'action.

Les élections législatives ont lieu au scrutin majoritaire à deux tours. Tous les Français de plus de 18 ans peuvent voter. Ils doivent se faire inscrire sur les listes électorales.

L'ÉTAT ET LA DÉCENTRALISATION

Dans le système français, l'autorité suprême part de l'État. Les collectivités locales, départements, départements et territoires d'outre-mer, communes, lui sont subordonnés. L'État s'est toujours méfié de la Province. L'unité française s'est faite contre elle et le réflexe centralisateur ou jacobin est encore fort.

Jusqu'à l'arrivée des socialistes au pouvoir, le symbole de la centralisation était le Préfet. Fonctionnaire nommé par le gouvernement qu'il représente, il n'était pas seulement à la tête des administrations de l'État dans les départements, mais aussi à la tête de l'administration départementale : c'est lui qui était chargé d'exécuter les décisions du Conseil général, assemblée élue du département. La seule exception à cette règle existait dans les territoires d'outre-mer (Polynésie française, Nouvelle-Calédonie...) où l'exécutif local était une sorte de gouvernement, élu par l'Assemblée territoriale.

En 1978, le magazine *l'Express* a posé la question : « Qui exerce le pouvoir en province ? » à plusieurs centaines de notables français, politiques, économiques et administratifs. Leur réponse, presque unanime, a été : « le Préfet ». Les habitudes et les opinions ne changeront sans doute que lentement. Mais un changement considérable a été apporté au système antérieur par la loi sur la décentralisation votée par le Parlement socialiste. Cette loi donne plus de pouvoir aux collectivités locales et ne laisse au préfet, dont le titre est devenu commissaire de la République, que le rôle de représentant du pouvoir central. Le département est désormais dirigé par le président du Conseil général.

De la même manière, le Préfet de région est le représentant de l'État dans la région, et le président du conseil régional, élu par l'assemblée régionale, le responsable de toutes les affaires régionales.

Il y a donc en France aujourd'hui des élus locaux qui dirigent effectivement les affaires locales, au niveau du département et de la région, comme c'était déjà le cas au niveau de la commune.

la décentralisation en marche

Rapprocher le pouvoir du citoyen afin de mieux répondre à ses aspirations, telle est la signification profonde de la décentralisation. Les élus locaux ont, dès maintenant, les moyens de décider et de gérer. Les lenteurs et les lourdeurs d'une bureaucratie lointaine sont remplacées par la responsabilité et l'efficacité sur le terrain.

La décentralisation conduit à une profonde réorganisation des structures administratives du pays. Elle permet une nouvelle répartition des pouvoirs, des compétences et des moyens entre l'État et les collectivités locales.

Aujourd'hui, dix lois ont été promulguées, et les premières étapes de la décentralisation résolument entamées.

La loi du 2 mars 1982, relative aux droits et libertés des communes, des départements et des régions, comporte comme mesures principales : le transfert de l'exécutif départemental et régional jusqu'alors exercé par le préfet, la suppression des tutelles exercées par l'État sur les actes des collectivités locales, un régime particulier des actes à caractère budgétaire, l'institution de la région — dont le conseil sera élu au suffrage universel — comme une collectivité locale en plein exercice, enfin l'élargissement des possibilités d'intervention des collectivités locales en faveur des entreprises en difficulté.

Cette évolution administrative et politique marque la fin d'une conception héritée de Napoléon.

L'ensemble des grands domaines de la vie nationale et locale sera concerné par la réforme.

Dès 1983, les communes sont compétentes pour élaborer les documents d'urbanisme et délivrer les permis de construire.

De même, la Région se voit reconnaître une compétence de droit commun en matière de formation professionnelle.

Le projet de loi relatif aux statuts du personnel marque la création d'une fonction publique territoriale, symétrique de la fonction publique d'État. Le statut des élus devrait définir les conditions d'exercice des mandats locaux. Enfin, des dispositions relatives à la participation des citoyens à la vie locale pourraient généraliser les procédés de déconcentration de la gestion des grandes villes.

La décentralisation est devenue un processus irréversible.

Gaston Defferre,
lettre de la région Aquitaine, février 1983.

LA COMMUNE, GROUPEMENT NATUREL

La France compte 22 régions qui regroupent 96 départements métropolitains. Les communes, les plus petites collectivités locales de la République (elles sont 36 000, mais peuvent être très importantes, comme la commune de Paris) sont aussi les plus autonomes.

Le maire est le symbole de la liberté locale : il exécute les décisions de l'État et celles de son Conseil municipal, mais il est élu par ce dernier. Les Conseils municipaux sont élus pour six ans par les habitants de la commune. Le maire est assisté dans sa tâche administrative par le secrétaire général de mairie nommé et payé par la commune.

Dans les grandes villes, les élections municipales sont un moment important de la vie politique locale et nationale.

Bordeaux : Un homme, une femme

Catherine Lalumière

Une femme d'une nouvelle société

Jacques Chaban-Delmas

L'homme de la nouvelle société

L'enjeu

DANS UNE VILLE où traditionnellement les rapports majorité-opposition sont courtois, la candidature de Catherine Lalumière rompt (comme celle de Roland Dumas, il y a six ans) avec le code de bonne conduite tacitement respecté par tous. Le « souci de ne pas éternellement guerroyer sur des marches inutiles », selon les termes du sénateur Valade, se trouve confronté à la nécessité de faire campagne. Donc de planter quelques banderilles dans le cuir de l'adversaire.

A ce jour, les échanges n'ont pas dépassé le stade de l'irréparable entre les deux candidats. A dire vrai, aucun des deux ne le souhaitait. C'est que le résultat final n'est pas vraiment en cause. Personne, à gauche, ne pense sincèrement que Chaban sera battu. L'espoir consiste seulement à faire le mieux possible, et si possible mieux qu'en 1977

Du côté du maire sortant, on affirme que « l'enjeu n'est pas de gagner, mais de gagner le mieux possible ». Et d'ajouter : « Chaban recherche confirmation de sa stature nationale; un succès à Bordeaux serait très important pour marquer sa place réelle dans la vie politique ».

Tel est donc le véritable enjeu des municipales. Et, quant à évoquer ce que pourrait être l'après-Chaban, la réponse de ses proches est claire : « La question ne se pose même pas; il jouit d'une situation physique, intellectuelle et politique d'une telle densité qu'un calcul de ce type ne repose sur rien ».

Extrait du journal *Sud-Ouest*.

VERS L'EUROPE POLITIQUE

La construction européenne, prévue par le Traité de Rome signé le 25 mars 1957 par l'Allemagne fédérale, la Belgique, la France, l'Italie, le Luxembourg et les Pays-Bas, se poursuit. A Bruxelles, siège de la Communauté Européenne, un nouveau traité a permis, le 22 janvier 1972, l'entrée de la Grande-Bretagne, de l'Irlande et du Danemark dans la Communauté. La Grèce est entrée dans la Communauté en janvier 1981.

En 1983 on a fêté le 20e anniversaire du traité de coopération franco-allemande signé le 22 janvier 1963 par le chancelier Adenauer et le Général de Gaulle. Cette coopération est une des bases de la communauté européenne, dont le développement se poursuit, malgré les crises qui la touchent parfois. La Communauté s'est élargie à l'Espagne et au Portugal à partir du 1er janvier 1986, l'utilisation de l'Ecu se développe, un passeport européen a été créé...

Afin de mieux faire participer les citoyens de tous les pays membres à leur Communauté, le Parlement européen, qui se trouve à Strasbourg, est élu au suffrage universel depuis 1979. Madame Simone Veil, ancien Ministre, élue parmi les députés européens en 1979, a été la première présidente de ce nouveau Parlement élu jusqu'en 1982.

le fonctionnement du Parlement européen

Claude VINCENT.

— Madame, voici bientôt un an que vous avez été élue à l'Assemblée de Strasbourg et que vous êtes devenue la présidente, ou plutôt, comme on dit, le président. Par rapport aux espoirs qu'avait suscités cette Assemblée, êtes-vous aujourd'hui contente ou déçue?

Simone VEIL.

— Je ne suis absolument pas déçue. [...]

Cette assemblée a su éviter les écueils que l'on dénonçait à l'avance. Elle se met en place. C'est nécessairement assez long, car c'est une assemblée qui s'avère tout à fait différente de celle qui l'a précédée. Petit à petit, elle dessine son propre destin.

C. V.

— Lorsqu'on assiste aux séances, on a parfois l'impression d'un certain formalisme et en même temps d'un certain désordre. Cela correspond-il à votre observation?

S. V.

— C'est tout à fait exact : les deux à la fois. Nous sommes tenus à un très grand formalisme du fait de la confrontation des différentes langues et des traditions parlementaires diverses... Du fait que nous avons six langues différentes, notre règlement prévoit que tous les amendements, tous les documents qui sont discutés à l'Assemblée doivent être traduits. Il y a donc forcément de longs délais fixés pour le dépôt des amendements, car il faut qu'ils puissent être traduits et imprimés avant le débat. Cela entraîne une lourdeur certaine et l'impossibilité de ces accords de « dernière heure » qui constituent des solutions de compromis. De même, il a fallu tenir compte des traditions différentes, selon les uns et les autres : la réglementation stricte du temps de parole peut paraître ainsi comme un formalisme excessif : elle est indispensable. [...]

C. V.

— C'est une chose nouvelle, donc, qu'il y ait des députés de différentes nations, de neuf nations, élus au suffrage universel, qui se trouvent dans la même assemblée. Comment cette rencontre s'opère-t-elle ? Est-ce que les divisions en groupe sont plus importantes que les divisions nationales ?

S. V.

— L'Assemblée européenne est organisée avec des groupes politiques de différentes tendances, exactement comme un parlement national. Les parlementaires siègent dans l'hémicycle, répartis par groupes politiques, et non par délégations nationales. Les positions prises au cours des débats sont préalablement discutées au sein de ces groupes.

C. V.

— A l'intérieur de l'Assemblée, les affinités politiques sont-elles plus importantes que les affinités nationales ?

S. V.

— Oui, il y a, d'une façon générale, beaucoup plus d'homogénéité dans les votes parlementaires d'un même groupe politique que par nationalité.

C. V.

— On a pourtant l'impression, notamment pour les députés britanniques, qu'il y a entre eux une solidarité assez grande malgré les divisions partisanes.

S. V.

— Sur certains sujets qui concernent les intérêts fondamentaux de tel ou tel pays, il se produit de façon spontanée une réaction nationale pour tous les parlementaires, quelle que soit leur nationalité.

C. V.

— C'est vrai pour les Français aussi ?

S. V.

— C'est peut-être particulièrement vrai pour les Français et les Britanniques dans la mesure où certains de nos débats ont pour eux un enjeu national plus marqué.

Claude Vincent, *France-Soir*, 29 avril 1980.

Le fonctionnement de la C.E.E.

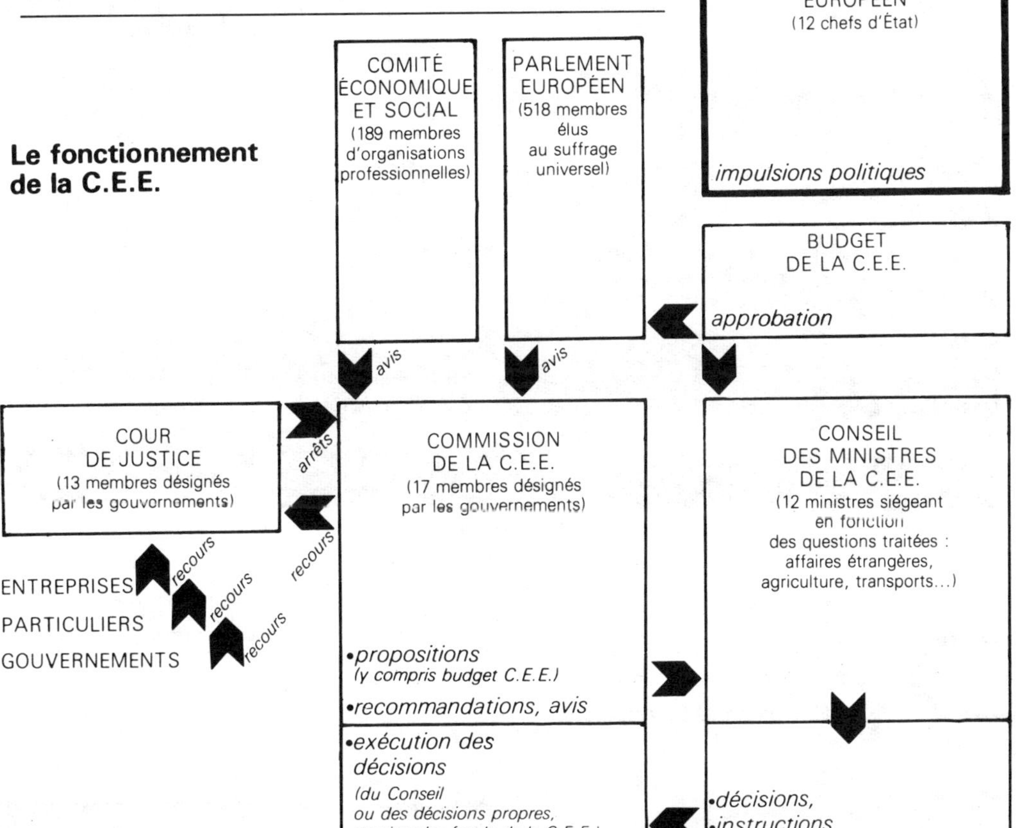

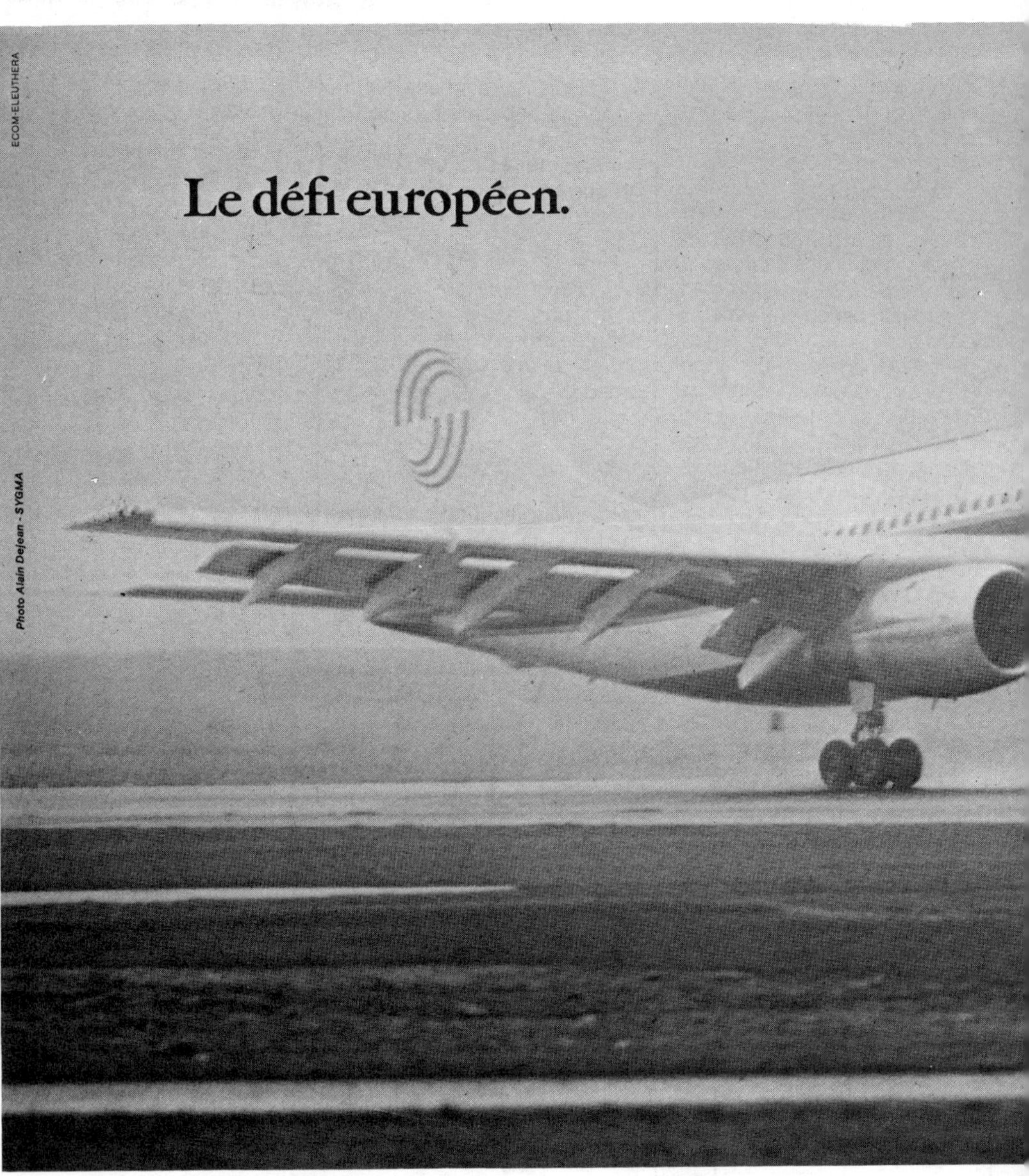

ECOM-ELEUTHERA

Le défi européen.

Photo Alain Dejean - SYGMA

L'Airbus. C'est un bel avion. Et c'est un beau symbole.

L'Airbus, les Européens l'ont voulu ensemble, l'ont fait ensemble, l'ont réussi ensemble. Et ils l'ont vendu ensemble dans le monde entier et même à des compagnies américaines.

Quand plusieurs pays mettent en commun leur talent d'inventer et leur capacité de faire, leur confiance aussi et leur opiniâtreté, ils peuvent faire des paris ensemble. Et les gagner.

Entreprendre ensemble, exister ensemble, progresser ensemble, c'est là le but de la construction européenne.

Le 10 juin 1979, toutes les Françaises et tous les Français vont pouvoir lui donner un élan décisif et une force nouvelle. En participant en même temps que les autres pays de la Communauté à l'élection de l'Assemblée

EUROPE
Communauté Européenne.
Pour tous renseignements, écrire : B.P. 112 - 92203 Neuilly-S/Seine Cedex.

, Communautés européennes. En élisant leurs
résentants à l'échelon européen.

Dans cette Assemblée, il y aura 81 élus français
ır représenter les Français. Pour participer à des
ːisions qui toucheront leur vie de tous les jours.
ʳe vie de tous les jours.

Le 10 juin 1979, l'Europe devient majeure.
ːc vous.

10 JUIN 79. CHOISISSEZ VOTRE EUROPE.

L'Europe c'est l'espoir.

le Président du Conseil des ministres

C'est à tour de rôle, et selon leur ordre alphabétique, que les six pays fondateurs de la Communauté, puis les Neuf et les Dix, doivent exercer pendant une durée de six mois la présidence du Conseil des ministres européen.

Les pouvoirs accordés au président en exercice du Conseil peuvent, a priori, paraître assez limités : il organise les travaux des ministres et préside leurs sessions. Toutefois, ce président possède un poids incontestable. A l'égard des pays tiers, il constitue une sorte de ministre des Affaires étrangères de la Communauté lors des travaux des Dix, il décide avec la Commission de la conduite des négociations, du choix de la procédure et agit donc à certains égards comme un chef de gouvernement, même s'il n'en possède pas les pouvoirs essentiels.

Les Échos, 6 janvier 1984.

l'Europe entre dans la vie de tous les jours

Gino est Italien. Il a dû dernièrement changer de métier, et a suivi à cet effet un stage de formation professionnelle. Stage financé, en partie, par le Fonds social européen, l'une des institutions de la Communauté européenne. Depuis 1972, plus de deux millions de personnes ont bénéficié de cette aide à la réadaptation professionnelle. C'est peu par rapport aux quelque six millions de chômeurs (soit 5,5 % de la population active) que l'on recense, actuellement, dans les neuf pays* de la Communauté économique européenne (C.E.E.). Mais ce n'est pas négligeable.

Bernard est Français. Il a trouvé un emploi dans une petite entreprise de mécanique, dont la création a été, en partie, financée par le Fonds européen de développement régional (Feder). Grâce à ce Fonds, créé il y a quatre ans, les régions les plus riches de l'Europe devraient aider les plus pauvres. Mais à cause des réticences de l'Allemagne fédérale, le « banquier » des Neuf, et parce que les États — la France en particulier — répugnent à voir la C.E.E. mettre son nez dans leurs affaires régionales, l'action du Feder est encore bien modeste.

En France, la Bretagne, l'Auvergne et, à un moindre degré, la Lorraine ont été les principaux bénéficiaires de cette aide européenne aux régions. En 1978, 1979 et 1980, le Feder doit distribuer au total 1,7 milliard de francs en France qui seront utilisés, soit pour des investissements industriels (construction, agrandissement ou modernisation d'usines), soit pour des équipements publics (adduction d'eau dans les campagnes, routes, etc.).

Jan a quitté la Belgique pour s'installer en Allemagne, dont sa femme est originaire, et où il a trouvé un emploi intéressant. Dans l'ensemble de la Communauté, les ressortissants des neuf pays membres ne sont pas considérés comme des travailleurs émigrés : ils n'ont pas besoin de carte de travail, ils ont droit aux mêmes prestations sociales (allocations familiales, Sécurité sociale, caisses de retraite) que les citoyens du pays où ils s'installent.

Eric achève ses études de médecine à Paris. S'il le désire, il pourra exercer son art en Italie, en Irlande ou dans n'importe quel autre État de la Communauté.

Ce « droit au libre établissement » à l'intérieur de la Communauté a été proclamé pour toutes les professions libérales et tous les travailleurs indépendants.

Dans la pratique, seuls les médecins en bénéficient pour le moment. Infirmières, dentistes et avocats pourront aussi l'exercer bientôt. Pour les architectes et les vétérinaires, on en est encore à discuter des modalités pratiques.

Naturellement, ce sont les paysans qui savent le mieux ce que la Communauté européenne a changé dans leur vie. Car c'est seulement en matière agricole qu'une politique commune a été complètement élaborée.

Pour Gino, Bernard ou Jan, pour Éric, le futur médecin, [...] l'Europe des Neuf est donc une réalité, qui joue un rôle dans leur vie quotidienne.

Aimé Savard,
La Vie, 1er février 1979.

* Ils sont passés à 12 depuis le 1er janvier 1986.

APPAREIL PÉDAGOGIQUE 10

Présentation

On comprend difficilement la vie politique française si on ne connaît pas l'attitude des Français face à l'État ; ils lui demandent de les protéger ou d'agir à leur place ; cependant, plus l'État devient fort, plus ils y sont hostiles.

On peut faire des comparaisons, par exemple, avec le chapitre sur le pouvoir dans l'entreprise pour mieux voir comment l'ensemble de l'environnement social conduit à cette attitude. On remarquera combien celle-ci est liée à la notion hiérarchisée de la société qu'ont les Français.

En critiquant l'autorité de l'État, les Français discutent aussi volontiers des principaux dirigeants politiques. Les Français semblent s'occuper continuellement de questions politiques, comme le remarquent souvent les étrangers. Leurs débats se situent très souvent sur le plan des principes et non sur celui des réalités quotidiennes et ils paraissent bien plus divisés qu'unis.

P. 170 LES FRANÇAIS N'AIMENT PAS L'ÉTAT

LÉVIATHAN : monstre biblique ; terme utilisé pour désigner quelque chose de gigantesque.
JEAN-BAPTISTE COLBERT (1619-1683) : ministre du roi Louis XIV qui est resté l'exemple de l'initiative de l'État dans l'activité économique.
ALAIN (1868-1951) : philosophe humaniste qui a mis en doute la possibilité de l'État d'apporter le bonheur aux citoyens.
LA SOFRES : organisme qui effectue des sondages d'opinion publique.
ANDRÉ SIEGFRIED (1875-1959) : géographe et sociologue.
le nanti : personne riche et privilégiée.
l'intervention (f.) : aide ; prise en charge.
l'emprise (f.) : champ d'action.
les bons offices : rôle d'intermédiaire pour sortir d'une situation difficile.
l'artisan (m.) : travailleur manuel qui est son propre patron.

P. 171 AU GUICHET

LE GUICHET : le guichet est le symbole de la séparation entre l'administration et le public. Le fonctionnaire qui représente l'administration est protégé du public soit par un grillage soit de plus en plus par une plaque de verre au-dessus du comptoir. La communication est donc difficile et l'usager (le citoyen qui se présente dans les bureaux de l'administration) est en position d'infériorité. Autrefois, on passait tous les papiers et documents exigés à travers un trou dans le grillage ; aujourd'hui, à travers une ouverture (fente) dans la plaque de verre et on parle à travers de petits trous percés dans la plaque (l'hygiaphone).
LA PRÉPOSÉE : (terme administratif) ; *ici* l'employée de la poste.
LE RETRAIT A VUE : le fait d'obtenir de l'argent liquide à partir d'un chèque, d'un compte postal.
LA FICHE MAUVE : un exemple des formulaires officiels qu'il faut remplir pour utiliser les différents services de la poste.
LA PROCURATION : le pouvoir de signer à la place d'une autre personne.
LE RECEVEUR : *ici* chef du bureau de poste.
ponctuel : *ici* pour des cas particuliers.
le guichet... recommandés : le guichet où l'on peut retirer (obtenir) les lettres et les paquets recommandés.
assortie de : qui accompagne.
l'énervement (m.) : mauvaise humeur.

P. 175 LA PROFESSION DE FOI

Le texte suivant de l'Express (23 mars 1981) permet de compléter la présentation de la profession de foi du candidat :
« L'autre chemin », « l'autre politique » sont les slogans de la première campagne d'affichage du candidat François Mitterrand. Avant qu'un nouveau slogan — « La force tranquille » — apparaisse, à partir du 25 mars, sur les murs, le leader socialiste a fait du mot « autre » la clef de sa première émission de télévision « Cartes sur table », sur Antenne 2, le 16 mars. Au singulier (26 fois) comme au pluriel (21 fois). La volonté de souligner qu'il représente l'alternance est manifeste.
SEPT ANS : le Président est élu pour sept ans. Si Valéry Giscard d'Estaing avait été réélu, il aurait été Président pendant quatorze ans.
LE MINIMUM VIEILLESSE : somme d'argent payée régulièrement par l'État aux personnes âgées.

LES P.T.T. : services de la poste et du téléphone.
LES CRÈCHES : endroit où les mères qui travaillent peuvent laisser leurs jeunes enfants dans la journée. *Cf.* chap. 1.
LES P.M.E. : Petites et Moyennes Entreprises.
LE TIERS MONDE : les pays pauvres en voie de développement.
LA DÉCENTRALISATION : voir chap. 6.
JEAN JAURÈS (1859-1914) : républicain ardent et fondateur en 1904 du journal *L'Humanité*; un des héros du socialisme français.
LÉON BLUM (1872-1950) : socialiste devenu célèbre comme chef du gouvernement du « Front populaire » en 1936.
pour une large part : en grande partie.
le fossé se creuser : la différence s'agrandir.
le dessein : *ici* programme.
la relance : nouvelle croissance.
la reconquête... déloyale : défendre et aider les marchandises françaises contre les marchandises vendues en France par des pays étrangers.
l'exploitation agricole : ferme.
l'assiette des cotisations : base de calcul des sommes payées à l'État pour financer, par exemple, la Sécurité sociale.
disposer d'eux-mêmes : décider de leur sort sans intervention étrangère.
au pays : *ici* dans le village, la ville, la région que l'on habite et où l'on est né.

P. 176 LES VŒUX DU PRÉSIDENT

LE 10 MAI : date de l'élection de François Mitterrand comme Président.
LES DERNIÈRES ÉLECTIONS : élections législatives du 14 et du 21 juin 1981 où le Parti socialiste obtint la majorité absolue à l'Assemblée nationale.
LES ANCIENS COMBATTANTS : anciens soldats de l'armée française.
LES RAPATRIÉS : résidents français des colonies et territoires d'outre-mer obligés de revenir habiter la France lors de l'indépendance de ceux-ci.
LA CINQUIÈME... CONGÉS : tous les travailleurs français ont déjà droit à quatre semaines de congés payés annuels.
le recul : passage.
avec le concours de : aidé par.
régenter : diriger de façon autoritaire.
l'exploitant agricole : agriculteur.
de certains cumuls... retraite : de bénéficier en même temps d'un salaire et d'une pension de retraite.

P. 178 LA DÉCENTRALISATION EN MARCHE

NAPOLÉON 1er : Empereur des Français (1804-1815), il a été responsable de la création d'une administration centralisée sur Paris.
LES COMMUNES : rappelons les quatre niveaux administratifs en France : l'État qui est composé de 22 Régions, elles-mêmes composées de 91 départements qui regroupent 36 000 communes.
LES PERMIS DE CONSTRUIRE : avant la loi sur la décentralisation, tout projet de construction devait être approuvé par l'administration d'État qui délivrait un permis de construire.
rapprocher : diminuer la distance entre.
gérer : administrer.
lointaine : *ici*, à Paris.
sur le terrain : *ici*, au niveau local.
entamer : commencer.
la tutelle : *ici*, contrôle.
le régime : *ici*, fonctionnement.
l'entreprise (f.) : firme.
les élus : *ici*, les personnes élues aux Assemblées locales.
l'exercice des mandats : fonctionnement de leurs responsabilités d'élus.
la gestion : administration.

P. 179 L'ENJEU

Le texte extrait du grand quotidien régional « Sud-Ouest » montre le caractère des campagnes électorales municipales. Elles sont très personnalisées et c'est généralement l'individu qui compte plus que son parti. Mais, dans les élections de 1983 à Bordeaux, il y avait aussi le symbole de la compétition droite/gauche, de l'homme politique face à la femme politique, de l'expérience établie face au défi du candidat nouveau.

JACQUES CHABAN-DELMAS : (né en 1915) un des chefs du Gaullisme. Premier ministre (1969-1972) sous le Président Pompidou : il avait lancé de nombreuses réformes pour réaliser son projet de « nouvelle société ». Il est Maire de Bordeaux depuis 1947. Il est également député. Réélu en 1983, a également été réélu en 1989.

CATHERINE LALUMIÈRE : Secrétaire d'État à la Consommation dans le gouvernement dirigé par M. Pierre Mauroy à l'époque.
1977 : date des élections municipales précédentes.

LE MAIRE SORTANT : tous les six ans, le maire et les conseillers municipaux se présentent à de nouvelles élections municipales.

L'APRÈS-CHABAN : ce qui se passera quand Chaban-Delmas ne sera plus maire.
l'enjeu (m.) : objectif.
courtois : poli.
rompre avec : ne pas continuer.
guerroyer : se battre.
la banderille : petite épée.
le stade : *ici*, les limites.
ses proches : ses collaborateurs.

P. 180 LE FONCTIONNEMENT DU PARLEMENT EUROPÉEN

L'ASSEMBLÉE DE STRASBOURG : le Parlement européen siège dans la ville alsacienne de Strasbourg.
LE PRÉSIDENT : comme toutes les assemblées, le Parlement européen a un président. Depuis 1979 où, pour la première fois, tous les pays composant la Communauté Économique Européenne ont élu leurs députés européens au suffrage universel, pays par pays, le rôle du Parlement européen est devenu plus visible, et la fonction de président également. Mme Veil, ancien ministre du Gouvernement français, était l'un des députés européens élu en France. Elle avait ensuite été élue par l'ensemble des députés du Parlement européen pour être leur premier président.
L'HÉMICYCLE : disposition en demi-cercle de la salle où se réunit l'Assemblée. Cette disposition permet aux députés de siéger de la gauche à la droite de la tribune du président selon leurs affinités politiques comme à l'Assemblée nationale française.
déçu : désappointé.
dénoncer des écueils : prédire des obstacles.
le règlement : les règles de fonctionnement.
il y a... amendements : les modifications proposées par les députés aux projets de délibération doivent être déposées longtemps à l'avance.
la réglementation : contrôle.
préalablement : avant.
il y a... nationalité : on constate que les votes des députés dépendent plus du groupe politique auquel ils appartiennent que de leur nationalité.
l'enjeu (m.) : l'importance.

P. 184 LE PRÉSIDENT DU CONSEIL DES MINISTRES

LA COMMUNAUTÉ : la Communauté Économique Européenne.
LE CONSEIL DES MINISTRES : est composé des chefs d'États ou des ministres des pays membres de la C.E.E.
LA COMMISSION : l'administration de la C.E.E.
à tour de rôle : l'un après l'autre.
possède un poids incontestable : a un pouvoir réel.
les pays tiers : *ici*, les pays qui ne font pas partie de la C.E.E.

P. 184 L'EUROPE ENTRE DANS LA VIE DE TOUS LES JOURS

LE « BANQUIER » DES NEUF : le pays dont la monnaie est la plus forte parmi les neuf pays constituant la C.E.E. à l'époque.
EN MATIÈRE AGRICOLE : en formant la C.E.E., on a commencé par créer une politique agricole commune qui permet à la plupart des produits agricoles d'avoir les mêmes prix dans tous les pays de la Communauté.
le stage : période d'entraînement.
le chômeur : personne qui ne trouve pas de travail.
recenser : compter.
répugner : ne pas aimer.
l'adduction d'eau : branchement d'eau.
le ressortissant : habitant.
la prestation : paiement d'allocation.

EXERCICES SUR LE CHAPITRE

Question générales

1. La France est-elle classée parmi les pays démocratiques ? Pourquoi ?
2. En France, préféreriez-vous être élu au Parlement, maire d'une commune ou fonctionnaire ayant des responsabilités importantes (par exemple, préfet) ?
3. Que représente pour vous l'opposition entre la gauche et la droite qu'on fait si souvent en France ?

Témoignages

1. Vous assitez à la campagne d'un candidat aux élections législatives. Décrivez une de ses journées.
2. Une grande manifestation politique vient d'avoir lieu dans les rues de Paris et quelques membres des forces de l'ordre (C.R.S. et police) ont été blessés. Vous la décrivez et vous expliquez ses causes.

LE JEU DES PREUVES *cf.* p. 5

— Est-ce que les Français attendent beaucoup de l'État ?
— Est-ce que les institutions de la Ve République sont anciennes ?
— Le Président de la République joue-t-il un grand rôle ?
— La France est-elle un pays centralisé ?
— La Communauté européenne est-elle quelque chose d'important ?

LE JEU DE L'INTERVIEW *cf.* p. 5

— Vous interrogez le Président de la République Française sur l'action qu'il a menée depuis son élection.
— Vous interrogez un élu local (le maire, ou le président du Conseil régional) : quel est l'intérêt de la décentralisation pour lui ?

LE JEU INTERCULTUREL *cf.* p. 6

— Quelles sont les élections qui vous paraissent les plus importantes pour votre vie quotidienne ?
— Croyez-vous que l'État joue un rôle suffisant ou insuffisant dans votre pays ?
— Aimeriez-vous que vos enfants deviennent fonctionnaires ?

ÉCOLE : LE CHOC INFORMATIQUE

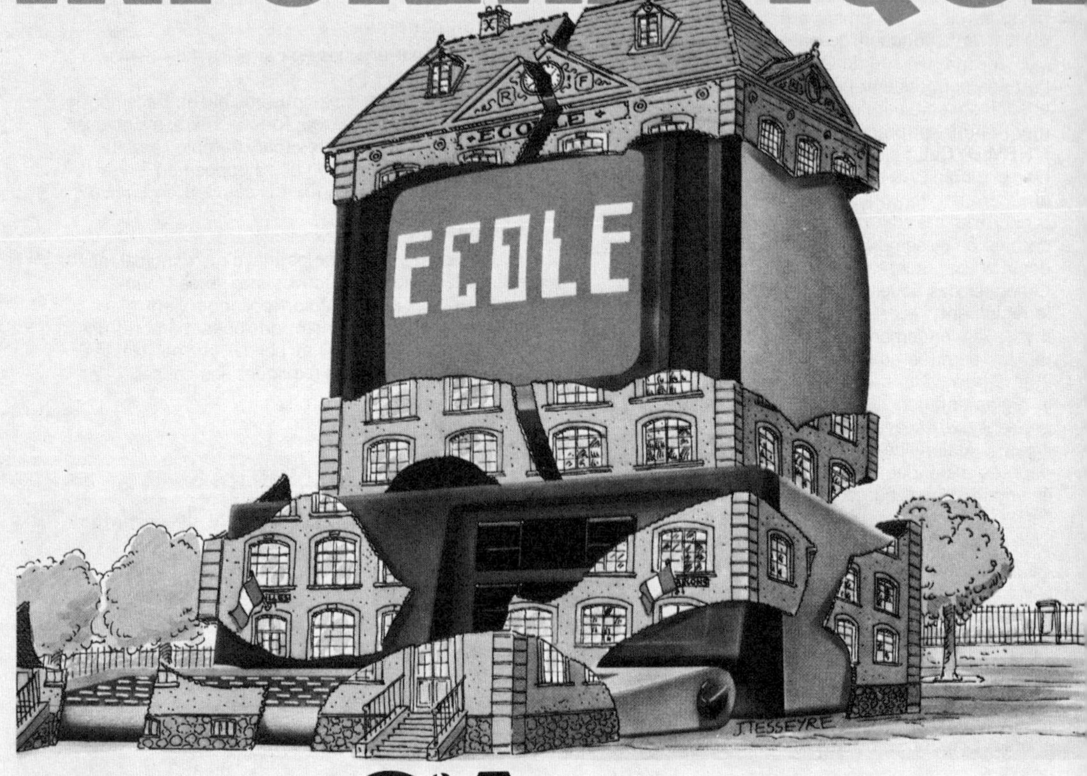

DANS

SCIENCE&AVENIR

AU SOMMAIRE DE CE NUMÉRO

SIDA: LES QUESTIONS, LES RÉPONSES

LA SÉCURITÉ EN AVION

L'ÉTRANGE MANÈGE DES GALAXIES ETC...

NUMÉRO D'OCTOBRE

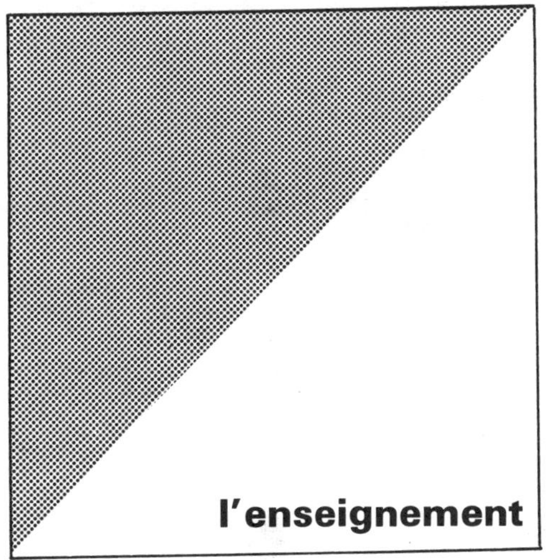

l'enseignement

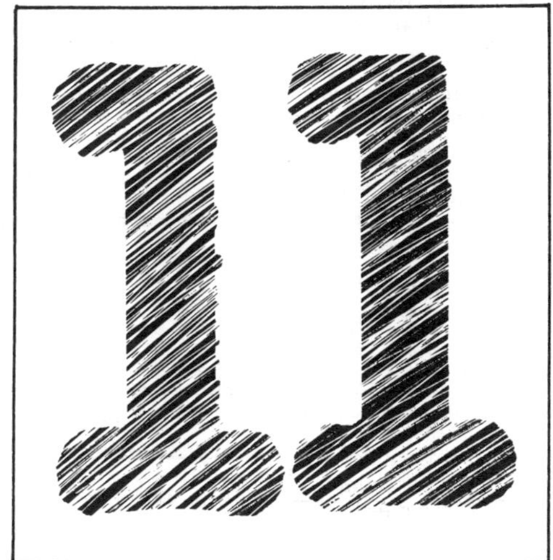

Les Français attachent toujours une grande importance à l'éducation. C'est ce qui explique que le système d'enseignement a été et reste le sujet de discussions parfois très vives.

Depuis que la Loi Falloux en 1850 a autorisé les établissements d'enseignement privé, les controverses sur l'école libre, après s'être atténuées, se sont ranimées en 1983 et 1984 au moment où le gouvernement a cherché à rapprocher, sous son contrôle, l'enseignement privé de l'enseignement public.

La volonté démocratique d'instaurer un enseignement identique pour tous grâce à un « tronc commun » pendant les quatre premières années de secondaire, avait conduit à créer dans les années 1960 des Collèges d'enseignement secondaire. Mais certains éducateurs font remarquer que le « tronc commun » ne reconnaît pas les disparités de niveaux et d'aspirations des élèves.

L'idée, réaliste, de rendre les diplômes utiles à la vie professionnelle des élèves et des étudiants, est contestée par une partie des enseignants qui cherchent à maintenir la tradition d'une formation générale de l'esprit.

Le volume des connaissances à transmettre, qui augmente avec l'évolution des sociétés est en conflit avec une des bases de la culture française, qui est d'apprendre aux jeunes non à savoir, mais à penser.

Le contenu de certains programmes est également discuté avec passion, comme dans le cas de l'enseignement de l'histoire et des cultures régionales. Celles-ci, longtemps rejetées de l'enseignement national unique pour tous les Français, sont aujourd'hui acceptées : le corse, le breton, l'occitan, le basque et l'alsacien sont aujourd'hui enseignés dans leurs régions.

C'est peut-être, en définitive, sa vocation d'enseigner à penser qui reste le plus caractéristique de l'enseignement français, dans lequel, malgré les transformations du pays et de sa culture, on continue à vouloir bien construire l'esprit. Cette vocation se résume en ces deux phrases très célèbres : « mieux vaut une tête bien faite qu'une tête bien pleine » (Montaigne) « ce qui se conçoit bien s'énonce clairement » (Rivarol).

L'enseignement en france

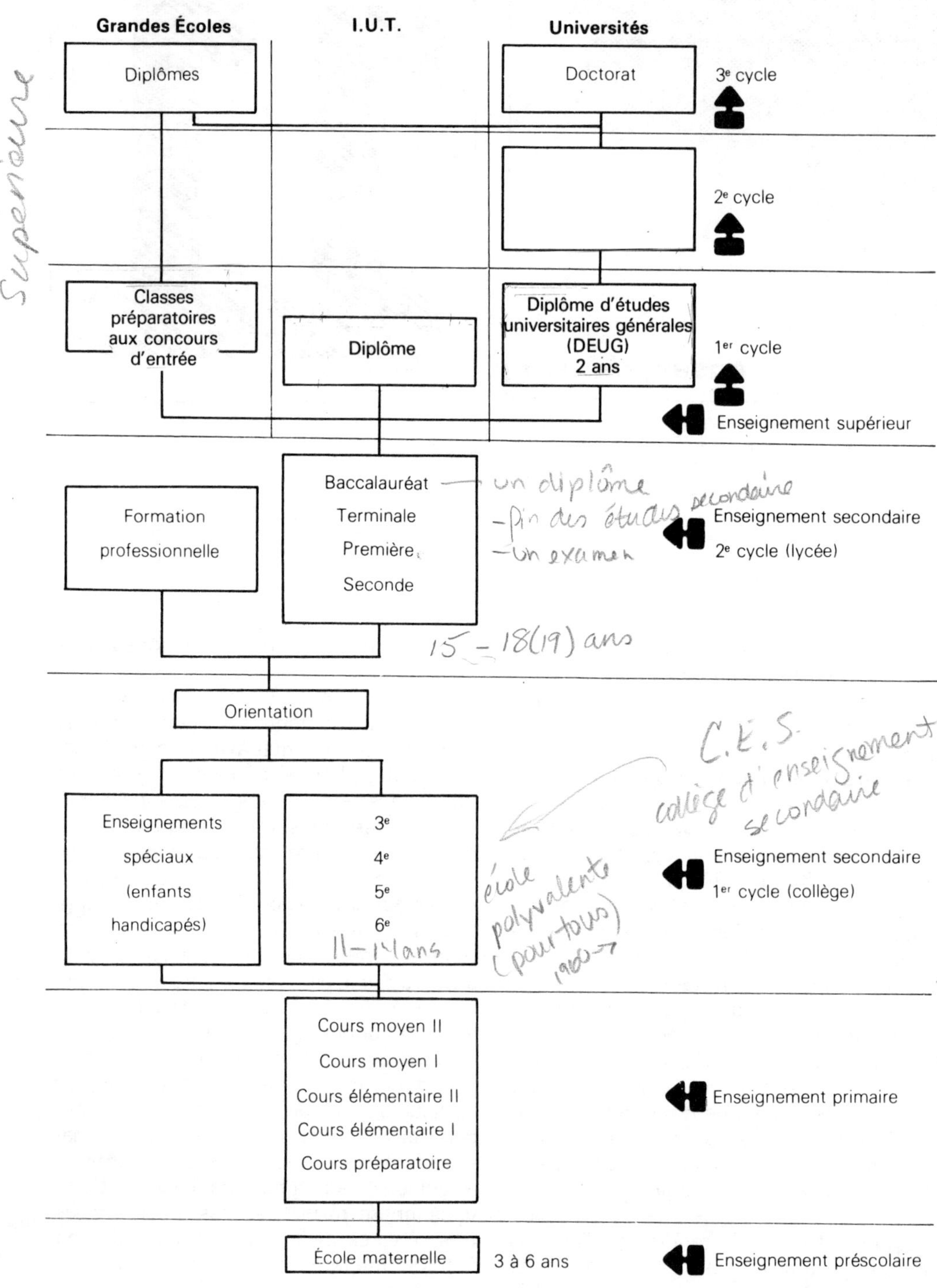

Le Nouvel Observateur,
27 septembre 1985.

LE SYSTÈME ÉDUCATIF

L'instruction est gratuite, laïque et obligatoire. De 6 à 16 ans les enfants doivent aller à l'école, soit dans le système d'enseignement public, soit dans le système d'enseignement privé, le plus souvent lié à l'État par un contrat qui lui permet de recevoir des subventions. A la rentrée scolaire de septembre 1983, il y avait 12 millions de jeunes dans l'enseignement public, et 2 millions dans l'enseignement privé.

les objectifs de l'enseignement

[Un ministre de l'Éducation nationale rappelle les objectifs essentiels de l'enseignement français.]

Le système éducatif français repose sur trois principes essentiels : l'égalité de tous devant l'éducation, le respect des consciences, la liberté de l'enseignement.

L'égalité de tous devant l'éducation, c'est d'abord l'égalité des chances dans l'acquisition des connaissances et le développement des talents. Elle a commencé de naître, il y a plus d'un siècle, avec la scolarité obligatoire et gratuite établies par les grandes lois de 1881 et 1882. Inscrite dans la Constitution, elle est à la base du service public d'éducation, édifice remarquable qui s'élève avec chaque génération, mais qu'il faut périodiquement rénover. Son rôle historique dans l'enracinement de nos institutions républicaines, sa contribution décisive à la démocratisation de notre société, son apport essentiel au progrès du savoir et des connaissances, justifient la confiance placée en lui.

Le respect des consciences est au cœur de l'acte éducatif. Il donne à la personnalité de l'enfant, puis de l'adolescent, les moyens de son indépendance ; il est un élément vital de notre équilibre social, puisqu'il est le fondement de la tolérance. Dans une société qui évolue, il est d'une particulière exigence pour l'éducateur, qui doit à chaque instant lui être fidèle ; cette exigence s'appelle laïcité. Loin d'être une restriction dans la formation et l'expression des consciences, elle les permet dans toutes leurs dimensions et dans le respect des droits de l'homme. Le service public répond par nature à cette exigence, mais celle-ci s'impose aussi aux établissements qui lui sont associés.

La liberté de l'enseignement est un principe acquis de notre démocratie, qui a valeur constitutionnelle. Il garantit qu'un établissement d'enseignement peut naître d'*une initiative privée*, dès lors qu'il respecte les lois de la République. Il interdit le monopole de l'État et contribue à la liberté de choix des familles à l'égard de l'éducation.

Le Monde, 20 octobre 1983.

Cette distinction entre enseignement public et enseignement privé ranime périodiquement une sorte de « querelle scolaire » entre les partisans de l'un ou de l'autre. Aussi le gouvernement a-t-il décidé de ne plus changer l'équilibre entre les deux types d'enseignement et se consacre-t-il en priorité depuis 1984 au renforcement de la qualité de l'instruction publique.

Au XIXe siècle, seule l'école primaire accueillait tous les Français ; c'était là que se faisait l'éducation de base. Un petit nombre d'enfants seulement continuait ses études au lycée, passait son baccalauréat et allait à l'université. Jusqu'à la Seconde Guerre mondiale, le lycée était donc l'école de l'élite. Aujourd'hui on veut que tous les enfants accèdent à l'enseignement secondaire, et on a créé pour cela des collèges d'enseignement secondaire (C.E.S.) de la 6e à la 3e. En 6e et en 5e, tous les élèves doivent suivre les mêmes cours : français, mathématiques, une langue vivante, histoire et géographie, sciences physiques et naturelles, éducation artistique, éducation technique, éducation physique. En 4e et 3e, des options complètent le « tronc commun ». A l'issue de la 3e, les élèves peuvent obtenir le Brevet d'études du premier cycle (B.E.P.C.), soit sur dossier scolaire, soit après un examen. Là se terminent les études au C.E.S. La plupart des élèves continuent leurs études au lycée, qui peut être un lycée d'enseignement général ou un lycée d'enseignement professionnel (L.E.P.).

un lycée parisien

[Une jeune femme, Diane Kurys, a tourné en 1977 un film, *Diabolo-Menthe*, portrait très spirituel de deux sœurs, Frédérique et Anne, qui font leurs études dans un grand lycée parisien, le lycée Jules-Ferry, au début des années soixante. Dans le texte suivant, une élève de la classe de seconde décrit ce qui a changé dans ce lycée depuis l'époque du film. A cette époque, il y avait beaucoup de lycées réservés soit aux filles soit aux garçons. Depuis, tous les établissements qui ne l'étaient pas sont devenus mixtes.]

Je crois bien que, dans ma classe, nous sommes toutes allées voir « Diabolo-Menthe ». Les journaux en avaient tellement parlé, nous pensions être tout de même concernées!

Le lycée Jules-Ferry, je peux dire que je le connais bien, moi aussi. Depuis la sixième, cela va faire cinq années pleines. Et le film de Diane Kurys, je pourrais en faire une petite version revue et corrigée, ce que je garderais... ce que je ne garderais pas...

Par exemple, je supprimerais la rentrée scolaire et l'appel où les professeurs s'égosillent dans la cour. Le 15 ou le 16 septembre, désormais, la journée est découpée en tranches d'heures et chaque tranche reçoit son arrivage d'élèves : les sixièmes à huit heures et quart, les cinquièmes à neuf heures et quart. Ainsi de suite, c'est une rentrée en douceur, bien huilée. Et du même coup, je supprimerais les petits bataillons de filles en blouse, mis en marche au coup de sifflet dans la cour. Notre lycée n'a rien de militaire et les blouses ont disparu. Mais je me souviens de l'avoir portée, cette blouse beige pâle, en sixième et en cinquième. On l'achetait en catastrophe, la veille de la rentrée et il fallait ensuite broder le nom, le prénom, la classe. Mais ma mère ne sait pas broder ou bien elle n'en avait pas le temps. Et en attendant une brodeuse charitable dans la famille, on écrivait mon nom au Bic sur la blouse. Je suppose que cela faisait partie de l'étiquetage que Diane Kurys a l'air de condamner au début du film : cette fiche que les professeurs font remplir dès la première minute de la première classe. Mais j'avoue que je n'ai jamais ressenti cela comme une mesure « policière ». Je suppose que c'était bien commode pour les professeurs, — pour les surveillances aussi, bien sûr, — d'associer aussitôt un nom et un visage.

Donc, plus de blouse. Nos vêtements sont ce que nous avons envie qu'ils soient. C'est le jean qui nous remet en uniforme. Et les bottes que nous portons presque en plein été, à moins que ce ne soient les sabots en plein hiver.

Jamais je n'ai si bien « vu » le lycée qu'à travers les photos du film de Diane Kurys. Bravo au photographe! La cour en forme de losange, le réfectoire sous sa coupole de verre cathédrale, émergeant dans la cour. Les longs couloirs jaunes et le tourbillon des escaliers. Est-ce que de son temps, on n'essayait pas de prendre les ascenseurs réservés aux professeurs? Cela fait partie des « trucs ». Comme de se découvrir un terrible mal au ventre pour aller à l'infirmerie pendant une « interro ». Je ne crois pas l'avoir fait. Mais je me souviens d'avoir eu de réels maux de ventre à l'idée seule d'une « interro », justement. Dans l'un ou l'autre cas, je rends hommage à l'infirmerie. C'est l'endroit qui me laisse les meilleurs souvenirs.

Douillet. Grâce à l'infirmière qui a une voix charmante de méridionale et bon cœur. Elle nous accueille comme une mère. Il fait un grand calme. On s'y remet d'aplomb.

Je me dis avec un certain regret que les chahuts monstres ont disparu. Je n'ai jamais vu une fille danser sur une table, sous l'œil désolé d'un professeur dépassé. Cela aussi, c'était donc avant ce 68 que les « grands » évoquent religieusement. Notre chahut, c'est plutôt cette possibilité d'éternels bavardages, au fond de la classe dans une parfaite indifférence au cours. C'est possible évidemment dans les classes de trente, trente-deux élèves. Ce n'est pas possible quand on est douze ou quinze. Comme en langues. Et là, nous sommes toutes d'accord, voilà ce qu'on aimerait : ne pas être plus de quinze élèves pour avoir des échanges avec le professeur.

Bérangère le dit, Sylvie le dit : « Il n'y a pas assez de dialogue, les professeurs poursuivent leurs idées ! » On les aimerait comme ci, on les aimerait comme ça. Et finalement, nous nous rejoignons toutes dans la classe pour dire : le prof idéal serait celle qui serait drôlement sympa, tout en ayant de l'autorité.

Jacinte, avril 1978.

LES GRANDS MOMENTS DE LA SCOLARITÉ

Il y a, dans l'année scolaire, à tous les niveaux d'enseignement, deux grands moments dont tous les gens se souviennent : la rentrée qui marque le début de l'année scolaire après les grandes vacances et la fin des classes, qui annonce les vacances.

la rentrée

Mais ce que les élèves ne voient pas, c'est que la rentrée exige une organisation minutieuse par l'Éducation nationale. C'est aussi le moment où tous les Français fixent leur attention sur l'enseignement, ses programmes, son utilité...

le huit septembre à huit heures trente

« Réussir une rentrée, c'est une mission impossible. »

Claude Chalin, recteur d'une de ces académies réputées difficile (Nancy-Metz) où il y a toujours trop d'élèves et trop peu de professeurs, dit cela calmement. Il a l'expérience : chaque année, en juin, tous les chiffres démontrent que ce sera la catastrophe ; en juillet, on entrevoit une lueur d'espoir ; en août, on se dit qu'avec de la chance... et fin septembre, plus personne n'en parle. Claude Chalin a dix-huit rentrées à son actif. Il les compte comme les militaires comptent leur campagnes.

Cette année, le thème de la manœuvre du 8 septembre était simple. On prend 12 279 500 élèves et on les installe au jour dit à 8 h 30 dans des salles de classe qui correspondent, grosso modo, à leurs désirs et à leurs capacités. On installe en face 604 939 instituteurs, professeurs. Sans oublier, bien sûr, les proviseurs, surveillants, directeurs, intendants, femmes de service, concierges et responsables de laboratoire. A 8 h 31, il faut que tout fonctionne.

Reste l'inévitable : les vingt élèves de plus qui débarquent le jour de la rentrée devant la porte du L.E.P. de Bitche

(Moselle) parce qu'une usine a fermé au cours de l'été à cinquante kilomètres de là et que les familles ont déménagé vers d'autres emplois, ce qui oblige à ouvrir d'urgence deux classes nouvelles...

Bref, pour ce 8 septembre à 8 h 30, tout allait bien, ou presque. La situation était plutôt bonne dans les écoles maternelles et primaires, où l'on attendait globalement soixante mille enfants de moins, plutôt dégradée dans les collèges, les lycées et l'enseignement technique, où l'on comptait 140000 élèves de plus que l'an dernier, ce qui alourdira les effectifs des classes et provoque déjà des bruits de grève parmi les membres du S.N.E.S., le syndicat majoritaire dans le second degré.

Mais voilà qu'au sortir d'un conseil des ministres un président de la République « scandalisé » s'indigne des « carences de l'enseignement de l'histoire ». Et prend tout le monde à contre-pied en conviant les Français à se préoccuper moins du nombre de chaises, de gommes et de crayons et davantage de ce qu'on enseigne à l'école aux citoyens de demain. Débat qui dépasse largement les seules leçons d'histoire ou de géographie.

« Les gosses n'apprennent plus rien à l'école », dit-on partout. En ajoutant aussitôt : « C'est la faute à... » Pas Voltaire ou Rousseau mais, pêle-mêle : les instituteurs, la télévision, le relâchement des mœurs, les grands ensembles, les bandes dessinées, le sens du travail qui se perd, etc.

Est-ce que les jeunes ne savent vraiment rien ? Ou est-ce que les adultes ont une culture de retard ?

Le Nouvel Observateur,
9 septembre 1983.

le bac

De la même façon, on pourrait dire qu'il y a deux grands moments dans l'ensemble de la scolarité : en premier lieu le jour de l'entrée à l'école ; en second lieu, le jour où s'achèvent les études secondaires.

Les études au lycée se terminent en général avec le baccalauréat, que les élèves présentent à la fin de la classe de terminale. Seuls quelques lycées ont des classes après le baccalauréat, appelées classes préparatoires, où les bacheliers préparent les concours des Grandes Écoles. Jusque vers 1950, les familles françaises considéraient le baccalauréat comme la clé de la réussite. Ce n'est plus le cas aujourd'hui où le baccalauréat en devenant plus répandu a perdu de sa valeur. En 1900, 1 % seulement des jeunes en âge d'obtenir ce diplôme (18 ans) le passaient avec succès. Aujourd'hui la proportion est de l'ordre de 25 à 30 % : en 1983, près de 400000 jeunes se sont présentés, et 250000 sont devenus bacheliers.

Malgré sa perte de prestige, le baccalauréat reste le premier grand examen qu'ont à affronter les élèves. S'ils y sont reçus ils peuvent passer à l'enseignement supérieur. C'est donc un événement important dont la presse parle chaque année.

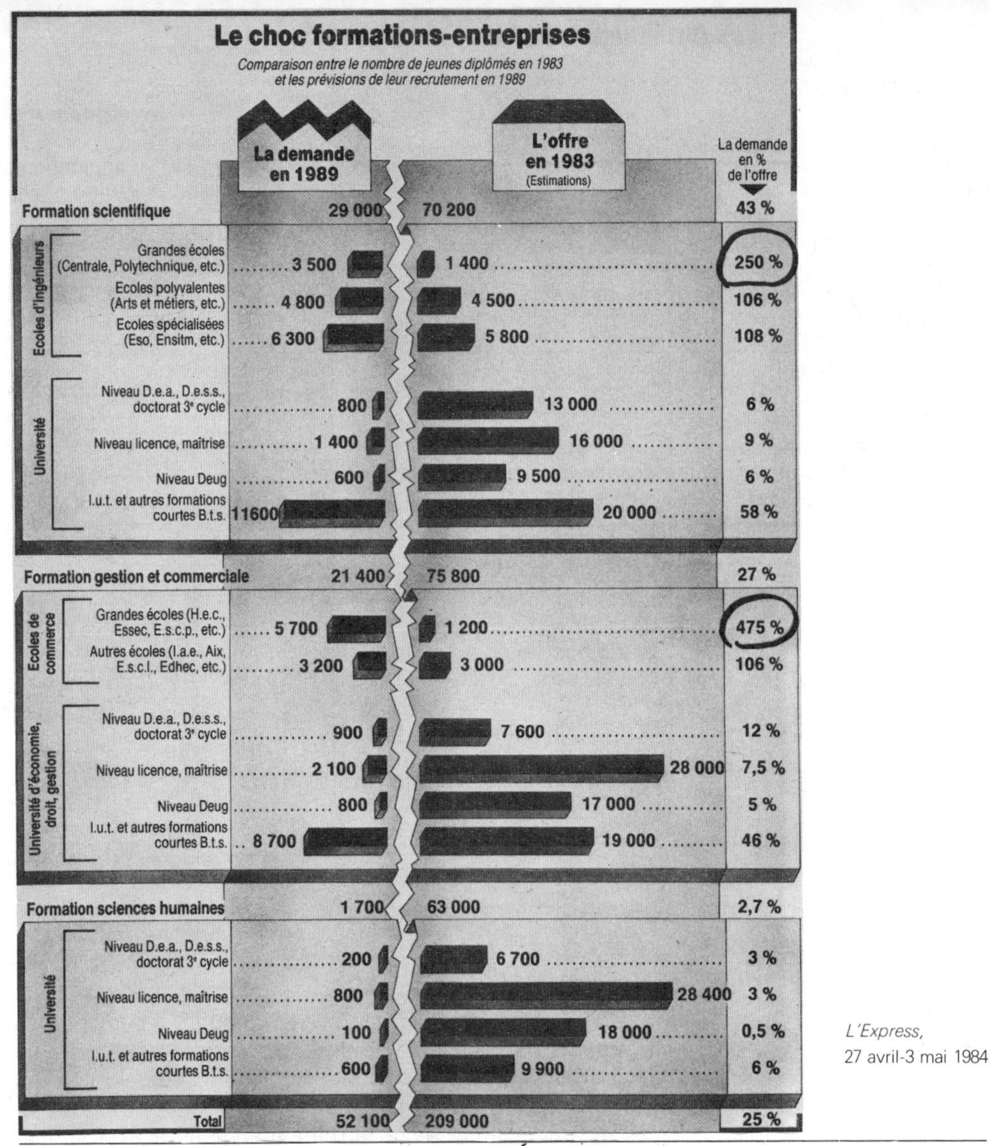

Le choc formations-entreprises

Comparaison entre le nombre de jeunes diplômés en 1983 et les prévisions de leur recrutement en 1989

		La demande en 1989	L'offre en 1983 (Estimations)	La demande en % de l'offre
Formation scientifique		29 000	70 200	43 %
Écoles d'ingénieurs	Grandes écoles (Centrale, Polytechnique, etc.)	3 500	1 400	250 %
	Écoles polyvalentes (Arts et métiers, etc.)	4 800	4 500	106 %
	Écoles spécialisées (Eso, Ensitm, etc.)	6 300	5 800	108 %
Université	Niveau D.e.a., D.e.s.s., doctorat 3ᵉ cycle	800	13 000	6 %
	Niveau licence, maîtrise	1 400	16 000	9 %
	Niveau Deug	600	9 500	6 %
	I.u.t. et autres formations courtes B.t.s.	11600	20 000	58 %
Formation gestion et commerciale		21 400	75 800	27 %
Écoles de commerce	Grandes écoles (H.e.c., Essec, E.s.c.p., etc.)	5 700	1 200	475 %
	Autres écoles (I.a.e., Aix, E.s.c.l., Edhec, etc.)	3 200	3 000	106 %
Université d'économie, droit, gestion	Niveau D.e.a., D.e.s.s., doctorat 3ᵉ cycle	900	7 600	12 %
	Niveau licence, maîtrise	2 100	28 000	7,5 %
	Niveau Deug	800	17 000	5 %
	I.u.t. et autres formations courtes B.t.s.	8 700	19 000	46 %
Formation sciences humaines		1 700	63 000	2,7 %
Université	Niveau D.e.a., D.e.s.s., doctorat 3ᵉ cycle	200	6 700	3 %
	Niveau licence, maîtrise	800	28 400	3 %
	Niveau Deug	100	18 000	0,5 %
	I.u.t. et autres formations courtes B.t.s.	600	9 900	6 %
Total		52 100	209 000	25 %

L'Express,
27 avril-3 mai 1984.

L'ENSEIGNEMENT SUPÉRIEUR

les universités

Après les événements de mai 1968, où l'agitation de quelques étudiants de la faculté de Nanterre s'était transformée en une extraordinaire série de grèves et de manifestations qui ont incité les Français à s'interroger sur les objectifs de leur société, une première et importante réforme des universités avait été entreprise par la loi d'orientation préparée par le ministre de l'Éducation de l'époque, Edgar Faure. Cette réforme donnait aux universités une plus grande autonomie et leur permettait de développer des diplômes particuliers à chaque université et non plus seulement des diplômes nationaux. En fait cette possibilité n'a été que très peu utilisée et les universités ont continué à préparer surtout aux diplômes nationaux, licences, maîtrises ou doctorats.

les étudiants et la vie universitaire

L'autre thème principal de cette loi était l'interdisciplinarité. Les anciennes Facultés étaient remplacées par des Unités d'Enseignement et de Recherches (U.E.R.) et la licence n'était plus constituée de certificats mais d'unités de valeur (U.V.). De cette façon la loi prévoyait que les études universitaires seraient moins rigides et plus adaptées à l'évolution des connaissances, surtout dans le domaine des sciences sociales.

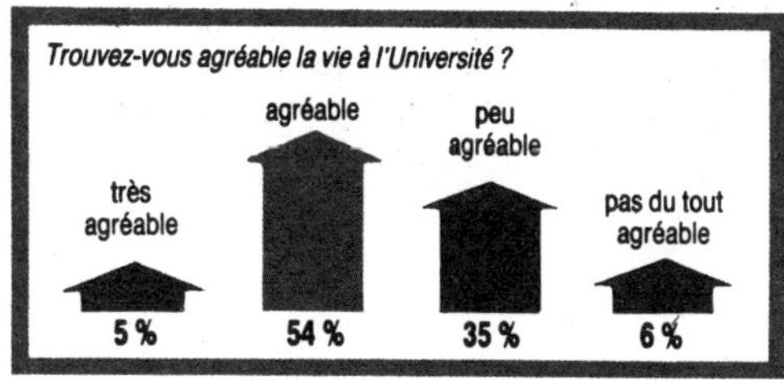

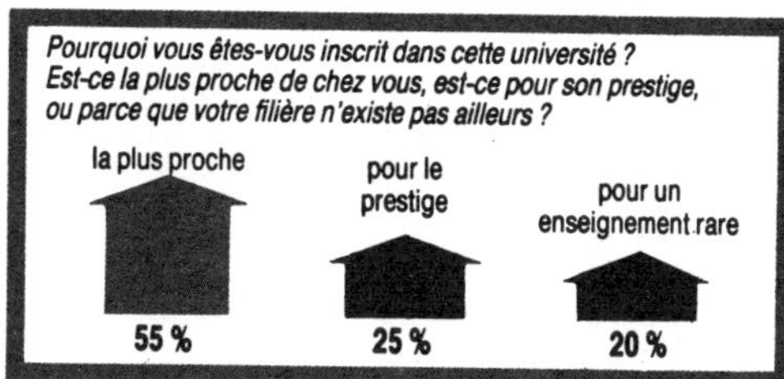

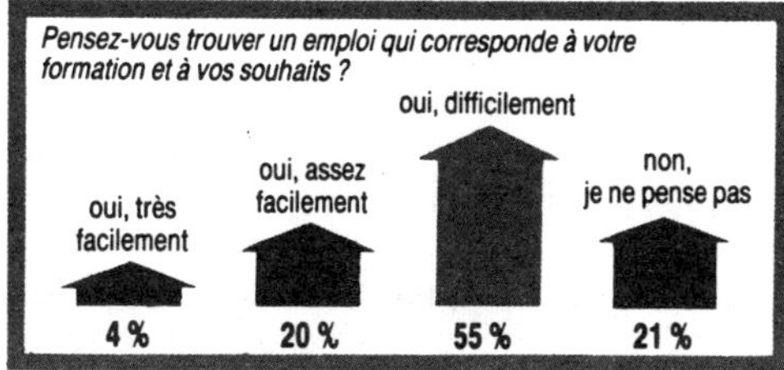

Extraits de l'enquête sur l'opinion des étudiants. *L'Express,* 10 juin 1983.

De la même manière que l'enseignement secondaire pour tous a diminué la valeur du baccalauréat, la valeur des diplômes universitaires devenus de plus en plus communs a baissé. Seuls les diplômes exigés pour l'entrée dans une profession et où il y a une sélection rigoureuse, comme l'agrégation ou le doctorat en médecine ou en droit, gardent leur valeur. Afin d'encourager des types d'études préparant directement à la vie professionnelle, on a créé les Instituts Universitaires de Technologie, qui accueillent pendant deux ans de cours intensifs des bacheliers désirant être formés à un métier. Les cours y sont donnés par des universitaires et des gens ayant des

CADRE DE VIE

L'ambiance générale

1er – VALENCIENNES
2e – DIJON
3e – GRENOBLE III
4e – STRASBOURG I
5e – NICE
6e – STRASBOURG III
7e – COMPIÈGNE
8e – POITIERS
9e – AMIENS
10e – MONTPELLIER III
11e – MULHOUSE
12e – PARIS V-DESCARTES
13e – PARIS VIII-SAINT-DENIS
14e – GRENOBLE I
15e – MONTPELLIER II

L'environnement

1er – LILLE
2e – GRENOBLE III
3e – METZ
4e – MONTPELLIER III
5e – COMPIÈGNE
6e – PARIS XI-ORSAY
7e – LILLE I
8e – AVIGNON
9e – PAU
10e – GRENOBLE I
11e – TOULOUSE III-P. SABATIER
12e – AMIENS
13e – TOURS
14e – POITIERS
15e – DIJON

responsabilités professionnelles. Plus récemment, de nouvelles réformes des études universitaires ont été entreprises. Elles se heurtent à des difficultés, car les contradictions sont de plus en plus apparentes entre les différentes fonctions de l'université : la recherche, la transmission de connaissances et la formation à la vie professionnelle. La réforme du ministre Alain Savary en 1983, veut rapprocher les universités du monde des affaires en introduisant des personnalités extérieures dans leurs Conseils d'Administration et en définissant des filières à vocation professionnelle. C'est cependant l'introduction de la notion d'une sélection après le premier cycle des études universitaires qui provoque les oppositions les plus vives.

L'Express, 10 juin 1983.

les Grandes Écoles

Les difficultés des Universités ont encore grandi le prestige des Grandes Écoles. A la différence des universités, où toute personne possédant le baccalauréat a le droit de s'inscrire, le système des Grandes Écoles repose sur la sélection par le concours d'entrée.

Après le baccalauréat, deux à quatre ans de préparation intensive conduisent à des concours difficiles, où ne réussit qu'une petite proportion de candidats. Ceux qui ont réussi seront pour la vie « anciens élèves de »... et cela leur garantit une profession bien rémunérée et la haute considération de l'opinion publique. Ce système a fait l'objet de nombreuses critiques : il fige la société en créant un « mandarinat », il est peu démocratique, car il favorise les enfants des familles bourgeoises au détriment de ceux des familles populaires... Cependant, non seulement il existe, mais encore il s'est développé : après l'École polytechnique, création de Napoléon, ou l'École normale supérieure, création de la IIIe République, d'autres écoles se sont créées : pour les hauts fonctionnaires, l'École nationale d'administration (E.N.A.) ; pour les cadres supérieurs des entreprises, l'École des hautes études commerciales (H.E.C.). Citons aussi l'École Centrale, l'École des Mines, l'École des Arts et Métiers, pour les ingénieurs.

Selon les époques, dans la société française, certaines Écoles ont été considérées plus prestigieuses que d'autres. Après l'École Polytechnique, c'est aujourd'hui l'École Nationale d'Administration, qui forme les principaux dirigeants des administrations, et de plus en plus de dirigeants des grandes entreprises et de nombreux dirigeants politiques.

entrer à l'E.N.A.

Michel de Rosen, 24 ans, sera énarque l'an prochain. Bac C mention très bien en 1968, préparation à Hoche (Versailles), puis H.E.C. (« on y vit dans un mélange d'incertitude, parfois d'aigreur, souvent d'ennui. La plupart des élèves sont très peu passionnés par ce qu'ils font »). Enfin l'E.N.A. Pourquoi ?

« Pour quatre raisons, répond-il, méthodique. Je ne me sens pas le « génie » des affaires ; je trouve qu'en France les entreprises n'offrent pas aux jeunes les mêmes possibilités qu'aux États-Unis, par exemple ; en revanche, ceux qui passent par l'administration peuvent exercer des fonctions très intéressantes ; enfin, même si les préventions à l'égard du privé tendent à disparaître chez les responsables de l'administration, le service public reste le plus enthousiasmant. »

La grande supériorité des énarques, avec l'intelligence, c'est l'agilité intellectuelle. Et un goût parfois déroutant pour l'autocritique ! Ainsi, les diplômés de la promotion Léon-Blum, sortie avant les vacances, brossent-ils d'eux-mêmes un portrait sans concession : oui, c'est vrai, ils sont les ultimes privilégiés d'un grand concours entre privilégiés, oui, leur problème d'emploi est, au plus, un problème de carrière, oui, ils visent implicitement tous les grands corps, et, enfin, il est exact qu'ils n'aiment guère le privé et ceux qui vont « à la soupe ».

Michel de Rosen tente une analyse honnête sur son cas personnel. Il se reconnaît favorisé ; d'abord, par son milieu (un père dans les affaires, les centres d'intérêt familiaux, les contacts, les séjours à l'étranger, au besoin les cours particuliers), par son passé scolaire (un bon lycée classique, des professeurs choisis, des élèves qu'on pousse) et par son passage en grandes écoles (où tous les moyens humains et matériels sont déployés pour vous). « Même avant la sortie, le phénomène de caste joue. La carte de visite vous permet d'être accueilli et, surtout, on vous écoute. Les réputations se construisent : un tel est brillant, un tel... Mais rares sont ceux qui sont mis un jour à l'épreuve des réalités. Cela, chacun le sait. Mais la lucidité n'implique pas le changement ! »

L'Expansion, septembre 1975.

Les jeunes gens qui sortent des Grandes Écoles sont assurés de trouver facilement une situation, à un niveau élevé. Dans une enquête auprès des président-directeur-généraux des mille plus grandes sociétés françaises, non seulement les 3/4 des dirigeants en exercice ont été formés par une grande École, mais encore tous veulent pour successeur un(e) diplômé(e) de Grande École.

Quelles sont les opinions des élèves des Grandes Écoles ? Le sondage suivant donne quelques éléments de réponse.

Personnellement, êtes-vous plutôt confiant ou plutôt inquiet sur votre avenir ?	**Grandes écoles novembre 1983**	***Rappel échantillon étudiants mai 1983****
confiant	**82 %**	***39 %***
inquiet	**18 %**	***55 %***
ne se pron. pas	**–**	***6 %***

(*) Étude Ifop réalisée pour *Le Journal du dimanche*.

Sur cette liste figurent un certain nombre de droits ou de libertés actuellement exercés en France. Pouvez-vous me dire quels sont, parmi eux, les deux qui vous semblent les plus importants ?	
la liberté de la presse	**55 %**
le droit de vote	**52 %**
le droit de propriété	**49 %**
la liberté religieuse	**18 %**
le droit de grève	**13 %**
le droit à l'avortement	**9 %**

Plusieurs réponses étant possibles, le total des pourcentages est supérieur à 100.

Pensez-vous que les études que vous suivez vous préparent bien ou mal à votre futur métier ?	**Grandes écoles novembre 1983**	***Rappel échantillon étudiants mai 1983****
préparent bien	**84 %**	***51 %***
préparent mal	**13 %**	***37 %***
ne se pron. pas	**3 %**	***12 %***

Parmi les institutions suivantes de la société française, pouvez-vous me dire quelles sont les trois qui vous semblent représenter le plus de choses pour vous ?	
la famille	**77 %**
la justice	**75 %**
l'Université	**35 %**
les partis politiques	**26 %**
l'Église	**20 %**
les syndicats	**16 %**
la police	**13 %**
l'armée	**10 %**

Plusieurs réponses étant possibles, le total des pourcentages est supérieur à 100.

Parmi les différents pays suivants, quels sont les deux qui correspondent le mieux à l'idée que vous vous faites d'une bonne organisation de la société ?	
Suisse	**41 %**
États-Unis	**32 %**
RFA	**28 %**
France	**26 %**
Suède	**22 %**
Japon	**6 %**
Grande-Bretagne	**6 %**
Chine populaire	**2 %**
URSS	**–**

Plusieurs réponses étant possibles, le total des pourcentages est supérieur à 100.

Le Point, 5 décembre 1983.

LES ATTITUDES DES FRANÇAIS ENVERS L'ENSEIGNEMENT

Les journaux publient souvent des articles sur l'enseignement, et reflètent ainsi l'intérêt que portent les parents français à l'éducation de leurs enfants. Les attitudes des élèves, aussi bien que celles des adultes, sont régulièrement analysées par des sondages.

ENCOURAGEZ-VOUS VOS ENFANTS A LIRE...

... des bandes dessinées ?

	%
OUI	34
NON	54
NSP	12

... des « vrais » livres ?

OUI	79
NON	13
NSP	8

LEUR DONNEZ-VOUS L'EXEMPLE EN LISANT VOUS-MÊME ?

OUI	63
NON	33
NSP	4

CONTRÔLEZ-VOUS L'ASSIDUITÉ DE VOS ENFANTS A LEURS COURS ?

SOUVENT	43
QUELQUEFOIS	30
RAREMENT	14
JAMAIS	10
NSP	3

LES RÉSULTATS SCOLAIRES DE VOS ENFANTS SONT-ILS POUR VOUS UN SUJET DE PRÉOCCUPATION ?

TRÈS IMPORTANT	42
IMPORTANT	46
PEU IMPORTANT	10
PAS IMPORTANT DU TOUT	2
NSP	—

LE TRAVAIL ET L'ÉTUDE SONT-ILS DES VALEURS QUE VOUS DÉFENDEZ DEVANT VOS ENFANTS ?

SOUVENT	49
QUELQUEFOIS	36
RAREMENT	10
JAMAIS	2
NSP	3

LA TÉLÉVISION EST-ELLE, SELON VOUS, L'INSTRUMENT DE CULTURE PRIVILÉGIÉ DANS VOTRE FAMILLE ?

OUI	23
NON	71
NSP	6

V.S.D., 12-18/1984.

les élèves et l'école
(enquête auprès des élèves)

Ce que vous savez, l'avez-vous appris par l'école, la famille, les médias ou les copains ? *

	École	Famille	Médias	Copains	Ne sait pas
L'organisation de la vie administrative et politique (commune, département, région, nation, Europe)	56	46	29	3	4
La vie politique, philosophique, religieuse	25	64	31	5	7
L'organisation des entreprises (syndicats, comité d'entreprise, législation sociale)	32	40	34	2	14
L'organisation économique (circuits financiers, économiques)	36	33	28	2	18
L'organisation de la vie associative (mouvement de jeunes, d'éducation populaire, sportive)	36	32	19	51	8

* Pour ces questions, total des pourcentages supérieur à 100 en raison des réponses multiples.

Par ordre de préférence, qu'attendez-vous de votre scolarité ?

Ordre de préférence	en 1er lieu	en 2e lieu	en 3e lieu	en 4e lieu	en 5e lieu	Ne sait pas
Connaissances	53	24	9	4	3	7
Méthodes de travail	10	24	27	16	8	15
« Savoir-être » comportements, attitudes, relations)	5	10	17	29	23	16
Préparation à la vie professionnelle	28	20	19	13	7	13
Préparation à la vie de citoyen	2	8	13	21	40	16

Réponses en %. *L'Express*, 4 juin 1982.

école privée, école publique ?
(enquête auprès des parents)

L'existence d'un enseignement privé aidé par l'État à côté de l'enseignement public est-elle pour vous, à l'égard de la liberté et de la démocratie...

Essentielle	18	51
Importante	33	
Pas très importante	23	33
Sans aucune importance	10	
Nuisible		8
Ne se prononcent pas		8

Réponses en %. *L'Express,* 12 mars 1982.

Voici une liste de caractéristiques de l'enseignement en France. Pour chacune d'elles, dites si elle s'applique plutôt mieux à l'enseignement public, plutôt mieux à l'enseignement privé, ou aussi bien aux deux :

Réponses en %.

	Public	Privé	Autant aux deux
La discipline à l'intérieur des établissements	5	54	30
La neutralité politique	16	26	27
Un enseignement de qualité	16	32	41
L'innovation pédagogique	27	10	32
Une bonne préparation aux examens	13	34	42
Le brassage social	50	8	26
Une bonne motivation des enseignants dans leur travail	10	26	46
L'Association des parents aux études de leurs enfants et à la vie des établissements scolaires	10	25	44
Des enseignants qualifiés	19	13	55
Une gamme très diversifiée d'établissements	51	5	26
L'égalité des chances assurée	26	13	41

Les totaux horizontaux sont inférieurs à 100 % : la différence représente ceux qui ne se prononcent pas. *L'Express*, 12 mars 1982.

LE DÉBAT SUR L'HISTOIRE

Les Français s'intéressent à l'Histoire, qui leur a toujours paru une source d'enseignements moraux ou politiques, et le moyen de donner à leurs enfants des exemples d'hommes ou de comportements exceptionnels. Cette attitude, qui se traduit dans le grand public par le goût pour des magazines et des romans historiques ainsi que des émissions historiques à la télévision, avait comme conséquence de faire étudier l'Histoire par une succession d'événements datés. En réaction contre cette forme d'étude, souvent superficielle, les programmes d'Histoire à l'école avaient été complètement modifiés pour mettre en valeur les grands mouvements économiques et sociaux. En 1983 le président de la République a donné le signal officiel d'un nouveau débat sur le rôle de l'Histoire dans la formation d'une identité nationale (*cf.* texte ci-dessus « le 8 septembre à 8 h 30 » p. 195).

un homme sans mémoire est un homme sans identité

Le mépris de l'Histoire, et singulièrement de l'Histoire récente, est d'abord un mépris de soi-même qu'il ne faudrait, ni encourager ni même tolérer.

C'est vrai qu'ils sont pesants, les morts, et particulièrement en ces jours de novembre où les conventions sociales obligent par deux fois à les honorer, à les commémorer, à les fleurir, en privé, en public, individuellement, collectivement. Ce poids qui, deux fois l'an nous courbe les épaules, nous incline devant des tombes ou des monuments, mesurons-nous de combien d'efforts, de combien de sacrifices, de combien d'hommes et de femmes semblables à nous, meilleurs, moins bons, il est fait.

Un homme sans mémoire est un homme sans identité. L'amnésie des nations n'est pas moins grave. Un peuple sans passé n'est plus qu'une fourmilière. Un arbre déraciné est un arbre mort.

Le Quotidien de Paris, 12-13 novembre 1983.

notre histoire

Quelques commentaires abrupts formulés par le président de la République sur l'enseignement de l'histoire en France rouvrent un débat ancien, nécessaire, mais à coup sûr assez extravagant. A longueur d'année, Parisiens, provinciaux, envahissent en foules recueillies Versailles, les Invalides, la moindre tour féodale, n'importe quel château ou site un peu célèbre, dans une pieuse curiosité envers le passé national. Avec un beau mépris pour leur engouement, des professeurs présumés démocrates, c'est-à-dire sensibles aux convictions majoritaires, éliminent des programmes les héros et les princes, les batailles coupables, selon eux, de recouvrir le passé réel d'un vernis pittoresque mais fallacieux.

Les aventures de la Maintenon subtilement romancées par Françoise Chandernagor, l'austère *Louis XI* de Kendall, peuvent bien remporter, parmi d'autres biographies d'intrigants et de rois, des succès soutenus, tandis qu'une clientèle considérable dévore les revues spécialisées sur les mêmes sujets.

A l'ancienne fresque, haute en couleur, où Vercingétorix, Philippe-Auguste, Jeanne d'Arc, les soldats de l'an II, guerroyaient, souffraient, se sacrifiaient pour la défense du sol natal, les manuels rédigés par nos modernes pédagogues substituent peu à peu l'étrange grisaille d'un passé anonyme, sans conquérants, ni ministres ingénieux ni grands capitaines, exclusivement remplis par l'évolution de l'homme, telle qu'elle se dégage d'un immense labeur, étendu sur les millénaires.

Cette rupture intellectuelle, sentimentale, entre la nation et ceux qu'elle charge d'éduquer ses enfants obéit à des causes fort complexes. Avec sa manie de restreindre toute vie sociale à la production, aux rapports de forces entre les classes, un marxisme diffus, en vogue depuis vingt ans parmi les universitaires, encourage l'exclusion des personnalités au profit des masses.

En effet, leur vision laborieuse et non plus héroïque du passé, ne manque pas d'exactitude. Dans la longue vie des peuples, l'essentiel ne se décide pas forcément dans les têtes royales, ni sur les champs de bataille. Napoléon et Wellington, Austerlitz et Waterloo, exercent sur le seul XIXe siècle, une influence finalement secondaire par rapport à la machine à vapeur. La politique du second Bonaparte disparaît aussi derrière les travaux de Pasteur. Aujourd'hui, presque tout le monde a oublié comment s'appelait l'empereur dans cette Autriche où Beethoven créait son univers symphonique. Lorsqu'ils constatent ces vérités premières, les nouveaux professeurs n'outragent pas la raison.

La respectable préférence qu'ils accordent aux œuvres pacifiques, à la vie quotidienne sur la tragédie, fausse néanmoins l'exacte connaissance du passé.

Une histoire sans dates, sans chronologie, sans héros, prive les mémoires enfantines des repères indispensables. En même temps qu'elle blesse l'espit, elle offense la nature.

Gilbert Comte,
Le Monde, 17 septembre 1983.

un chef Gaulois se rend à César

Alésia, septembre 52, av. J.-C. Le soleil est déjà haut. Un homme à cheval, paré de ses plus belles armes, descend au galop vers les retranchements romains qui encerclent son camp fortifié, perché sur un plateau escarpé, entre deux rivières. A son côté pend sa longue épée dont le fourreau et la poignée sont brillamment incrustés de verreries.

Il est seul, c'est Vercingétorix.

Le jeune chef gaulois vient se rendre à César, consul et général romain, qui l'attend, assis sur un siège devant son camp, au milieu de ses légions.

Ainsi s'achèvent et la guerre des Gaules et le rêve d'indépendance des belliqueuses tribus gauloises.

Histoire de France, École élémentaire, Hatier.

Ces deux extraits de manuels d'histoire révèlent par quels thèmes sont formés les attitudes des jeunes élèves.

l'État c'est moi

Le 10 mars 1661, aussitôt après la mort de Mazarin, Louis XIV, âgé de vingt-trois ans, se décide à prendre le pouvoir.

Il déclare que désormais il va gouverner seul, sans Premier ministre.

De fait, pendant six à huit heures par jour, il ne quitte guère son bureau, s'informant de tout, rédigeant lui-même son courrier, préparant le budget. Il prend l'avis de quelques minitres : le chancelier, le contrôleur général des Finances, et quatre secrétaires d'État qui s'occupent des Affaires étrangères, de la Guerre, de la Marine et de la Maison du Roi. Chacun d'eux administre aussi une partie du royaume.

Le contrôleur des Finances, Fouquet, était peu scrupuleux, et il commit, en outre, l'erreur de vouloir éblouir le roi par une réception fastueuse dans son magnifique château de Vaux-le-Vicomte. Louis XIV le fit arrêter et porta sa confiance sur un ancien agent de Mazarin, un fils de marchand de draps, capable et dévoué, Colbert.

Celui-ci fit des intendants les fidèles exécutants du roi dans les provinces.

Extrait de Jean-Marie LE GUEVELLOU : Louis XIV, *Collection Histoire Juniors*, Hachette, Éditeur.

L'ORDINATEUR À L'ÉCOLE

L'installation de l'ordinateur à l'école a pour but de changer les mentalités et les méthodes d'enseignement. Bien que tout le monde ne soit pas tout à fait d'accord sur ses avantages comme outil pédagogique, l'ordinateur est aussi à l'origine d'une nouvelle discipline, l'informatique, dont les applications jouent un rôle de plus en plus important dans l'économie du pays.

l'enseignement assisté par ordinateur

« Au moins, il est gentil. Avec lui, on peut se tromper : il ne nous engueule jamais. »

Dans la bouche d'un enfant de sept ans, cette petite phrase illustre un aspect intéressant de l'E.A.O. – l'Enseignement assisté par ordinateur. L'E.A.O. révolutionne le rapport enseignant-enseigné, et ce n'est là qu'un de ses attraits.

Pourtant, l'E.A.O. ne jouit pas d'une très bonne réputation dans les milieux enseignants – dans le primaire en particulier. La preuve ? Jean-Yves Chateau, conseiller informatique de la direction des Écoles au ministère de l'Éducation nationale, déclarait l'an dernier : *« L'informatique est moins une réponse aux problèmes pédagogiques qu'un problème pédagogique nouveau. »* Craignant l'impact de l'ordinateur dans un contexte où *« la formation de l'esprit des jeunes enfants est en jeu »*, Jean-Yves Chateau préconise de limiter le recours à l'ordinateur : il suffira d'éveiller les élèves à la culture informatique dans le cadre d'une *« instruction civique nécessaire pour éviter les effets pervers de l'informatisation »*.

Évoquant le plan qui vise à doter l'Éducation nationale de cent mille micro-ordinateurs, Jean-Yves Chateau mettait en garde contre les dangers d'une introduction hâtive de l'ordinateur à l'école : *« Les travaux les plus récents sur les technologies éducatives laissent dans le doute et l'inquiétude sur leur caractère immédiatement démocratique. »*

Le Nouvel Observateur
2 décembre 1983.

François Mitterrand au colloque informatique - enseignement

« L'informatique est l'homme pressé de la science. Elle s'installe et, à peine arrivée, conquiert et prétend gouverner. » Bien qu'effarouché, on le sent, par cette attitude pour le moins impertinente, François Mitterrand, homme qui lui, a su mettre de longues années pour conquérir pas à pas le pouvoir, n'en est pas moins « magnétisé » par cette puissance exogène. La seule industrie où « l'investissement croît, l'emploi se développe, la croissance s'accélère ».

Car, à l'heure de la crise industrielle et du chômage, c'est elle qui permettra de devenir plus compétitif, de conquérir des marchés, d'embaucher des hommes. Les États-Unis et le Japon le savent bien et l'ont compris les premiers puisqu'ils forment respectivement cinq fois plus et neuf fois plus d'ingénieurs en électronique que la France.

Dans ce pays bien latin qui est le nôtre, en effet, les esprits véhiculent une culture riche mais ancienne, rigide, et sont inévitablement plus réfractaires à l'introduction des nouveaux modes de pensée. Aujourd'hui, pourtant, une véritable révolution explose. « Une nouvelle culture naît sous nos yeux et la plus grande majorité doit en prendre conscience. »

Alors, il est urgent d'introduire l'informatique partout dans les universités, dans les écoles, du primaire à l'enseignement supérieur, en passant par le secondaire. Déjà, 20000 professeurs ont été formés en 1982, autant en 1983, et l'effort sera poursuivi l'an prochain. Plus de 370 ingénieurs ont accepté d'instruire de jeunes chômeurs et bientôt 50 appelés vont prendre en charge 1000 volontaires du contingent. L'informatique pour reconvertir les sans-emploi et former les jeunes. Enfin, TF 1 diffusera une émission mensuelle d'initiation aux micro-ordinateurs. L'informatique dans tous les foyers.

Pour François Mitterrand c'est clair, il ne suffira pas d'apprendre une matière de plus, d'ajouter une corde à son arc ou de présenter un nouveau sujet avec un bon coefficient au baccalauréat, mais bien de refondre entièrement la méthode, la façon d'apprendre et de penser.

Les Échos, 23 novembre 1983.

LA FORMATION PERMANENTE

Dans une société où tout change vite, on s'est demandé si les connaissances acquises au début de la vie restaient adaptées aux circonstances qu'on rencontre dans toute une vie. On peut même se demander, comme le font certains penseurs (par exemple, Ivan Illich), si l'école doit survivre...

Une loi en 1971 a prévu que tout travailleur pouvait bénéficier d'un droit nouveau, celui à la formation permanente.

Les employeurs doivent donc consacrer une somme égale à 1 % des salaires, à payer des cours de perfectionnement ou de « recyclage » à leurs employés. Ces derniers ont droit à des congés spéciaux de formation.

Cette forme d'éducation permet en outre aux travailleurs qui n'ont pas eu la chance ou les moyens financiers de faire des études menant à des postes de responsabilité, d'améliorer leur situation professionnelle et sociale.

(*Publicité*)

BIENVENUE A L'UNIVERSITÉ

Dans votre vie, vous avez dû travailler jeune; et vous n'avez pas pu mener d'études. Dans votre entreprise, vous voulez gravir les échelons, mais aujourd'hui vous êtes bloqués. Dans votre branche professionnelle, vous vous sentez au niveau, mais vous n'avez pas le diplôme.
La formation continue est faite pour vous. En s'appuyant sur votre expérience professionnelle, elle vous donne accès au Diplôme Universitaire de Technologie, le DUT, un diplôme universitaire reconnu sur le marché du travail.
L'IUT de Villetaneuse, Université de Paris-Nord, prépare à trois DUT : informatique, gestion du personnel, carrières juridiques et judiciaires.

Pour ces diplômes, deux formules sont possibles : une formation à temps complet en un an, ou une formation à temps partiel sur plusieurs années (tout en continuant à travailler).
Pour le financement, si vous êtes salarié en activité, les frais de formation peuvent être pris en charge par votre entreprise et certaines exonérations sont prévues pour les demandeurs d'emploi.

Inscription et renseignements
Session de novembre 1980
Veuillez nous écrire
Centre de Formation Continue
IUT de Villetaneuse
avenue J-B Clément
93430 Villetaneuse
Téléphone 821 61 70 poste 48 40

LES CHAMPIONS

APPAREIL PÉDAGOGIQUE 11

Présentation

La démocratisation de l'enseignement s'est poursuivie en France : tous les enfants ont aujourd'hui plus de chances de faire une scolarité complète. Sous la IIIe République, tous les petits Français ont pu aller à l'école primaire qui a été rendue obligatoire. Sous la IVe et sous la Ve République, la durée de la scolarité a été prolongée et les études secondaires ont été réformées par la création du collège, école secondaire pour tous avant le lycée. Cependant la démocratisation reste limitée : les enfants de la bourgeoisie gardent encore des privilèges : autrefois, ils allaient au lycée quand les enfants du peuple se contentaient de l'école primaire; aujourd'hui, ils constituent la plupart des étudiants dans les universités et surtout dans les Grandes Écoles. Le système d'enseignement français reste très lié à une société hiérarchisée.

Un problème particulier se pose pour les enfants qui vivent à la campagne. Le dépeuplement rural a entraîné la suppression d'écoles, où il y avait peu d'élèves. Les enfants qui doivent alors faire de longs trajets fatigants pour aller à l'école se trouvent défavorisés.

Enfin le contenu et les méthodes d'enseignement sont encore critiqués. La libéralisation provoquée par la révolte étudiante de mai 1968 a eu des suites limitées. D'ailleurs, on a l'impression que le système d'enseignement reste souvent inadapté au monde contemporain, ce qui provoque un malaise général chez les étudiants. Ce malaise est renforcé par la difficulté qu'ont beaucoup d'étudiants à trouver un emploi à la fin de leurs études. (Voir en particulier le chapitre sur les activités professionnelles et les groupes sociaux.)

P. 191 LES OBJECTIFS DE L'ENSEIGNEMENT

LES LOIS DE 1881 ET 1882 : le nom du ministre de l'Instruction publique, Jules Ferry, reste célèbre en France. Il était responsable des lois qui ont créé en 1881 et 1882 l'école pour tous.
LA GRATUITÉ : les élèves ne paient pas pour aller à l'école publique. Ce principe permet aux enfants des familles pauvres d'avoir les mêmes chances d'une bonne éducation que les enfants des familles riches.
LA LAÏCITÉ : l'enseignement public est laïc en France. L'instruction religieuse doit se passer en dehors de l'école publique. Les parents qui veulent que leurs enfants reçoivent une éducation religieuse ont le droit de les inscrire dans une école privée.
l'enracinement (m.) : établissement en profondeur.
l'exigence (f.) : nécessité.
les établissements qui lui sont associés : les écoles libres (privées) qui ont contrat d'association avec l'État.

Discussion sur le texte

1. Quels sont les principes fondamentaux de l'enseignement public en France?
2. Malgré ces principes, tous les enfants ont-ils les mêmes chances de faire de bonnes études et de réussir dans la vie?
3. Comparez ces principes et la devise de la République française (« liberté, égalité, fraternité »).
4. Pourquoi les rapports entre l'enseignement public et l'enseignement privé posent-ils des problèmes à l'État?

P. 193 UN LYCÉE PARISIEN

LE LYCÉE JULES-FERRY : le lycée porte le nom du ministre de l'Instruction sous la IIIe République qui a fait voter la loi sur la scolarité obligatoire en France.
LES SIXIÈMES : les élèves de la classe de sixième. Autrefois, la classe de sixième marquait le début des études au lycée. Aujourd'hui, les classes de sixième, cinquième, quatrième et troisième sont regroupées dans le collège où tous les enfants vont après l'école primaire. Le lycée commence à partir de la classe de seconde.
LA RENTRÉE : événement très français; premier jour d'école après les longues vacances d'été.
68 : la révolte de mai 1968.
s'égosiller : crier le plus fort possible.
huilé : *ici*, ordonné.
en catastrophe : à la dernière minute.
le Bic : marque de crayon à bille.
l'étiquetage (m.) : le fait de mettre une étiquette.
commode : pratique.
le tourbillon : *ici*, spirale.

le « truc » : *ici*, idée pour se débrouiller.
l'interro (fam.) : interrogation écrite.
douillet : confortable et doux.
le méridional : personne née dans le Midi de la France.
le chahut : désordre bruyant dans une classe ou dans la rue.
dépassé : qui a perdu le contrôle de la classe.
les grands : *ici*, une génération plus âgée.
se rejoindre : *ici*, être d'accord.
drôlement (fam.) : très.
sympa (fam.) : sympathique, gentil.

Discussion sur le texte

1. Pourquoi la jeune lycéenne interviewée voulait-elle voir le film *Diabolo-Menthe* ?
2. Qu'est-ce qui a changé dans la vie du lycée Jules-Ferry depuis le début des années soixante ?
3. Qu'est-ce que ce film a apporté à la jeune fille ?
4. Comment vous paraissent être les rapports entre professeurs et élèves en 1978 ?
5. Cette jeune lycéenne française est-elle différente des lycéens de votre pays ?

Exercice de langue

Relevez dans le texte des exemples de mots et expressions de la langue parlée des lycéennes.

Un scénario de film

Imaginez que vous allez tourner un film sur le lycée où vous avez fait des études. Quels sont les éléments de la vie du lycée qui se prêtent le mieux à la satire ? Vous choisissez un de ces éléments et vous écrivez le scénario de la scène que vous voudriez tourner. (Voir les exemples d'un scénario p. 141 et p. 142.)

P. 194 LE HUIT SEPTEMBRE

LES ACADÉMIES : pour l'administration de l'enseignement, la France est divisée en vingt-deux académies correspondant aux vingt-deux régions. Chaque académie est dirigée par un recteur.
EN JUIN : à la fin de l'année scolaire, on fait au ministère de l'Éducation nationale des prévisions concernant le nombre d'élèves qu'il faudra accueillir à la rentrée des classes en septembre.
UN L.E.P. : lycée d'enseignement professionnel.
LE S.N.E.S. : le syndicat national de l'enseignement secondaire.
LE CONSEIL DES MINISTRES : chaque mercredi, les ministres du gouvernement se réunissent avec le Président de la République pour discuter l'action gouvernementale.
C'EST LA FAUTE A VOLTAIRE, A ROUSSEAU : expression populaire qu fait allusion aux luttes menées par les philosophes Voltaire (1694-1778) et Rousseau (1712-1778) en faveur du sens critique et de la liberté.
leurs campagnes : *ici*, leur batailles.
au jour dit : *ici*, le jour de la rentrée.
grosso modo : approximativement.
le proviseur : chef d'un lycée.
l'intendant (m.) : personne responsable du bon fonctionnement matériel d'un établissement scolaire.
débarquer (fam.) : arriver.
dégradée : *ici*, moins bonne que l'année précédente.
alourdir : augmenter.
les effectifs (m. pl.) : *ici*, le nombre d'élèves.
au sortir de : à la fin de.
la carence : insuffisance, faiblesse.
prendre à contre-pied : surprendre.
convier : inviter.
un(e) gosse (fam.) : enfant.
le relâchement : *ici*, liberté.
les grands ensembles : *ici*, les groupements de grands immeubles où les conditions de vie ne sont pas satisfaisantes.

P. 199 ENTRER À L'E.N.A.

L'ÉNARQUE : diplômé de l'E.N.A. (École Nationale d'Administration) qui est devenue la Grande École la plus importante de France.
LE BAC C : catégorie du baccalauréat considérée comme donnant les meilleures possibilités d'entrer dans les grandes écoles.
LA MENTION TRÈS BIEN : selon les notes que l'on reçoit, on peut obtenir des grades allant de la mention *passable* à la mention *très bien*.
H.E.C. : Hautes Études Commerciales, grande école pour les affaires.
LA PROMOTION : *ici*, l'ensemble des élèves sortis d'une école la même année. Chaque promotion de l'E.N.A. prend comme nom celui d'un homme célèbre choisi par les élèves.
LE CONCOURS : examen où il ne suffit pas d'avoir la note moyenne. Seuls ceux qui ont les meilleures notes sont reçus au concours.
LES GRANDS CORPS : l'ensemble des fonctionnaires qui appartiennent aux administrations de l'État les plus puissantes : l'Inspection des finances, le Conseil d'État, la Cour des Comptes, etc.
LES GRANDES ÉCOLES : voir p. 198.
LA SORTIE : fin des études à l'école. A l'E.N.A., c'est le moment où chacun des diplômés choisit l'administration dans laquelle il fera sa carrière.
le génie : aptitude.
la prévention : préjugé.
le privé : secteur privé de l'économie ; *contr.* le public.
déroutant : surprenant.
le privilégié : personne qui bénéficie d'avantages particuliers.
aller à la soupe (fam.) : être attiré par les gains d'argent faciles.
le cours particulier : leçon donnée individuellement par un professeur.
être déployé : *ici*, être mis à votre disposition.

P. 204 UN HOMME SANS MÉMOIRE

EN CES JOURS DE NOVEMBRE : le premier novembre a lieu la fête de la Toussaint où les Français visitent les cimetières pour mettre des fleurs sur la tombe des membres de leur famille qui sont morts. Le 11 novembre est le jour de la commémoration officielle de la mort des soldats français tués pendant la Première et la Deuxième Guerre mondiale; c'est la date de la fin de la Première Guerre mondiale.
le mépris : *ici,* manque de respect.
être pesant : *ici,* avoir de l'importance.
l'amnésie (f.) : perte de la mémoire.
la fourmilière : société de fourmis.
déraciné : qui n'a plus de racines.

P. 204 NOTRE HISTOIRE

VERSAILLES : le château de Versailles construit par le roi Louis XIV est considéré comme un chef-d'œuvre de l'architecture classique.
LES INVALIDES : l'hôtel des Invalides à Paris également construit par le roi Louis XIV, était destiné à loger les soldats invalides. Le tombeau de Napoléon se trouve dans l'Église des Invalides.
MADAME DE MAINTENON (1635-1719) : chargée de l'éducation des enfants du roi Louis XIV, elle épousa secrètement le roi après la mort de la reine Marie-Thérèse et exerça sur lui une forte influence religieuse.
LOUIS XI : roi de France de 1461 à 1483.
LES SOLDATS DE L'AN II : les soldats de l'armée républicaine de 1791.
LE SOL NATAL : La France.
LE MARXISME : doctrine *inspirée des théories* de Karl Marx (1818-1883).
à coup sûr : certainement.
à longueur d'année : pendant toute l'année.
recueilli : *ici,* silencieux et respectueux.
l'engouement (m.) : enthousiasme.
majoritaire : de la majorité des gens.
les programmes (m. pl.) : *ici,* les programmes scolaires.
le vernis : *ici,* façade.
fallacieux : faux.
soutenu : *ici,* important.
guerroyer : se battre.
la grisaille : *ici,* présentation triste et monotone.
le labeur : travail dur.
la manie : obsession.
restreindre : limiter.
le repère : référence.

P. 205 UN CHEF GAULOIS SE REND A CÉSAR

ALÉSIA : tous les jeunes Français apprennent que la vertu d'indépendance nationale qui caractérise leur pays a commencé à la bataille d'Alésia. Les légions de l'empereur romain César encerclèrent le camp du chef gaulois Vercingétorix qui fut obligé de se rendre mais sans renoncer ni à sa dignité ni à sa fierté.
paré : décoré.
le retranchement : position de défense.
escarpé : qui a des pentes difficiles à monter.
le fourreau : enveloppe de l'épée.
les verreries (f. pl.) : ornements de verre.
belliqueux : qui aime faire la guerre.

P. 205 L'ÉTAT C'EST MOI

LOUIS XIV : roi de France (1643-1715). Il avait cinq ans quand son père Louis XIII est mort. De 1643 à 1661, la France fut dirigée par le Cardinal Mazarin, principal ministre de la régente Anne d'Autriche, mère de Louis XIV. Le règne personnel de Louis XIV qui commença en 1661, fut marqué par le pouvoir absolu du roi qu'il résuma en la phrase célèbre : « L'État, c'est moi ».
LE CHANCELIER : ministre de la Justice.
JEAN-BAPTISTE COLBERT (1619-1683) : il est à l'origine de la tradition des « grands commis de l'État », hauts fonctionnaires qui consacrent leur vie au service de l'Administration du pays.
LES INTENDANTS : leur rôle de représentant du pouvoir central est joué dans l'administration d'aujourd'hui par les préfets (Commissaires de la République). Cependant à l'époque de Louis XIV les intendants s'occupaient également de la justice et du contrôle de toute la vie financière de leur région.
être peu scrupuleux : *ici,* utiliser pour lui-même l'argent de l'État.
éblouir : impressionner.
fastueux : très élégant.

Discussion sur les textes « Un chef Gaulois se rend à César » et « L'État c'est moi ».

1. Trouver dans le texte sur Alésia tout ce qui met en valeur le personnage de Vercingétorix comme héros.
2. Comment la phrase « l'État c'est moi » montre-t-elle aux élèves français l'importance du concept de l'État comme ayant une existence permanente? Quelle différence y aurait-il si Louis XIV avait dit « le roi, c'est moi »?
3. Peut-on trouver dans ces textes un des thèmes de la vie politique française qui est la fascination pour les chefs historiques? Pouvez-vous citer d'autres exemples que ceux des deux textes?
4. Quelle approche de l'enseignement de l'histoire les deux extraits révèlent-ils?

P. 206 L'ENSEIGNEMENT ASSISTÉ PAR ORDINATEUR

engueuler (fam.) : critiquer vigoureusement.
le rapport enseignant-enseigné : les relations entre les professeurs et les élèves.
jouir de : avoir.
le primaire : l'école primaire.
le conseiller informatique : personne responsable de l'informatique (utilisation des ordinateurs).
en jeu : en train d'être décidé.

préconiser : proposer.
le recours : utilisation.
dans le cadre de : dans le contexte de.
pervers : négatif.
l'informatisation : utilisation des ordinateurs.
mettre en garde : avertir
hâtif : rapide.

P. 206 FRANÇOIS MITTERRAND AU COLLOQUE INFORMATIQUE-ENSEIGNEMENT

DANS CE PAYS BIEN LATIN : référence à l'influence de la civilisation gréco-romaine sur le comportement des Français et à leur goût de la discussion théorique plutôt que de l'action.
TF1 : station de télévision française.
prétendre : affirmer.
effarouché : ayant un peu peur.
exogène : qui vient de l'extérieur.
croître : augmenter.
embaucher : employer.
véhiculer : transmettre.
être réfractaire : rejeter.
le chômeur : personne qui ne trouve pas de travail.
l'appelé (m.) : personne qui fait son service militaire.
le contingent : toutes les personnes qui font leur service militaire pendant la même année.
le foyer : maison.

EXERCICES SUR LE CHAPITRE

Analyse des sondages

Comparez les réponses apportées par les étudiants de l'université et les étudiants des Grandes Écoles aux questions concernant leur avenir professionnel.
Pensez-vous que tous les parents ont répondu sincèrement aux questions sur l'éducation de leurs enfants ? Sinon pourquoi ont-ils caché leur véritable opinion ? Si certains parents répondent plutôt en fonction de l'image qu'ils ont des parents idéaux, quelle conclusion peut-on en tirer (voir p. 201).
Selon le sondage (p. 203) quel est l'avantage principal de l'enseignement privé sur l'enseignement public ? Pourquoi ?
Comment les réponses données (p. 202) par les élèves sur leur scolarité révèlent-elles les priorités qui sont à la base du système d'enseignement en France ?
Est-ce que les élèves pensent que l'enseignement qu'ils reçoivent leur permet d'apprendre tout ce qu'il faut savoir pour réussir leur vie dans la société ? Citez les chiffres les plus significatifs du sondage (p. 202) pour illustrer votre réponse.
Dans les réponses des élèves des Grandes Écoles (p. 199 et p. 200) peut-on observer des attitudes qui reflètent leur appartenance aux classes sociales dominantes ?

Questions générales

1. Commentez le jugement suivant : « Les lycées français ont formé un type d'esprit unique au monde. Le dosage d'humanités et de sciences donnait à jamais le goût de la connaissance, de grandes perspectives de la mesure, de la vie. »
2. Préféreriez-vous être étudiant en province ou à Paris ? Expliquez votre réponse.

Débats de civilisation

1. Vous paraît-il plus important de suivre un enseignement de formation générale ou un enseignement adapté à des débouchés professionnels précis ? Pourquoi ?
2. L'école sous sa forme actuelle va-t-elle être remplacée par d'autres moyens de diffusion des connaissances comme la télévision et les machines à éduquer ? Justifiez votre opinion.
3. Pensez-vous que la sélection soit nécessaire pour l'entrée dans l'enseignement supérieur ? Quel rôle jouent les concours et les examens ? Faut-il supprimer les cours ? Faut-il supprimer les examens ?
4. Un enseignement parfaitement démocratique vous semble-t-il possible ? Justifiez votre opinion.

LE JEU DES PREUVES *cf.* p. 5

1. Est-ce qu'il existe en France des écoles qui ne sont pas créées par l'État ?
2. Est-ce que les écoles privées ont une place importante dans le système éducatif français ?
3. Est-ce que la sélection joue un grand rôle dans le système d'enseignement français ?
4. Est-ce que le fait de suivre les cours d'une Grande École ou ceux de l'université donne les mêmes chances de réussir dans la vie ?
5. Les parents français encouragent-ils leurs enfants à bien étudier ?
6. Est-ce que le débat sur l'enseignement de l'histoire révèle l'importance que les Français attachent à leur passé ?
7. L'ordinateur à l'école permettra-t-il à la société française de s'adapter à la nouvelle économie mondiale ?

LE JEU DE L'INTERVIEW *cf.* p. 5

Vous interviewez des parents et des élèves français sur le rôle que l'école joue dans la société.

THÈMES DU JEU INTERCULTUREL *cf.* p. 6

1. Quels sont les objectifs essentiels du système d'enseignement ?
2. Comment est organisé le système d'enseignement ?
3. Est-ce que l'histoire (ou l'informatique) doit avoir une grande place dans les programmes scolaires ?

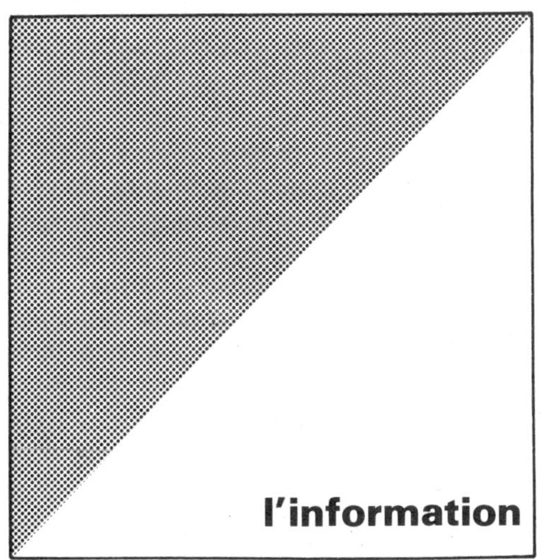

l'information

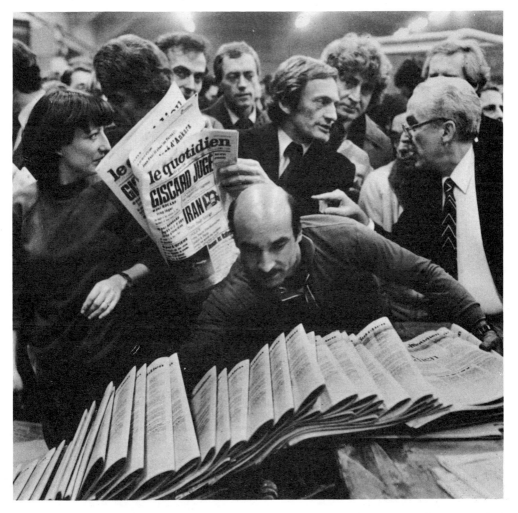

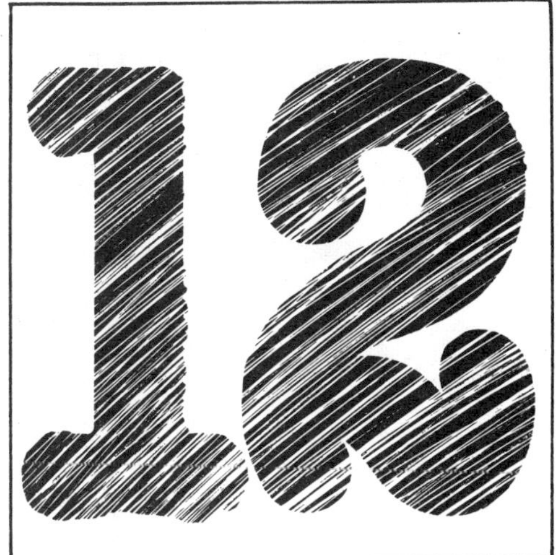

LA PRESSE ÉCRITE

La presse est libre : tout le monde peut faire paraître un journal, mais bien sûr, il faut avoir de l'argent. Il faut recueillir l'information, écrire les articles, imprimer le journal, le distribuer... En 1977, seize nouveaux titres, deux quotidiens, cinq hebdomadaires, neuf mensuels ont vu le jour, et ont disparu presque aussitôt. Le quotidien *J'informe,* ayant une orientation centriste et dirigé par un ancien ministre de la Ve République, a paru pendant trois mois seulement en 1977.

La publication du *Quotidien de Paris,* fondé en 1974 et qui a profité de la disparition de *Combat* la même année, a dû être arrêtée après quatre ans, mais a pu reprendre en 1979.

Bien que certains journaux restent indépendants, comme *Le Monde* ou comme le journal de satire politique *Le Canard Enchaîné,* la plupart des titres appartiennent à quelques grands groupes financiers, comme le groupe Hersant, qui emploie 8 000 personnes et publie des quotidiens nationaux (*Le Figaro, France-Soir*), des quotidiens régionaux, des hebdomadaires et des revues spécialisées... Ses publications sont plus nombreuses que celles d'autres groupes financiers comme Hachette *(Le Journal du dimanche, Télé 7 Jours, Elle, Le Point...)* ou Bayard-Presse *(La Croix* et la presse catholique).

Vive le pluralisme de la presse !

EN ces temps de polémiques autour d'une nouvelle loi sur la presse, les deux principaux quotidiens marseillais, « Le Provençal » et « Le Méridional », viennent de donner une grande leçon d'indépendance à tous leurs confrères. Ces deux journaux, dont l'imprimerie appartient à un même propriétaire, qui utilisent les mêmes services de publicité et de distribution et occupent les mêmes bureaux, sont, on le sait (ou on ne le sait pas), tous deux chapeautés par le groupe de presse de Gaston Defferre. En dépit de quoi, chaque rédaction garde une parfaite autonomie : « Le Méridional » est de droite, « Le Provençal » de gauche (il en faut bien pour tous les goûts).

Toutes ces intéressantes particularités les ont amenés, le 22 octobre dernier, à présenter le résultat d'un sondage local avec une rigoureuse symétrie.

Titre du « Provençal » ce jour-là :

Ordures ménagères : 20 % de Marseillais satisfaits du ramassage

Titre du « Méridional » :

Ramassage des ordures : 80 % des Marseillais mécontents

Les deux journaux ne s'étaient jamais révélés aussi complémentaires l'un de l'autre.

Le Canard Enchaîné,
23 novembre 1983.

Pour éviter une trop forte concentration de la presse écrite entre les mains de groupes financiers, le gouvernement a présenté un projet de loi sur la presse au Parlement. Après des débats prolongés et une controverse parfois violente, le texte a été finalement voté en 1984.

Mais, plus que par des lois, comme cette dernière qui reprend des idées sur lesquelles la presse de la libération, à la fin de la Seconde Guerre mondiale, avait été lancée, c'est par les conséquences de la transformation de la société que la presse est marquée :

— la publicité est nécessaire aux industriels pour écouler leurs produits ; elle est indispensable aux journaux pour équilibrer leurs comptes et certains hebdomadaires ont des recettes publicitaires très largement supérieures à leurs recettes de ventes. Il n'existe pourtant pas encore en France de journaux importants à diffusion gratuite ;

— les modes de diffusion ont beaucoup évolué ; il n'y a plus de grande diffusion possible sans une promotion importante. Alors que l'*Humanité* compte sur les militants du Parti communiste pour vendre à la criée l'*Humanité Dimanche,* des hebdomadaires comme *le Point* font des publi-postages à domicile :

La diffusion de l'« Humanité »

A l'heure où les médias rivalisent de haine et de calomnies pour réveiller un anticommunisme d'une violence rarement atteint, diffuser « l'Humanité » devient un devoir pour chaque communiste ; plus qu'un devoir, un besoin. Déjà soixante fédérations du P.C.F. ont fait connaître la date de la réunion de leur secrétariat fédéral, consacrée à la mise au point d'un plan de diffusion pour le premier trimestre de 1984. Quant à la vente de l'« Humanité Dimanche » des 10, 11 et 12 février, nous pouvons annoncer que douze députés et trente-cinq membres du Comité central y participeront. La moitié d'entre eux iront dialoguer avec les travailleurs en diffusant l'« H.D. » aux portes des entreprises.

L'Humanité,
14 janvier 1984.

Publi-postage à domicile du « Point »

— la généralisation du congé de deux jours en fin de semaine n'a eu que des conséquences limitées sur la presse. On constate néanmoins que la presse hebdomadaire paraît en général juste avant ou au début du week-end et que la presse quotidienne a créé des suppléments spéciaux, vendus avec les numéros du vendredi ou du samedi (*Le Figaro magazine*), *France-Soir magazine,* et à un moindre degré, *Le Monde loisirs* et *le Monde aujourd'hui* ;

— l'autorisation par l'État des « radios libres » a conduit certains journaux à financer et parfois à animer des stations de radio ;

— l'importance de la télévision a conduit les dirigeants et journalistes de la presse écrite à participer à des émissions de télévision de plus en plus nombreuses, dont la plus célèbre est « droit de réponse » de Michel Polac ;

— enfin, l'introduction de plus en plus notable de la télématique dans les foyers français conduira probablement à une répartition différente entre la presse écrite telle qu'elle est et l'utilisation des terminaux informatiques familiaux.

les quotidiens

Le nombre de titres quotidiens est passé de 206 à la fin de la Deuxième Guerre mondiale à moins de 100 aujourd'hui (une douzaine à Paris, soixante-dix à quatre-vingts en province). Leur tirage global est de onze à douze millions par jour. La France est au vingtième rang dans le monde pour le nombre de journaux par habitant. Selon un sondage de 1976, quarante-cinq Français sur cent déclarent libre un quotidien tous les jours et vingt-trois pratiquement jamais. Voici les titres de quotidiens parisiens et nationaux *(chiffres de diffusion contrôlés par l'O.J.D. 1985)* :

France-Soir (405 338)
Journal populaire où dominent l'actualité et les faits divers.

Le Monde (357 117)
Journal de haute qualité, un des modèles de la presse internationale. De tendance centre-gauche, il est connu pour le sérieux de ses informations. Son tirage a régulièrement augmenté jusqu'à une époque récente.

Le Parisien Libéré (332 640)
Journal populaire où abondent les faits divers.

Le Figaro et Le Figaro édition l'Aurore (366 172)
Journaux de tendance centre-droite, ouverts aux grands courants d'opinion actuels.

L'Équipe (321 199)
Journal entièrement consacré aux informations sportives.

L'Humanité (118 710)
Journal du Parti communiste.

La Croix (112 028)
Journal catholique d'information.

Le Matin de Paris (140 163)
Journal d'orientation socialiste.

Libération (108 748)
Journal libéral, libertaire.

Quotidien de Paris (80 000)
Journal libéral indépendant à forte tonalité d'opposition au régime socialiste.

Cependant le journal qui a le plus gros tirage est un quotidien régional, **Ouest-France** (800 694), publié à Rennes, en Bretagne, et diffusé également en Normandie et dans les pays de la Loire. Chiffre de diffusion réelle moyenne pour 1984 : 721 404.

les hebdomadaires de grande information

L'EXPRESS

le point

le nouvel Observateur

L'expansion de la presse hebdomadaire est un phénomène récent et reste très dynamique. *L'Express, Le Nouvel Observateur* et *Le Point,* magazines hebdomadaires, présentant en particulier des enquêtes et des analyses détaillées d'événements politiques et sociaux, connaissent un grand succès.

L'Express (517 157) : est le premier à avoir adopté, en 1964, le format du magazine américain *Time.* Bien que son audience ait diminué après la création du *Point* en 1974, il a encore le plus gros tirage de ces trois magazines ; chacun a un style de reportage facilement reconnaissable.

Le Point (329 693) : se veut un magazine d'information politiquement indépendant.

Le Nouvel Observateur (363 313) : présente une analyse socialiste des événements.

Paris-Match (888 590) : qui a une plus grande diffusion que les trois magazines précédents, consacre de nombreuses pages à des reportages photographiques de l'actualité.

V.S.D. (314 750) : (Vendredi, Samedi, Dimanche), créé en 1977 pour les lecteurs de fin de semaine.

Le Monde, 8 novembre 1983.

les périodiques familiaux et féminins

Ce sont ces périodiques hebdomadaires ou mensuels qui ont le plus grand nombre de lecteurs.

On y trouve les magazines donnant des programmes de télévision (*Télé 7 Jours* (2 821 585), *Télé-Poche* (179 968) et *Télérama* (477 040) qui contient aussi des critiques approfondies de livres, de films et de disques), les magazines de grande lecture *(Sélection du Reader's Digest,* édition française, *Historama),* la presse du cœur (*Nous deux* 823 397), la presse dite enfantine mais lue par de nombreux adultes *(Pilote, le Nouveau Tintin, Spirou),* la presse destinée aux jeunes filles *(Jacinte, 20 ans)* et la presse féminine *(Elle, Marie-Claire, Marie-France, Jours de France, F. Magazine).*

chez une rédactrice en chef

(Les deux personnages principaux d'*Un jeune couple* se trouvent chez la rédactrice en chef d'un magazine féminin dont le titre, fictif bien entendu, est *Horizons.*)

C'est toi, Monique? Je t'écoute, mon petit, (Pause. Ton doctoral :) N'insiste pas trop sur le caviar, mon chou. Notre public n'est pas un public populaire, mais il n'est pas situé non plus dans les plus hautes catégories de revenu. Le revenu moyen de nos lecteurs est de trois mille nouveaux francs par mois, il ne faut pas l'oublier. Nous avons affaire à une classe sociale en pleine promotion plutôt qu'à une classe déjà stabilisée. Vous avez le droit, dans les pages féminines, de flatter son besoin légitime de chic et d'élégance, mais il faut prendre garde à ne pas lui donner des complexes de frustration. Donc, je le repète, ne forçons pas trop sur le caviar. Nous travaillons pour un public qui a envie d'être chic, mais qui n'en a pas encore les moyens financiers ni, tout à fait, intellectuels... Pour ses vacances, recommande-lui le Club Méditerranée, mais pas les Bahamas — au moins tant que le Club Méditerranée n'y est pas installé... (Pause.) Comment as-tu trouvé la page sur le Vietnam?... (Pause.) Vrai? Ma trouvaille, mon petit. Je ne suis pas mécontente de moi, cette semaine. Je regrette seulement qu'il n'y ait pas une photo supplémentaire de prisonniers vietnamiens... (Pause.) Oui, je sais, les photos sont terribles, mais c'est ce que j'ai voulu : il faut *gêner,* tu comprends, mon petit? Secouer la torpeur du public... Allez, salut. Travaille bien. Et rappelle-toi : ne pas trop insister sur le caviar.

Jean-Louis Curtis,
Un jeune couple, Éditions Julliard 1967.

LA RADIO ET LA TÉLÉVISION

La radio et la télévision ont longtemps été un monopole de l'État, qui les contrôlait étroitement. Une loi sur la communication audiovisuelle en juillet 1982 a modifié ce système. Elle a créé la Haute Autorité de la communication audiovisuelle, composée de 9 Membres (3 nommés par le président de la République, 3 nommés par le président du Sénat, 3 nommés par le président de l'Assemblée Nationale) non révocables, et qui doivent rester indépendants. La Haute Autorité garantit l'indépendance de la radio et de la télévision, et veille à la qualité du service public. Elle adresse chaque année au président de la République un rapport comportant ses observations et ses recommandations. C'est également la Haute Autorité qui autorise, au nom de l'État, les radios locales qui échappent donc désormais au monopole de l'État. La Haute Autorité est présidée par une femme, ancienne journaliste, Mme Michèle Cotta.

La radio. Il y a maintenant 3 types de radios : les « radios libres » autorisées par la Haute Autorité, les anciennes « radios périphériques » qui émettent à destination de toute la France, mais à partir d'émetteurs situés à l'étranger, et enfin la radio d'État. La publicité en faveur de marques commerciales ou d'entreprises industrielles n'est pas autorisée pour la radio d'État. Cette dernière est financée par la redevance audiovisuelle, due par toutes les personnes ayant un poste de radio ou de télévision. Les stations les plus connues sont *France Inter* (émissions de la radio d'État), *Radio Luxembourg, Europe N° 1* et *Radio Monte Carlo* (stations périphériques), qui ont chacune un style différent, mais qui diffusent surtout des nouvelles, des chansons et des variétés. La radio d'État diffuse également des émissions culturelles *(France-Culture)* et de musique classique *(France-Musique).*

La télévision. Les 3 chaînes de télévision diffusées par l'État *(TF1, Antenne 2, FR3)* sont financées par la redevance audiovisuelle et la publicité de marque. Mais cette dernière n'interrompt pas les émissions ; elle est réglementée et ne peut être diffusée qu'entre les émissions du programme. Depuis novembre 1984, une 4e chaîne, *Canal Plus*, diffuse des films à ses abonnés selon le système de la télévision à péage. Elle est gérée par la puissante agence Havas contrôlée par l'État. S'ajoutent aux chaînes de distribution une société de production, la *S.F.P.* (Société Française de Production), et une société de recherche et de formation l'*I.N.A.* (Institut National de l'Audiovisuel).

LES FRANÇAIS ET LA TÉLÉVISION

Parmi les personnes interrogées, regardent la télévision...	1981 %	1973 %
• tous les jours ou presque	69	65
• 1 à 4 jours par semaine	21	22
• plus rarement	5	6
• ne se prononcent pas	5	7
	100	100

Sur 100 téléspectateurs, la regardent effectivement...	1981 %	1973 %
• moins de 10 heures par semaine	24	29
• 10 à 19 heures par semaine	36	36
• 20 heures et plus par semaine	39	33
• ne se prononcent pas	1	2
	100,0	100,0
Soit en moyenne par semaine	15,6 heures	15,7 heures

« Hit-Parade » des émissions

	regardent souvent ou de temps en temps %
• Films de cinéma	87
• Émissions sur la nature ou la vie des animaux	84
• Music-hall, variétés	71
• Émissions sur la vie dans d'autres pays	60
• Dramatiques et téléfilms	59
• Émissions médicales	58
• Cirque	54
• Émissions sportives	49
• Émissions sur la vie quotidienne des Français	49
• Débats, face-à-face de personnalités politiques	48
• Reportages sur des problèmes politiques, économiques et sociaux	47
• Pièces de théâtre	45
• Émissions scientifiques	43
• Émissions sur l'histoire	40
• Émissions sur la littérature ou sur les écrivains	39
• Émissions sur les métiers d'art tels que poterie, ébénisterie, orfèvrerie	28
• Opérette	27
• Concert de musique classique	22
• Ballet classique ou moderne	21
• Émissions sur la peinture, la sculpture, l'architecture, les monuments	20
• Concert de musique pop, folk, de rock ou de jazz	17
• Opéra	12

Présence n° 6, avril 1983.

LA PUBLICITÉ

La publicité prend de plus en plus d'importance dans la société. Elle est indispensable à la plupart des journaux, qui équilibrent leur budget grâce à elle (elle représente quelquefois plus de la moitié du volume d'un journal) ; elle finance en totalité les émissions des stations de radio périphériques ; elle couvre les murs des villes. Elle crée même des vedettes.

la mère Denis, star du troisième âge

Entre Cherbourg et Granville, à 2 km du cap Carteret, là où la mer est si belle en face de Jersey, le hameau du Tôt se cache dans la verdure. Une pièce en bas, une pièce en haut, un jardinet d'herbes folles : seuls les volets verts, régulièrement repeints, distinguent des autres la petite maison de granit. C'est là qu'habite la grand-mère la plus connue de France.

Bretonne d'origine, normande d'adoption, la mère Denis — nom de jeune fille : Jeanne Le Calvé — est née deux fois. La première, c'était en 1893 dans le Morbihan, près de Pontivy. La seconde, c'était en 1972, sur les écrans de télévision, lorsque les Français, brusquement, ont vu surgir dans leur intimité cette lavandière plus vraie que nature, nouvelle vedette d'une séquence publicitaire sur les machines à lessiver...

De cette première série d'émissions, la mère Denis conserve dans son salon-cuisine-salle à manger l'affiche qui l'a rendue célèbre dans les chaumières, dans le métro, sur les quais de gare, jusqu'en Amérique et, paraît-il, au Japon. Elle garde aussi dans ses tiroirs un fort beau livre qui lui a été consacré, et qui fait recette presque comme un Goncourt. La fabuleuse puissance de la « pub » apportait une singulière revanche au troisième âge, en offrant au bon peuple l'effigie rassurante d'une mémé optimiste, aux bras de déménageur, pur produit de la terre et symbole des valeurs solides d'autrefois, aussi authentique que les pots de confiture entrevus dans l'armoire, à côté des jupons amidonnés.

La mère Denis est pareille à son image : ronde, rose, rieuse dans sa blouse bleue, qu'elle ne quitte jamais. Un visage d'Esquimaude, à peine plus crevassé que sous le fard des maquilleurs et les éclairs des cinéastes, avec ses pommettes saillantes, ses yeux verts pleins de malice derrière la fente asiatique des paupières, et ses grosses mains variqueuses, gonflées par des années de labeur, par l'eau froide du lavoir du Tôt, où il fallait, certains hivers, briser la glace.

Fille d'une famille de sept enfants, placée comme bonne à tout faire dès l'âge de quinze ans, elle avait épousé, un an plus tard, Yves Denis, un cantonnier. Elle devint alors garde-barrière dans le Cotentin pour la Compagnie des chemins de fer, qui embauchait des couples : l'homme entretenait les voies, la femme surveillait le passage des trains et tournait la lourde manivelle. Elle fit ce métier vingt-sept ans avant de se retrouver veuve, sans appui. Elle quitta son emploi de garde-barrière et devint lavandière. Elle avait soixante-dix ans lorsqu'elle cessa de laver le linge des autres.

C'est cette période de sa vie, celle où il fallut, du fait de son état de santé, « abandonner le collier », qu'elle évoque avec le plus d'amertume. Sa pension d'économiquement faible tardant à venir, elle n'avait d'autre ressource qu'une minime pension versée par la S.N.C.F. Elle s'en fut donc faire la queue, comme beaucoup d'autres, au bureau de bienfaisance qui, depuis, a changé de nom pour devenir un sigle : le B.A.S., le bureau d'aide sociale. « Un sou est un sou », la mère Denis le répète à longueur de journée, parce qu'elle a eu « plus de misères que d'écus ».

Jusqu'au jour, bien sûr, où le miracle s'accomplit. Un conte de fées pour vieilles personnes, où l'on voit une obscure mère-grand de Barneville-Carteret devenir une sorte de star rustique, monstre sacré « d'une crédibilité foudroyante », disent ses admirateurs, phénomène sociologique au service de la société de consommation. Depuis lors, elle vit dans l'euphorie : « Tout le monde il est bon, tout le monde il est gentil avec moi. » « Les gens de la publicité », comme elle dit, l'ont abreuvée d'égards comme si elle était Catherine Deneuve. Elle vit entourée de « gadgettes » offerts — c'était la moindre des choses — par son fabricant de machines à laver : une lessiveuse, évidemment, un lave-vaisselle, une « gazinière » qui dépare le bel âtre d'autrefois, et une « télé couleur, pour se regarder »... Ils lui envoient aussi une petite rente — ou un salaire? de 1000 francs par mois, vite dépensés, même à la campagne.

Mais la mère Denis n'est pas dupe. L'entêtement breton et la ruse normande se lisent dans son regard : « Je leur ai demandé de me payer des vacances à Nice. J'y suis allée une fois, avec eux, c'était merveilleux. » Avant, elle n'avait jamais dépassé Cherbourg.

J. B, *Le Monde*,
4 novembre 1978.

APPAREIL PÉDAGOGIQUE 12

Présentation

Personne ne nie aujourd'hui l'influence des mass media sur l'ensemble de la société.

Tous les moyens nécessaires pour réunir des informations, les imprimer sur les journaux ou les diffuser à la radio ou à la télévision, coûtent cher. Il faut donc des ressources financières importantes, et on constate de plus en plus que l'information est concentrée soit par les groupes financiers privés, soit par l'État (dans ce dernier cas seulement pour la radio et la télévision).

Les mass media ont beaucoup contribué en France à diminuer les différences de mode de vie et de comportement entre les régions et entre les classes sociales : les jeunes d'un petit village de province écoutent les mêmes chansons et s'habillent à peu près de la même manière que ceux des grandes villes. Grâce à la télévision, en particulier, le Président de la République peut aujourd'hui s'adresser directement à tous les Français chez eux.

P. 220 CHEZ UNE RÉDACTRICE EN CHEF

Trois mille nouveaux francs par mois : le roman date de 1967. Il faudrait multiplier par 6 pour obtenir un chiffre correspondant à 1985.
LE CLUB MÉDITERRANÉE : voir p. 80.
LES BAHAMAS : endroit réputé comme un paradis pour les milliardaires.
le genre : allure.
y tenir : le souhaiter fortement.
la baraque (fam.) : manière snob de parler de son bureau ou de sa maison.
le ton : manière de parler.
forcer : insister.
ma trouvaille : c'est moi qui en ai eu l'idée.
gêner : *ici,* donner un peu de mauvaise conscience.

P. 223 LA MÈRE DENIS

LE MÈRE : à la campagne on appelle souvent une vieille dame « mère ».
CHERBOURG, GRANVILLE : villes sur la côte de la Normandie.
LE MORBIHAN : région de Bretagne.
LE GONCOURT : roman qui a obtenu le prix Goncourt et dont on vend par conséquent un nombre très élevé d'exemplaires
LE COTENTIN : région de Normandie.
LA S.N.C.F. : la Société nationale des chemins de fer français.
« TOUT LE MONDE... AVEC MOI » : tous les gens sont gentils avec moi. Cette expression est le titre d'un film satirique qui a eu beaucoup de succès.
CATHERINE DENEUVE : très belle actrice blonde, vedette du cinéma français.
(la) star : (franglais utilisé souvent par les médias) ; vedette, monstre sacré.
le troisième âge : l'ensemble des personnes âgées.
en bas : *ici*, au premier étage.
dans leur intimité : *ici*, chez eux.
la lavandière : femme qui lave le linge.
dans les chaumières : chez les familles françaises.
faire recette : avoir un succès commercial.
la « pub » (fam.) : publicité.
la mémé (fam.) : grand-mère.
les bras de déménageur : bras très forts comme ceux des hommes qui transportent des meubles.
la valeur : chose à laquelle on attache de l'importance.
l'armoire (f.) : meuble pour ranger le linge.
les éclairs (m. pl.) : les lampes des studios de cinéma.
variqueux : qui a des varices, des veines enflées.
le cantonnier : employé municipal chargé de l'entretien des routes.
embaucher : engager comme employé.
la voie : *ici*, les rails du chemin de fer.

la manivelle : *ici*, instrument qui permet d'ouvrir ou de fermer la barrière.
la pension d'économiquement faible : argent donné par l'État aux personnes pauvres.
le bureau de bienfaisances : bureau à la mairie qui donnait de l'argent et d'autres formes d'aide aux pauvres gens.
l'écu (m.) : pièce de monnaie.
obscur : *ici*, inconnu.
la mère-grand : mot employé dans les contes de fées pour désigner une grand-mère.
le monstre sacré : grande vedette.
abreuver d'égards : accorder beaucoup d'attention.
la gazinière : cuisinière à gaz.
déparer : rendre laid.
l'âtre (m.) : cheminée.
dépasser : *ici*, voyager plus loin que.

Discussion sur le texte

1. Pourquoi la mère Denis est-elle devenue la grand-mère la plus connue de France ?
2. Pour quel rôle les publicitaires l'ont-ils choisie ?
3. Qu'est-ce qui distingue la mère Denis de la plupart des gens qui figurent dans les publicités ?
4. Quelles valeurs sociales sont représentées par la personne de la mère Denis ? Pourquoi les publicitaires voudraient-ils les mettre en évidence ?
5. Qu'est-ce qui a changé dans la vie de la mère Denis depuis qu'elle est devenue une vedette publicitaire ?
6. Analysez la publicité, pages 38-39, en tenant compte des informations fournies par ce texte.

EXERCICES SUR LE CHAPITRE

Questions générales

1. Relevez les titres de journaux figurant sur l'illustration du chapitre. Essayez d'en obtenir quelques-uns et comparez-en le style général.
2. Choisissez un article de journal. Récrivez-le à la manière d'un autre journal.
3. Procurez-vous différents journaux français, d'un même jour ou d'une même semaine. Comparez la manière dont sont traitées les informations sur le même sujet : titres, vocabulaire, orientation de l'article.
4. Dressez une liste des marchandises pour lesquelles on fait dans votre pays beaucoup de publicité à la télévision. Pourquoi, à votre avis, fait-on de la publicité pour ces marchandises en particulier ?
5. Comparez l'importance de la publicité dans un quotidien ou dans un hebdomadaire de votre pays avec un quotidien ou un hebdomadaire français d'un genre semblable. Est-ce qu'il y a beaucoup ou peu de publicité ? Pourquoi ?
6. Comparez la publicité dans un hebdomadaire français et dans un hebdomadaire de votre pays. Est-ce que les thèmes de ces publicités sont les mêmes ? Quelle image de la société donnent les publicités ?

Débats de télévision

1. Pensez-vous que tout le monde devrait pouvoir publier un journal ou diriger une émission de radio ? Pourquoi ?
2. Pensez-vous que la publicité soit nécessaire ou inutile ? Justifiez votre opinion.

LE JEU DES PREUVES *cf.* p. 5

— Est-ce que la loi sur la presse de 1984 a été facile à voter ?
— La presse quotidienne est-elle très développée en France ?
— La Haute Autorité de l'audio-visuel est-elle indépendante du gouvernement ?
— Y-a-t-il de la publicité pendant les émissions de télévision française ?

LE JEU DE L'INTERVIEW cf. p. 5

Vous interviewez la présidence de la Haute Autorité de l'audio-visuel sur son rôle.

LE JEU INTERCULTUREL *cf.* p. 6

— L'information est-elle un monopole d'État ?
— Quels journaux lisez-vous et quelles émissions de télévision préférez-vous ?
— La publicité joue-t-elle un rôle important à la télévision ?

UN SONDAGE SOFRES-« LA CROIX »

Les Français et la culture

● 34 % des Français s'intéressent beaucoup à la culture, 44 % « assez » et 21 % peu ou pas du tout

● Pour 3 Français sur 4, la culture, c'est d'abord un livre ; pour 1 sur 2, c'est visiter un musée ou une exposition

● Le principal obstacle à la culture, le manque de temps à cause de la vie de famille, surtout pour les femmes

● 3 Français sur 4 ne sont jamais entrés en contact avec une Maison de la Culture

● 20 % lisent régulièrement les pages culturelles des journaux ou écoutent les émissions culturelles à la radio ou à la télévision

Plus on a les moyens de la culture, plus on en demande... et plus on la critique. L'inverse, évidemment, se produit pour les moins favorisés.

Les femmes ont plus d'appétit que les hommes pour la culture. Mais la vie familiale ne leur laisse guère le temps.

La plupart des mouvements d'animation culturels portent fièrement en bandoulière « pour les jeunes ». Les plus âgés sont oubliés et se méfient.

En pages centrales, la présentation du sondage et le commentaire de Jacques RIGAUD

la vie intellectuelle et culturelle

L'objet de ce chapitre n'est pas de résumer en quelques pages ce que l'on peut trouver dans de gros livres bien documentés consacrés uniquement à la vie culturelle. On présentera surtout les mouvements qui animent celle-ci, et l'intérêt que lui portent les Français d'aujourd'hui.

LA CLASSE DES INTELLECTUELS

Les débats d'idées sont relayés par la presse et la télévision. En France, où les pages économiques et boursières n'existent que dans les journaux importants, il n'y a pas de journal économique qui n'ait sa revue de livres, ou sa critique de cinéma, pas de journal local qui n'ait sa tribune culturelle. C'est ainsi que se manifeste encore aujourd'hui le poids de la classe intellectuelle.

la place de l'intellectuel dans la société

Grand colloque à Beaubourg sur la place de l'intellectuel dans la société : une manière pour un millier d'« intellos » de se regarder dans le miroir.

« Difficile d'imaginer une autre ville que Paris où trouver des intellectuels lancés sur le marché comme des stars de la pop-music. Leurs jugements définitifs sont acceptés comme parole d'Évangile par des groupies béates et ils posent avec assurance dans les magazines en portant des chemises déboutonnées jusqu'à la taille. »

Voilà le verdict d'une intellectuelle américaine parlant de quelques-uns de ses homologues français. Pour Jane Kramer, écrivain et éditorialiste au « New Yorker », le commerce des idées à Paris, véhiculé par neuf quotidiens nationaux, six newmagazines, trois chaînes de télévision d'État, six stations de radio, des centaines de journaux et de revues et 27000 livres par an, est une industrie locale qui se porte très bien.

Étonnement ou envie ? Il n'y a pas de tentation similaire pour les intellectuels américains, parce que la frontière est nette : ils n'ont pas accès aux médias. « Quand on pense que 3 millions de Français restent chez eux le vendredi soir devant la télévision pour regarder « Apostrophes » ! rêve Jane Kramer.

L'express, 26 juin 1981.

le silence des intellectuels de gauche

En s'inquiétant du silence des intellectuels et en demandant que ce pays *« redevienne un lieu de fermentation d'idées »*, M. Max Gallo a levé un lièvre qui pourrait bien nous faire courir plus loin qu'il n'était prévu.

D'abord parce qu'il s'agit évidemment, sous la plume du porte-parole du gouvernement, du silence des intellectuels de gauche. Ce qui suppose (en acceptant sous bénéfice d'inventaire l'idée reçue qu'un intellectuel français est obligatoirement de gauche ou de droite) que la droite a les siens, et qu'ils parlent. Ce qui, à son tour, contredit l'idée généralement admise (en tout cas à gauche) et globalement juste que la droite a des pratiques de pouvoir mais pas d'idées, alors que la gauche, nous ne le voyons que trop, a (ou faut-il dire « avait » ?) des idées, mais pas de pratiques du pouvoir.

Le Monde hebdomadaire, 4-10 août 1983.

LES MODES DU TEMPS

le nouvellisme

Tout a commencé dans les années 1950 avec le « nouveau roman ». Un quart de siècle s'est écoulé depuis qu'Alain Robbe-Grillet publiait *les Gommes,* plus de vingt ans depuis *l'Emploi du temps,* de Michel Butor, *l'Ère du soupçon,* de Nathalie Sarraute, les premières œuvres de Samuel Beckett, Claude Simon, Robert Pinget. Ce qu'ils ont apporté dans les lettres par une œuvre abondante, passionnément étudiée et disséquée en France, mais plus encore à l'étranger, demeure. Leur refus du mot, leur horreur de la métaphore, leur façon de briser le langage, de refuser le sens, ont fait école. Ils ont, de proche en proche, bousculé aussi le film, et on a commencé à parler ainsi de « nouveau cinéma » : Robbe-Grillet, pour sa part, après avoir écrit pour Alain Resnais *l'Année dernière à Marienbad,* s'est fait scénariste et metteur en scène.

Mais la plupart de ces écrivains ont aujourd'hui passé le cap de la cinquantaine, et certains depuis longtemps. Le « nouveau roman » et le « nouveau cinéma » appartiennent désormais à l'histoire, et leur « nouveauté » n'est plus qu'un souvenir.

Les années ont passé, et voici qu'il y a deux ou trois ans s'est produite la percée foudroyante dans les médias et le grand public des « nouveaux philosophes ». A noter toutefois que la plupart d'entre eux refusent d'être ainsi étiquetés. Leurs adversaires, et ils sont nombreux, n'ont pas manqué d'ironiser, voire de s'indigner : nouveaux, nouveaux, ces brillants jeunes gens sont aussi vieux que la droite, tout simplement. Ils sont les descendants directs de tous les repentis qui encombrent notre histoire et qui, après avoir vibré à l'appel révolutionnaire de 1789 ou de 1848, aux promesses de la Commune ou du Front populaire, se sont ensuite repris et sont devenus, en 1793 ou sous le Second Empire, sous Mac-Mahon ou sous Pétain, les dénonciateurs les plus acharnés, les contempteurs les plus acides de ces révolutions qui, la veille encore, portaient leurs espérances.

C'est un peu injuste et forcé. Il y a beaucoup de réflexions pertinentes sur le stalinisme, le marxisme et le léninisme dans les réquisitoires que leur assènent ces jeunes intellectuels doués, prêts, pour la plupart hier quand ils militaient ardemment pour ces doctrines, à imposer, fût-ce par la force, le maoïsme et le marxisme-léninisme — et, pour quelques-uns, les plus âgés, le stalinisme avant-hier, — contre lesquels ils nous mettent en garde avec tant d'insistance aujourd'hui. Il reste que la « nouveauté » de leur philosophie prête, c'est le moins qu'on puisse dire, à discussion.

En même temps sont apparus ceux qu'on appelle les « nouveaux économistes ». La caractéristique principale de leurs idées communes consiste à souhaiter une moindre intervention de l'État dans l'économie. Toute l'école classique, d'Adam Smith à Georges Friedmann, l'a, avant eux, réclamé. On peut dater de la fin du dix-septième siècle la naissance du libéralisme économique, issu du renforcement progressif du capitalisme, et si cher de nos jours à M. Raymond Barre. Cette nouveauté-là, on le voit, est bien ancienne, du moins en tant que principe et inspiration, sinon par son application, qui évidemment a dû varier pour tenir compte des bouleversements intervenus dans le monde.

Pierre Viansson-Ponté,
Le Monde, 26-27 novembre 1978.

On peut ajouter à cette énumération le « nouveau romantisme », la « cuisine nouvelle » ainsi que les « nouveaux hommes » et les « nouvelles femmes » de la publicité. Tout cela montre la vitalité des activités créatives, mais aussi le simple attrait de ce qui est nouveau, ou paraît nouveau dans tous les domaines.

Il faut noter que les courants d'idées qui animent Paris et une élite intellectuelle ou mondaine, sont loin de concerner toute la population.

Dans les milieux modestes, on s'intéresse peu aux modes intellectuelles ou artistiques. On regarde la télévision ou on écoute la radio pour se détendre.

à la télé ce soir

Bon ça y est le bifteck est cuit, elle prend sa fourchette, le met dans son assiette : le transistor à côté, elle mange en écoutant les jeux radiophoniques. Fabrice est en train d'annoncer à la concurrente qu'elle a gagné un bon d'achat de cinq cents francs, offert par les *Trois Suisses*. Tiens va falloir qu'elle fasse une commande, justement elle vient de recevoir leur catalogue. Le repas se termine ; elle se coupe un morceau de pain, l'ouvre, dedans, elle met un morceau de fromage, puis elle se lève, et tout en débarrassant la table, finit de manger, ensuite la vaisselle. Oh ! il n'y a pas grand-chose ! mais elle n'aime pas la vaisselle qui traîne, et pour terminer, le coup de balai. Il lui reste un peu de temps pour se préparer un Nescafé, qu'elle va boire dans la salle de séjour... Ouf ! ça fait du bien ces cinq minutes de détente.

A la radio, le speaker annonce :

— Retour des vacances, il y a eu... tués sur les routes... le Conseil des ministres s'est réuni... les impôts ne seront pas augmentés pour les petites catégories.

Tout en buvant son café, elle prend *Télé-Poche*. Qu'est-ce qu'il y a à la télé ce soir ? Voyons... bon, *L'étang de La Breure,* elle n'a pas vu le commencement, mais ça ne fait rien... après les informations, Taratata avec Jacques Martin.

Elle n'aime pas tellement Jacques Martin avec sa façon de se payer la gueule des gens, et puis, il passe trop de jeunes avec leurs grands cheveux et leurs guitares, c'est bien simple, on a pas le temps de se rappeler leur nom, y'en a toujours des nouveaux... Ah ! parlez-lui de Tino Rossi, lui, c'était un chanteur, la preuve, c'est qu'il dure encore. Malgré tout dans les jeunes, elle aime bien Joe Dassin et Michel Fugain.

C. Basile,
Enfin, c'est la vie,
Denoël-Gonthier, 1975.

LA VIE CULTURELLE SE DÉVELOPPE

Le vieux symbole de la culture, le livre, qu'on avait cru menacé par la télévision, et la société de l'image, survit et même progresse alors qu'il y a 17 millions de récepteurs de télévision en service aujourd'hui contre 1 million en 1959. On publie en 1978 deux fois plus de livres qu'en 1958 et la proportion des Français qui lisent a augmenté de 15 %. En 1981, on a produit environ 350 millions de livres.

Le Ministère de la culture a fait un sondage sur la lecture des livres en 1981-1982, soit près de 10 ans après un premier sondage réalisé en 1973. Les non-lecteurs, ceux qui ne lisent même pas un livre par an, qui étaient 29 % en 1973, sont 26 % en 1982. Les plus grands lecteurs sont les jeunes de 15 à 24 ans. Les habitants des grandes villes lisent plus que les autres (95 % de lecteurs à Paris). Les ouvriers peu qualifiés qui possédaient peu de livres en 1973, en possèdent autant que la moyenne nationale en 1982. 81 % des Français possèdent des romans, 62 % des œuvres historiques, 60 % des romans policiers ou d'espionnage, 58 % des livres de littérature classique, 52 % des livres pour enfants, 50 % des bandes dessinées,

47 % des manuels techniques, 43 % des recueils de poésies, 36 % des essais philosophiques.

Enfin 84 % des Français ont des dictionnaires.

Il est difficile de trouver une explication certaine à cela. L'augmentation de la scolarisation depuis la guerre et l'effort important fait par le gouvernement pour créer des bibliothèques itinérantes et des Maisons de la Culture, ont sans doute joué un rôle.

Le succès du Centre Beaubourg, le plus grand centre culturel qu'on ait jamais créé en France, semble montrer en tout cas qu'il existait un besoin de culture insatisfait.

le triomphe de Beaubourg

L'Aquarium, le Pompidolium, Beaubourg, les Parisiens n'ont toujours pas baptisé cet astronef du futur qu'un président fit atterrir au cœur de la vieille ville historique. On craignait « un Concorde de la culture ». On assiste à un triomphe. Le secret de cette réussite ? Les lecteurs ont pris le relais des curieux. Beaubourg, c'est avant tout la plus grande bibliothèque de France : 16000 m², 2800 places, 350000 volumes. La plus moderne des médiathèques : 350000 diapositives, 11000 disques, 52000 microfiches, 1000 films, 2400 périodiques... et un terminal branché depuis quelques jours sur l'ordinateur de la Documentation française.

Beaubourg ? Une nouvelle façon de vivre avec le livre. Pas d'inscription, pas de formalités. Toutes les frontières sont abolies, le long des rayons en métal vert. Un record d'affluence : on espérait 4000 visiteurs par jour, on en reçoit de 8000 à 15000. Ils s'approprient Beaubourg sans coup férir. « C'est comme si nous avions 15000 propriétaires en liberté », murmure, épuisée, la bibliothécaire, à l'accueil.

L'Express, 4 novembre 1978.

En plus de la bibliothèque, on trouve au Centre national d'art et de culture Georges-Pompidou le Musée national d'Art moderne, le Centre de création industrielle et l'Institut de recherche et de coordination acoustique/musique. Le Centre organise des spectacles, des rencontres et aussi des activités pour enfants dans un « Atelier des enfants ».

Il reçoit environ 6 millions de visiteurs par an. C'est donc le lieu le plus visité de Paris (la Tour Eiffel ne reçoit que 3 millions et demi de visiteurs par an).

En fait, l'art contemporain est accueilli en province, aussi bien qu'à Paris. Des musées régionaux comme ceux de Grenoble, de Saint-Étienne, des Sables-d'Olonne, de Marseille et de Nice possèdent des collections importantes d'œuvres contemporaines.

Les progrès de la vie culturelle se marquent dans tous les domaines : les grandes villes de province ont maintenant presque toutes des Maisons de la Culture, où les gens peuvent voir des pièces de théâtre et des films, assister à des expositions, lire...

La décentralisation culturelle donne lieu pendant l'été, en province, à de nombreux festivals dont la diversité et la popularité augmentent chaque année. L'ancêtre de ces festivals est le Festival théâtral d'Avignon, fondé en 1946 par l'acteur et metteur en scène Jean Vilar qui a inspiré le renouveau du théâtre populaire en France.

LE ROMAN

Le théoricien du Nouveau Roman, Alain Robbe-Grillet, déclarait : « Que ce soit d'abord par leur présence que les objets et les gestes s'imposent... » Désormais, les objets peu à peu perdent leur inconstance et leurs secrets, renonceront à leur faux mystère, à cette intériorité suspecte qu'un essayiste a nommée « le cœur romantique des choses ». Le Nouveau Roman en effet décrivait plutôt qu'il n'expliquait. Mais, bien sûr, le Nouveau Roman n'a pas fait disparaître le roman traditionnel.

Finalement, les auteurs préférés des lecteurs sont ceux qui racontent une histoire émouvante ou qui fait rêver. C'est ce que révèle le sondage suivant.

pourcentage de lecteurs ayant lu au moins un livre de

Honoré de Balzac	69 %
Guy des Cars	57 %
Henri Troyat	57 %
André Malraux	57 %
Jean-Paul Sartre	48 %
San Antonio	47 %
Charles Baudelaire	46 %
Goscinny et Uderzo (Astérix)	45 %

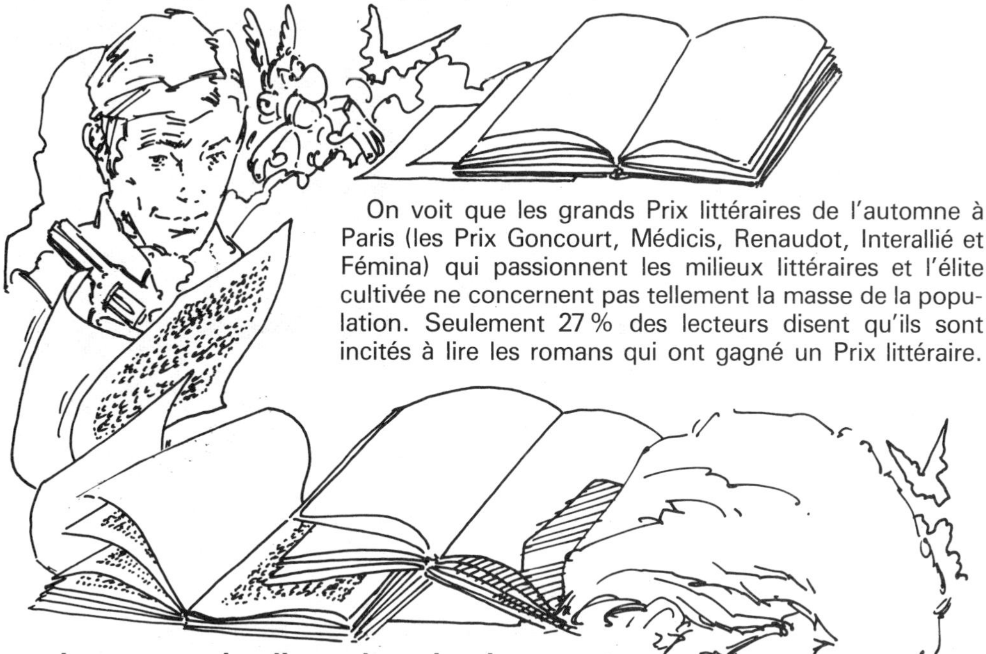

On voit que les grands Prix littéraires de l'automne à Paris (les Prix Goncourt, Médicis, Renaudot, Interallié et Fémina) qui passionnent les milieux littéraires et l'élite cultivée ne concernent pas tellement la masse de la population. Seulement 27 % des lecteurs disent qu'ils sont incités à lire les romans qui ont gagné un Prix littéraire.

quelques-uns des livres les plus lus

XIXe siècle :

* « Germinal » de Zola	2 623 000 ex.
« Les malheurs de Sophie » de la comtesse de Ségur	1 905 000 ex.
« Les lettres de mon moulin » d'Alphonse Daudet	1 771 000 ex.
* « Le Rouge et le Noir » de Stendhal	1 440 000 ex.
* « Une vie » de Maupassant	779 000 ex.

Auteurs modernes :

* « Le Grand Meaulnes » d'Alain-Fournier	3 400 000 ex.
« La Peste » de Camus	3 015 000 ex.
« Vol de nuit » de Saint-Exupéry	2 739 000 ex.
« Vipère au point » d'Hervé Bazin	2 113 000 ex.
* « Bonjour tristesse » de Françoise Sagan	2 040 000 ex.
* « Maria Chapdelaine » de Louis Hémon	1 916 000 ex.
« Les carnets du major Thompson » de Pierre Daninos	1 880 000 ex.
* « Le Salaire de la peur » de Georges Arnaud	1 733 000 ex.
« La Nausée » de Sartre	1 455 000 ex.
« Le nœud de vipères » de Mauriac	1 440 000 ex.

Quid, 1980.

* Les ouvrages marqués d'un astérisque ont été adaptés au cinéma ou à la télévision.

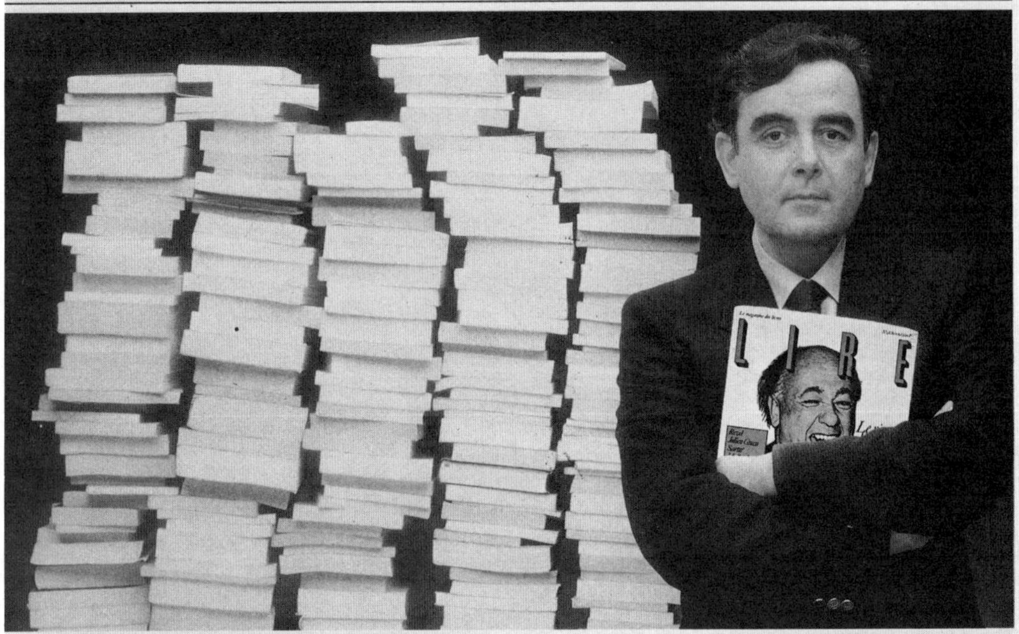

Quelques dizaines de grammes pour explorer chaque mois quelques centaines de livres.

Dans une librairie, le lecteur se retrouve souvent comme un gourmand devant un étal de pâtissier. Tant de choses qu'on aimerait dévorer et si peu de temps pour choisir ! Et puis, on ne peut goûter à tout. Vous aider de ses conseils dans l'avalanche mensuelle des nouveaux livres a toujours été l'ambition du magazine Lire.

Bernard Pivot, son rédacteur en chef, vous présente le nouveau visage de Lire. Toujours un guide de lecture, mais une présentation plus moderne et plus copieuse. Avec des extraits des livres sélectionnés parmi les meilleurs ouvrages qui viennent de paraître, l'actualité de la librairie, un guide des nouveautés. Avec deux nouvelles listes de livres pour faciliter vos choix : les best-sellers attendus et inattendus du moment, et, quant au rapport qualité-prix, les bonnes affaires du mois.

Ce nouveau Lire vous parle aussi des auteurs : chaque mois une grande enquête fait réagir les grands noms de la littérature sur un fait de culture ou de communication important. Portraits et interviews vous les font découvrir en profondeur ainsi que les rapports lucides ou enflammés qu'ils entretiennent avec leurs œuvres. Bon appétit !

C.L.M. & BBDO.

**QUAND ON AIME LIRE,
ON AIME BIEN LIRE.**

LE SUCCÈS DE LA BANDE DESSINÉE

La bande dessinée représente un marché bien établi en France. 22 millions d'albums, des éditions de luxe, un festival, des auteurs-vedettes...

LIVRES

CLAIRE BRETECHER "Je suis frustrée"

Elle est la seule star féminine de la B.D. Mais l'artiste est aussi business-woman : Claire Bretécher, ex-prof de dessin, a édité elle-même ses dix derniers albums, tous des best-sellers. Dont « Le destin de Monique », qui vient de sortir. Pour F, Gilles Chenaille a interviewé la mère des frustrées.

F : *Vous faites un métier drôle, et un drôle de métier : dans la B.D., il y a plus de femmes dessinées que dessinantes... Comment avez-vous réussi votre coup ?*

Claire Bretécher : Je me suis creusé la tête pendant dix ans pour essayer de comprendre mon succès, sans trouver une raison valable ! Je n'ai pas de facilité, pas beaucoup d'idées, et je n'arrive pas à me concentrer. Je ne fais rien. Ou, plutôt, je fais tout au dernier moment, le couteau sur le gorge. L'angoisse permanente. Plaire, c'est difficile. Se renouveler aussi. En fait, mon boulot n'est pas si drôle ! Je fais un métier de chien...

Les pèlerins de la B. D.

En dix ans, le Salon de la bande dessinée d'Angoulême est devenu une institution : 120 000 mordus viennent d'y pratiquer leur culte.

B.D. : une nouvelle sagesse

La France est devenue — qualitativement — le premier producteur mondial de bandes dessinées. Grâce à son retour au classicisme.

AMATEURS DE B.D. ET BIBLIOPHILES, VOICI L'EVENEMENT QUE VOUS ATTENDIEZ !
MORRIS
tout Lucky Luke relié
50 aventures en 10 luxueux volumes.
Plus de 20.000 dessins.
Enfin dans votre bibliothèque, l'œuvre mondialement célèbre de Morris et Goscinny.
Depuis 35 ans les aventures de Lucky Luke, l'homme qui tire plus vite que son ombre, sont attendues à chaque nouvel album avec un peu plus d'impatience. Avec Jolly Jumper et Ran-Tan-Plan, ce trépidant cow-boy solitaire va d'exploits en exploits...
Et en plus, les dossiers Lucky Luke.
Chacun des volumes commence par une étude sur Morris et Goscinny, le Far-West et ses personnages; abondamment illustrée, inédite... indiscrète ! C'est une véritable encyclopédie Lucky Luke que vous aurez le privilège de posséder.
Une édition intégrale certifiée.
Voilà enfin l'occasion de vous faire plaisir en faisant un fameux placement. Pour la première fois, toutes les histoires de Lucky Luke parues à ce jour, sont rassemblées dans une superbe édition reliée.
Reliure façon cuir havane, entourée d'un motif à l'or et à la pâte et frappée en son centre d'un Lucky Luke en relief. Format géant 29,5 x 23 cm.
© DUPUIS
© Dargaud
DARGAUD ROMBALDI
BON D'EXAMEN GRATUIT
A retourner à Rombaldi Éditeur – 3100, 76041 Rouen Cedex
OUI, envoyez-moi vite, sans aucun engagement de ma part, le premier tome relié des aventures de Lucky Luke, avec mon cadeau.
Si je suis déçu, je vous retournerai le tout sans rien vous devoir, sinon, je vous réglerai ce premier tome en 2 mensualités de (92,40 F + 6,90 F de participation aux frais d'envoi). Je recevrai ensuite, les 9 autres tomes à raison d'un volume tous les 2 mois payables chacun en 2 mensualités de (92,40 F + 6,90 F de participation aux frais d'envoi)*. Je peux bien entendu arrêter ma collection à tout moment.
* Prix au 1er janvier 1984.
Nom
Prénom
N° et Rue
Ville
Code Postal
Signature indispensable
255.5.106
Avec un cadeau exclusif !
Un jeu de 54 cartes "Lucky Luke" inédit, hors commerce, spécialement dessiné pour vous par Morris.
Dargaud, 3, rue Kindermans - 1050 Bruxelles
Dargaud, Case Post. 119 - 1052 Le Mont/Lausanne

LES « NOUVEAUX PHILOSOPHES »

On a vu apparaître en 1977, dans tous les journaux, des articles sur un certain nombre de jeunes écrivains qu'on a qualifiés de « nouveaux philosophes ». Autrefois les philosophes semblaient plutôt des hommes de bibliothèques, peu préoccupés de leur gloire. Les « nouveaux philosophes » ont au contraire utilisé tous les moyens de la presse écrite et de la télévision pour se faire connaître. Cela a été facilité par leur conversion politique de l'extrême gauche à la droite néo-libérale.

révolte contre les maîtres-penseurs

Où sont donc les intellectuels de gauche? On les croyait majoritaires. On dénonçait la mainmise d'une intelligentsia marxiste, socialiste, gauchiste sur le monde des idées, et voilà que les jeunes philosophes dont on parle proclament avec une violence tranquille que le « marxisme est un adversaire », que « la Révolution de 1917 n'est pas une aurore, mais un mirage parmi d'autres dans cet immense désert de la pensée ». Que les « maîtres penseurs » (Fichte, Hegel, Nietzsche, mais d'abord Marx, père du Goulag) n'ont eu qu'un grand dessein : « le dressage et la sélection des plèbes du monde ». Tout cela dit par d'anciens révolutionnaires de Mai, des militants maoïstes, tel André Glucksmann, qui écrivait en 1968 à l'ombre de Lénine *Stratégie de la révolution en France.*

Depuis, Glucksmann a publié *la Cuisinière et le Mangeur d'hommes,* dénonciation de tous les Goulags, apologie de Soljenitsyne, exaltation de la plèbe : « ceux qui ne sont pas du côté du manche, les sans-pouvoir, ne touchant pas au pouvoir du fric et des flics ». Et dans *les Maîtres penseurs,* rupture avec l'idée de révolution, il dénonce la mafia des grands philosophes classiques, ces gardes-chiourme qui mettent les hommes dans les prisons de pensées rigides.

Ceux-là, les livres de Glucksmann, ceux de deux autres anciens maoïstes, Christian Jambet et Guy Lardreau (*L'Ange,* Grasset 1976), proches des révélations de Maurice Clavel, associant révolution chrétienne et maoïsme, récusant l'idée de progrès, étaient déjà significatifs. Voici mieux avec le livre de Bernard-Henri Lévy, *la Barbarie à visage humain.* Essai qui rassemble les idées dans l'air. Celles qui circulent depuis deux ou trois ans dans ce nouveau groupe de jeunes intellectuels. D'autant plus solidaires qu'ils appartiennent à la même génération, qu'ils ont eu souvent le même parcours : communisme, École normale supérieure, agrégation de philosophie, maoïsme. Et qu'ils ont été presque tous un temps disciples de Louis Althusser, le philosophe qui voulait enseigner, dans les années 60, *Comment lire le capital.* Bernard-Henri Lévy, philosophe, donc, mais aussi chroniqueur, est, de plus, l'éditeur de ses camarades. Il est au point où se concentrent les nouvelles pensées. Il les recueille, leur donne l'envol, les commente dans la presse. Est-ce étonnant si son livre est la systématisation, la montée aux extrêmes de ce que les autres, *l'Ange,* Glucksmann dans *la Cuisinière...* ou *les Maîtres penseurs,* Jean-Paul Dollé dans *la Haine de la pensée,* ont annoncé?

M. Gallo,
L'Express, 16 mai 1977.

L'ANNÉE DE LA COMÈTE

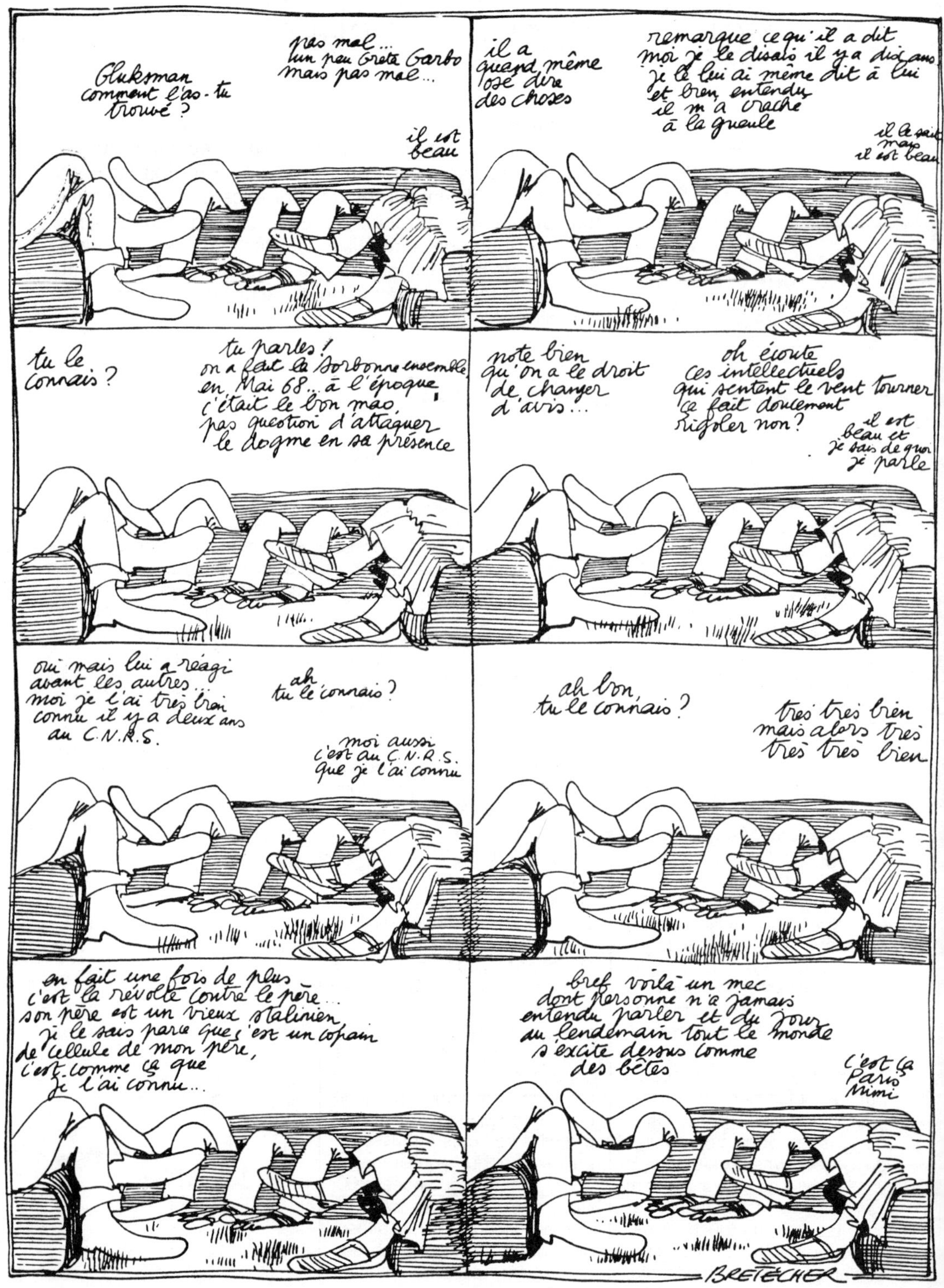

Le succès des « nouveaux philosophes », dont on a parfois contesté qu'ils soient « nouveaux » et « philosophes », vient sans doute en partie de la répercussion politique des ouvrages qu'ils ont commencé à publier avant les élections législatives de mars 1978. La thèse générale des « nouveaux philosophes » que les théories de Marx ont mené à la dictature a provoqué de vives réactions dans le Parti communiste. La déclaration suivante d'un dirigeant communiste en témoigne :

des arguments traditionnels

« Si je les ai bien compris (« les nouveaux philosophes ») ils expliquent tous la même chose : la science, la raison sont toujours dictatoriales parce qu'elles veulent imposer leurs vues ; le marxisme, le communisme, sont scientifiques ; par conséquent, le communisme est forcément dictatorial. *Le Capital,* le grand livre scientifique de Marx, que ces jeunes gens affirment avoir lu, est un cri de révolte, un grand appel à la liberté. Derrière les colonnes de chiffres et les démonstrations, « vivent » des hommes et des femmes à qui Marx dit : vous pouvez, vous devez vous libérer ! Le marxisme, c'est bien ce chemin de la liberté. Le Parti communiste français est né à Tours avec la fée liberté sur son berceau. Ces nouveaux philosophes me paraissent bien vieillots. Ils emploient contre nous les arguments anticommunistes les plus traditionnels. On dirait qu'ils « en veulent » à la classe ouvrière de s'appuyer sur le socialisme scientifique. »

L'Humanité-Dimanche, 8 juillet 1977.

LE THÉÂTRE

La décentralisation théâtrale a encouragé le développement de compagnies dramatiques dans les grandes villes de province. En particulier le Centre Dramatique de l'Est à Strabourg, le Centre Dramatique de l'Ouest à Rennes, la Comédie de Saint-Étienne (dans le Centre), le Grenier de Toulouse (dans le Sud-ouest) et le Théâtre National Populaire de Villeurbanne (près de Lyon), dirigé par Roger Planchon, sont très connus pour leur créativité et des mises-en-scène innovatrices. Le Théâtre de la Salamandre qui a commencé au Havre anime aujourd'hui à Lille-Tourcoing la vie théâtrale du nord de la France.

le théâtre de la Salamandre

La Salamandre tient son nom de l'emblème de François-Ier, fondateur du port du Havre, ville où la compagnie voit le jour en 1969. Pendant plusieurs années la troupe produit des spectacles qu'elle tourne partout en France avec un succès grandissant. Familière du Festival d'Avignon à partir de 1971, la compagnie y acquiert sa renommée avec « Place Thiers » et « 40-45 » d'Yvon Birster, « La guerre Picrocholine » d'après Rabelais et surtout en 1973 avec « La vie de Jean-Baptiste Poquelin dit Molière ». En septembre 1974 avec Jean-Pierre Vincent, Georges Lavaudant, Robert Girones, et Bruno Bayen, Gildas Bourdet fait partie de la vague de jeunes metteurs en scène que Michel Guy, ministre des Affaires culturelles d'alors, place à la tête des institutions de la décentralisation théâtrale. Gildas Bourdet et le Théâtre de la Salamandre (devenu Centre Dramatique National du Nord), s'installent à Tourcoing. Depuis cette date, l'activité de la compagnie tient tour à tour deux caps différents. D'une part elle s'attache à produire ses propres textes, que ce soit des adaptations – « Martin Eden » d'après Jack London ou « Les Bas-Fonds » de Maxime Gorki – ou des pièces originales, comme « Attention au Travail » qui a reçu le Prix Georges Lerminier ; mais surtout la compagnie a permis l'apparition de Gildas Bourdet – auteur dramatique qui y crée ses trois premières œuvres : « Didascalies », « Derniers Détails » et « Le Saperleau » pour laquelle il obtient en 1983 le Prix Lugné Poe.

D'autre part, la Salamandre s'attache à ne pas délaisser les textes du passé et, avec « La Station Champbaudet » d'Eugène Labiche, « Un Cœur sous une soutane » d'Arthur Rimbaud ou encore « Britannicus » de Jean Racine, elle organise de fréquentes incursions dans le répertoire.

En janvier 1982 la Salamandre devient Théâtre National de la Région Nord - Pas-de-Calais. Le développement de l'institution permet la création d'une troupe de onze acteurs permanents et l'invitation de metteurs en scène extérieurs comme Hans Peter Cloos qui crée en 1983 une pièce d'Odon Von Horvath, « Casimir et Caroline ». En plus de ces créations, la Salamandre organise une saison théâtrale qui permet de présenter au public du Nord quelques-uns des spectacles les plus significatifs du moment.

(Extrait d'un programme de théâtre.)

A Paris, la Comédie Française (sous la direction de Jean-Pierre Vincent, auparavant directeur du Centre Dramatique de l'Est) maintient le répertoire classique traditionnel tout en le renouvelant. Au Théâtre National de Chaillot (animé par Antoine Vitez) et dans les nouveaux théâtres de la banlieue parisienne comme le Théâtre Gérard-Philipe Saint-Denis et le Théâtre de la commune d'Aubervilliers, on présente des pièces ayant une orientation sociale et politique et faisant appel à un public populaire. A la Cartoucherie de Vincennes, les pièces mises en scène par une femme, Ariane Mnouchkine, et jouées par le Théâtre du Soleil attirent un public nombreux et enthousiaste.

LE CINÉMA

En 1959, quatre films d'un style nouveau et tournés par de jeunes cinéastes, « Les Quatre cents coups » (François Truffaut), « A bout de souffle » (Jean-Luc Godard), « Les Cousins » (Claude Chabrol et « Hiroshima mon amour » (Alain Resnais), avaient créé une « Nouvelle Vague ». Les films tournés par ces réalisateurs ont continué à attirer un public fidèle pendant les années 1960 et 1970. La mort en 1984 de François Truffaut, le plus populaire de ces cinéastes, marque la fin d'une époque significative. Des films tournés par des femmes comme Agnès Varda, Loleh Bellon, Nadine Trintignant et Diane Kyris constituent également un courant important du cinéma français.

De jeunes réalisateurs et réalisatrices succèdent à ceux de l'ex-nouvelle vague.

Mais faut-il parler de nouveau « nouveau cinéma » avec les films de Jacques Doillon, de Bertrand Tavernier, ou avec le film « Diva » de Jean-Jacques Beineix ?

Ce que cherche plutôt le grand public, c'est un cinéma moins intellectuel et plus divertissant qui met en valeur le talent d'acteurs-vedettes comme Yves Montant, Jean-Paul Belmondo, Alain Delon ou Gérard Depardieu et d'actrices comme Catherine Deneuve, Isabelle Huppert ou Nathalie Baye.

La fréquentation des salles de cinéma par les Français, après avoir diminué, s'est stabilisée. La concurrence de la télévision semble n'être plus aussi vive. Les goûts des Français ont évolué : ils vont de plus en plus voir les films étrangers.

qui va au cinéma ?

Une série d'études menées par le C.E.S.P. (Centre d'Études des Supports de Publicité) et le C.N.C. (Centre National de la Cinématographie) ont permis de dégager les motivations et les goûts des spectateurs.

QUAND

va-t-on au cinéma ? De préférence le samedi soir (35 %) et le week-end. Le soir de toutes façons (68 %).

COMBIEN

de fois ? Les sondages ont détecté 8 % de spectateurs assidus allant au cinéma une fois par semaine ou plus, 29 % de clientèle régulière voyant 1 à 3 films par mois, et 63 % de spectateurs occasionnels voyant moins d'un film par mois.

COMMENT

y va-t-on ? La plupart du temps à 2 ou en petit groupe. Et sans les enfants quand ceux-ci ont moins de quinze ans.

QUI

va au cinéma ? Plus d'un spectateur sur 2 a moins de 25 ans. Les cadres supérieurs, cadres moyens, employés et étudiants représentent 37,5 % des spectateurs. On note bien sûr une fréquentation essentiellement urbaine, et une hausse de la fréquentation féminine, autrefois moins importante que la fréquentation masculine.

POUR VOIR QUOI ?

Que demande le spectateur du film qu'il aimerait voir ?

1. Qu'il le fasse rire ... 36 %
2. Qu'il comporte une intrigue policière qui le tienne en haleine (film « à suspense ») 23 %
3. Qu'il pose le problème des relations entre individus dans la société, la famille, le couple..... 12 %
4. Qu'il raconte une histoire d'amour ou d'amitié .... 12 %
5. Que son action se déroule dans un siècle passé.......... 8 %
6. Qu'il raconte une histoire pleine d'action et de violence 13 %
7. Qu'il aborde les grands problèmes politiques et sociaux 8 %
8. Qu'il raconte une histoire fantastique, surnaturelle .... 8 %
9. Qu'il soit très libre et même osé du point de vue sexuel ...... 8 %

Télérama, n° 1559, 28 novembre 1979.

Deux mille professionnels du cinéma ont désigné en 1979, les dix meilleurs films français depuis l'invention du cinéma parlant.

Voici leur classement :

les dix meilleurs films du cinéma français

1. Les Enfants du paradis de Marcel CARNÉ.
2. La Grande Illusion de Jean RENOIR.
3. Casque d'or de Jacques BECKER.
4. La Règle du jeu de Jean RENOIR.
5. La Kermesse héroïque de Jacques FEYDER.
6. Pierrot le Fou de Jean-Luc GODARD.
7. Hiroshima mon amour d'Alain RESNAIS.
8. Jeux interdits de René CLÉMENT.
9. Quai des brumes de Marcel CARNÉ.
10. Le Salaire de la peur d'Henri-Georges CLOUZOT.

LA MUSIQUE ET LA CHANSON

La création musicale, comme la création picturale, est devenue mondiale. En France, le gouvernement s'est efforcé de redonner de l'éclat à l'Opéra de Paris, il a créé un nouveau conservatoire de musique à La Villette, et a lancé la construction d'un nouvel opéra à La Bastille. Des orchestres se sont développés dans des villes de province. On a installé au centre Beaubourg l'I.R.C.A.M., Institut de Recherche et de Coordination, Acoustique-Musique, qui doit être le centre de création et de diffusion de la musique moderne en France. La direction en a été confiée au musicien Pierre Boulez.

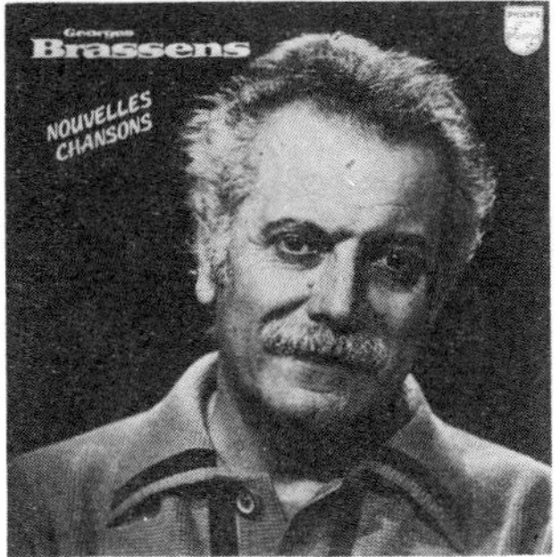

Dans les années 60, la chanson « yé-yé » à l'américaine avec ses vedettes (comme Johnny Hallyday et Sheila) et son industrie du disque, avait inondé le marché. Elle n'avait cependant pas réussi à faire disparaître complètement les autres courants de la chanson française : la chan-

son poétique avec Georges Brassens, Jacques Brel, Juliette Gréco, Léo Ferré, Guy Béart, Barbara, Anne Sylvestre; la chanson populaire avec Mireille Mathieu, Serge Lama et Gilbert Bécaud; la chanson politique avec Jean Ferrat; la chanson régionaliste avec Alan Stivell. Des chanteurs québécois comme Gilles Vigneault, Robert Charlebois et Diane Dufresne touchent aussi un large public.

Pendant les années 70, on a vu apparaître une nouvelle génération de chanteurs, qui ne cherchaient pas à devenir des vedettes créées par les excès publicitaires de l'industrie du disque.

Maxime Le Forestier était devenu l'un des porte-parole des chanteurs en révolte contre la société de consommation. Il explique ci-dessous ce qui caractérise, selon lui, la chanson de langue française.

la langue française et la chanson

Record :
Qu'évoque pour toi le terme de « chanson française » aujourd'hui ?
Maxime :
Dans le terme « chanson française », il y a l'idée de chanson (paroles et musique) et de langue française. Ce qui implique une difficulté supplémentaire, car ce n'est pas une langue terriblement rythmique et terriblement sonore. Il faut la travailler, il faut chercher d'abord des mots qui sonnent. Il est plus long d'écrire un texte qui sonne en français qu'en anglais ou en russe, c'est-à-dire dans des langues accentuées. En français, on a le « e » muet qui est d'une difficulté énorme. Quand j'écris une chanson, il m'arrive de mettre un accent tonique sur un « e » muet ; c'est une erreur que j'essaie de corriger.
Record :
La chanson québécoise n'a-t-elle pas tourné cette difficulté ?
Maxime :
Oui, par exemple Diane Dufresne, Beau Dommage. Ils ne prononcent que les syllabes fortes. Si tu écris le texte comme ils le chantent, tu écris plein d'apostrophes et tu supprimes toutes les voyelles muettes. c'est intéressant.
Record :
Parce qu'on gagne en musicalité ?
Maxime :
Sûrement. Moi, je n'arrive pas à le faire parce que j'ai une formation littéraire classique. Ce qui fait que j'aime mieux que ce soit équilibré.
Record :
Et si on recherche la musicalité, tu crois que c'est le seul moyen d'y parvenir ?
Maxime :
Ah ! non, regarde Brassens, Nougaro qui écrivent une poésie d'une beauté extraordinaire et qui sonne formidablement... Brassens dit souvent qu'il sait très bien que *l'Auvergnat* est un beau texte, mais que s'il y avait eu une mauvaise musique derrière, *l'Auvergnat* n'existerait pas. Il est très important de distinguer poésie et chanson. La chanson est un art qui consiste à faire sonner ensemble des paroles et de la musique.

Entretien avec *Maxime Le Forestier, Record-Bayard Presse*, Paris.

LA FRANCOPHONIE

Toute culture, comme la chanson, s'exprime par l'intermédiaire de la langue. Mais la culture française n'est pas la seule à utiliser la langue française. Bien d'autres cultures dans le monde ont utilisé ce moyen d'expression pour créer une littérature originale. C'est un des aspects les plus vivants de la francophonie.

littératures de langue française hors de France

Si, pendant longtemps, Paris et la France ont servi de modèles aux écrivains de langue française, si, de nos jours encore, pas mal d'écrivains et d'artistes de toutes nationalités quittent leur patrie d'origine pour y trouver l'univers mental et le climat stimulant qui leur sont indispensables, il faut néanmoins se rendre compte que le *Discours* de Rivarol n'est plus de saison : sous l'influence de deux guerres mondiales, des bouleversements politiques et sociaux qu'elles ont provoqués dans le monde, du romantisme profond qui domine notre siècle, les aventures historiques, nationales et individuelles ont pris une signification nouvelle. En trois générations à peine, l'espace de la langue et de la littérature française s'est singulièrement transformé : il s'est surtout élargi et diversifié ; alors que jadis le bassin parisien et les régions romanes de la Suisse et de la Belgique constituaient les principaux carrefours de la création et de la diffusion, à présent, en Afrique comme au Québec, aux Antilles comme au Maghreb, au Liban comme au Vietnam, des écrivains et des éditeurs se sont groupés et produisent des œuvres qui nous dépaysent et nous surprennent autant par leur authenticité que par leur nouveauté ; à la littérature d'imitation ont succédé dans de nombreuses régions des littératures fidèles à leur terroir, aux coutumes, aux croyances et à la condition des hommes qui y vivent, des littératures engagées dans le difficile mais nécessaire combat de la liberté, de la justice et de la solidarité, partagées entre les idéologies traditionnelles et les idéologies révolutionnaires, à la recherche de moyens d'expression toujours mieux accordés à la sensibilité des lecteurs potentiels, des littératures qui mettent tout en œuvre pour exprimer et communiquer leur identité culturelle.

Désormais, la « Francophonie » partage avec la France la responsabilité de l'avenir international du français.

F.I.P.F., *Littératures de langue française hors de France,* Sèvres, 1977.

les pays francophones

30 États se sont réunis pour former l'Agence de Coopération Culturelle et Technique francophone, et ont admis un certain nombre d'États comme membres associés. L'agence a pour but de développer la coopération entre ses membres dans tous les domaines. De nombreuses associations entretiennent également les relations entre professeurs, parlementaires, journalistes, scientifiques de langue française autour du monde.

Pays où le français est la langue officielle (seul ou avec une autre langue)

- France, départements territoires d'outre-mer
- Belgique
- Luxembourg
- Suisse
- Canada (Québec)
- Burundi
- Cameroun
- Congo
- Côte-d'Ivoire
- Bénin
- Gabon
- Guinée
- Burkina Faso
- Madagascar
- Mali
- Mauritanie
- Niger
- Rép. Centrafricaine
- Rwanda
- Sénégal
- Tchad
- Togo
- Zaïre

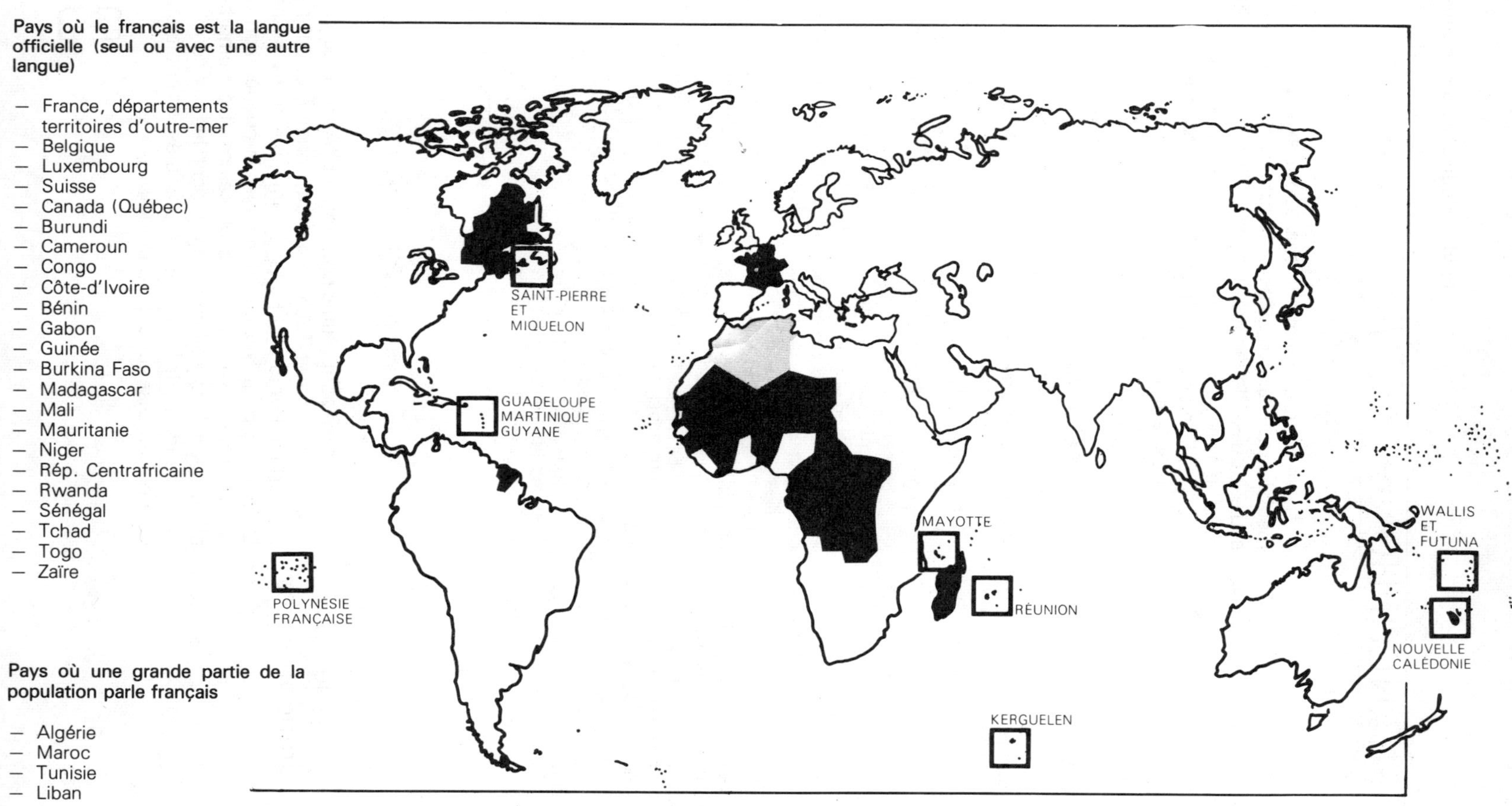

Pays où une grande partie de la population parle français

- Algérie
- Maroc
- Tunisie
- Liban

APPAREIL PÉDAGOGIQUE 13

Présentation

La France a longtemps été connue pour sa culture. Il ne faut cependant pas s'attendre, dans un manuel de civilisation, à ce que la vie culturelle prenne une place particulière. Il ne faut pas non plus s'attendre à ce qu'elle soit étudiée dans le même esprit que dans les manuels de littérature, dans les histoires de l'art, ou dans les études pour le théâtre ou le cinéma...

Dans ce chapitre, notre attention s'est portée sur les nouvelles tendances des lettres, des arts de la musique et sur les nouvelles formes de la vie culturelle : télévision, chanson, nouvelle conception des musées... On remarquera aussi que, si la plupart des modes sont plutôt parisiennes, la province a une vie culturelle importante : maisons de la culture, orchestres, festivals, musées, ont un rôle actif.

P. 228 LA PLACE DE L'INTELLECTUEL DANS LA SOCIÉTÉ

APOSTROPHES : la plus célèbre et la plus écoutée des émissions littéraires de la télévision française. Elle est présentée tous les vendredis à 21 h 30 sur Antenne 2 par Bernard Pivot, devenu l'une des stars de la télévision.
un colloque : *ici,* conférence entre intellectuels. Peut-être aussi employé dans le sens de conférence entre groupes politiques ou économiques. Un colloque peut être aussi un simple entretien entre deux ou plusieurs personnes.
intellos : intellectuels dans la langue familière.
groupies béates : *ici,* intellectuelles muettes d'admiration devant leurs maîtres à penser.
homologue : personne qui exerce les mêmes activités dans les mêmes conditions de vie.
véhiculer : transporter au moyen d'un véhicule. *Ici,* les véhicules sont les différents médias.

Questions et discussion sur le texte

1. Connaissez-vous les différents médias dont on parle dans ce texte ? Si oui, lesquels ? Comparez leur importance par rapport à ceux de votre pays. Pouvez-vous expliquer les différences et en donner les raisons socio-politiques et/ou économiques ?
2. Pouvez-vous comprendre et expliquer ce qu'avance l'Express : « la frontière est nette : ils (les intellectuels) n'ont pas accès aux médias » en faisant jouer votre sens critique ?
3. Savez-vous si « Apostrophes » se limite à présenter des intellectuels français ?
4. Connaissez-vous d'autres émissions radiophoniques ou télévisuelles ouvertes aux intellectuels français et étrangers ?
5. Cet article donne-t-il à penser que les médias français ne s'intéressent qu'à la vie intellectuelle de la France et du monde et que les intellectuels n'ont qu'un public de groupies béates ?
6. Quelle idée cet article donne-t-il d'une certaine presse ?

P. 228 LE SILENCE DES INTELLECTUELS DE GAUCHE

MAX GALLO : écrivain français qui, avec l'arrivée des socialistes au pouvoir, devint porte-parole du gouvernement jusqu'à fin 1984.
un lièvre : mammifère rongeur aux longues pattes postérieures, qui lui permet une course rapide. Il gîte dans les dépressions du sol. Il rappelle le lapin domestique.
lever un lièvre : soulever une question, une difficulté, un problème.
un porte-parole : personne qui parle au nom d'une autre personne.
sous bénéfice d'inventaire : sous réserve de vérification.
une idée reçue : un cliché.

Débat

Dans l'histoire du monde, retrouvez les principaux lieux de fermentation d'idées en précisant leur époque et leurs caractéristiques. Discutez-les.

P. 229 LE NOUVELLISME

LE NOUVELLISME : la mode du nouveau.
ALAIN ROBBE-GRILLET (né en 1922) : romancier et théoricien du nouveau roman, *Pour un nouveau roman* (1963). Après avoir écrit le scénario de *l'Année dernière à Marienbad,* film réalisé par Alain Resnais en 1961, il tourne lui-même des films, *L'Immortelle, Trans-Europ-Express, Le Jeu avec le feu.*
1789 : la Révolution française.
1793 : la Convention ; la révolution bourgeoise.
1848 : la Révolution qui a mis définitivement fin à la monarchie.
LE SECOND EMPIRE : 1852-1870 ; l'empereur Napoléon III.
LA COMMUNE : 1871 ; révolte des Parisiens de tendance socialiste.
LE MARÉCHAL DE MAC-MAHON : monarchiste, deuxième président (1873-1879) de la IIIe République.
LE FRONT POPULAIRE : 1936 ; conquêtes sociales grâce à l'union des socialistes et des communistes.
LE MARÉCHAL PÉTAIN : chef de l'État français (1940-1944) pendant l'occupation nazie.
ADAM SMITH (1723-1790) : fondateur du libéralisme économique.
GEORGES FRIEDMANN (né en 1902) : économiste français recommandant le retour au libéralisme pur.
RAYMOND BARRE : ministre des Finances, puis Premier ministre jusqu'en 1981.
faire école : être imité par de nombreuses personnes.
passer le cap de la cinquantaine : avoir plus de cinquante ans.
la percée foudroyante : arrivée spectaculaire.
étiqueter : (ici) appeler.
ironiser : faire des commentaires ironiques.

vibrer : répondre avec enthousiasme.
le contempteur : celui qui critique.
le réquisitoire : accusation longuement développée.
asséner : dire brutalement.
mettre en garde : avertir d'un danger.
intervenir : avoir lieu.

P. 230 A LA TÉLÉ CE SOIR

LES TROIS SUISSES : grand magasin qui vend par correspondance.
TÉLÉ-POCHE : voir p. 220.
L'ÉTANG DE LA BREURE : nom d'un feuilleton (film à épisodes).
TINO ROSSI (né en 1907, mort en 1984) : chanteur de charme très populaire.
le bon achat : document qui permet d'acheter sans payer.
traîner : *ici,* n'être pas rangé.
se payer la gueule des gens (fam.) : se moquer des gens.

P. 231 LE TRIOMPHE DE BEAUBOURG

LE PRÉSIDENT : le président Pompidou a décidé la création de ce musée.
LA VIEILLE VILLE HISTORIQUE : les anciens quartiers où a commencé l'histoire de Paris.
LE CONCORDE : allusion à l'avion supersonique français dont la fabrication a coûté très cher.
l'astronef (m.) : fusée pour voyage interplanétaire.
prendre le relais : venir après.
les curieux : (ici) les gens qui visitaient le centre par curiosité uniquement.
l'inscription (f.) : mettre son nom sur une liste.
sans coup férir : sans difficulté.
assaillir : envahir.
le conservateur en chef : personne responsable de la bibliothèque.

P. 238 CLAIRE BRÉTECHER « JE SUIS FRUSTRÉE »

B.D. : bande dessinée.
F : magazine féminin.
frustrer : décevoir, tromper.
réussir son coup : réussir sa tentative.
se creuser la tête : chercher laborieusement.
le couteau sous la gorge : contraint à agir.
un métier de chien : un métier difficile, détestable, misérable.

Exercice de langue

1. Relevez les mots anglais utilisés dans ce texte.
2. Combien d'entre eux sont passés dans la langue française ou auraient pu être remplacés par les mots français correspondants ?
3. Observez la place de l'adjectif drôle, avant ou après « métier ».
4. Veuillez trouver d'autres exemples d'adjectifs qui n'ont pas le même sens, selon qu'ils sont placés avant ou après le nom.

P. 237 RÉVOLTE CONTRE LES MAÎTRES PENSEURS

LA RÉVOLUTION DE 1917 : la révolution soviétique.
LE GOULAG : camp de déportation.
LES RÉVOLUTIONNAIRES DE MAI : étudiants qui ont participé à la révolte de mai 1968 en France.
LE MILITANT MAOÏSTE : personne qui lutte en faveur de la doctrine du communisme chinois.
ANDRÉ GLUCKSMANN : né en 1937. Il a publié en 1977 un livre intitulé *les Maîtres penseurs.*
ALEXANDRE SOLJENITSYNE (né en 1918) : romancier russe expulsé de l'Union Soviétique en 1974.
MAURICE CLAVEL (1920-1979) : journaliste et romancier appartenant à la gauche chrétienne.
LE MAOÏSME : la forme du communisme définie par Mao Tse-Toung (1893-1976).
BERNARD-HENRI LÉVY : né en 1948.
L'ÉCOLE NORMALE SUPÉRIEURE : grande école (*cf.* chap. 12).
LOUIS ALTHUSSER (né en 1918) : philosophe communiste français dont les analyses s'inspirent au structuralisme.
L'AGRÉGATION (f.) : concours très difficile de futurs professeurs quand ils ont obtenu la licence et la maîtrise.
majoritaire : être en majorité.
la mainmise : contrôle.
le maître penseur : philosophe qui oriente les idées.
la plèbe : les gens du peuple.
à l'ombre de : en subissant l'influence de.
du côté du manche : du côté de ceux qui ont le pouvoir.
le fric *(fam.)* : argent.
le flic *(fam)* : agent de police.
la mafia : organisation puissante et secrète de malfaiteurs.
le garde-chiourme : gardien de prison.
récuser : refuser.
le parcours : itinéraire.
donner l'envol : faciliter leur début.

P. 239 DES ARGUMENTS TRADITIONNELS

KARL MARX (1818-1883) : philosophe allemand, auteur du *Capital* (1867), fondateur du communisme contemporain.
LE PARTI COMMUNISTE FRANÇAIS : voir chap. 11.
TOURS : ville sur la Loire où a eu lieu en 1920 le congrès du Parti socialiste. Pendant ce congrès la scission du Parti socialiste a donné naissance au Parti communiste.
vieillot : démodé.
en vouloir : avoir de l'animosité contre.

P. 240 LE THÉÂTRE DE LA SALAMANDRE

FRANÇOIS 1er : roi de France de 1515 à 1547.
LE HAVRE : grand port situé sur la rive droite de l'estuaire de la Seine.
LUGNE-POE (1869-1940) : directeur du *Théâtre de l'Œuvre* à Paris, il a renouvelé la mise-en-scène théâtrale.
tourner : *ici*, présenter.
tenir deux caps : viser deux objectifs.
organiser de fréquentes incursions : *ici*, choisir souvent des pièces.

P. 246 LA LANGUE FRANÇAISE ET LA CHANSON

BEAU DOMMAGE : groupe de chanteurs et de musiciens québécois.
CLAUDE NOUGARO (né en 1932) : chanteur de chansons poétiques sur des rythmes de jazz.
L'AUVERGNAT : chanson de Georges Brassens.
terriblement (fam.) : très.
sonner : (ici) faire aller ensemble, harmoniser.
la gazette : journal.
le canard (fam.) : journal.

P. 247 LITTÉRATURES DE LANGUE FRANÇAISE HORS DE FRANCE

LA FRANCOPHONIE : ce terme créé à partir du mot *francophone* (qui parle français) désigne le mouvement qui regroupe sur les plans culturel et technique la France et les pays où le français est la langue officielle ou l'une des langues principales. Cette communauté culturelle francophone favorise le dialogue des cultures.
LE DISCOURS DE RIVAROL : discours sur l'universalité de la langue française écrit en 1784 par Antoine de Rivarol.
LE BASSIN PARISIEN : terme géographique décrivant la région parisienne.
LES RÉGIONS ROMANES : régions où l'on parle une langue romane, ici le français.
n'est plus de saison : est démodé, dépassé.
qui nous dépaysent : qui changent nos habitudes en présentant un milieu et un style de vie nouveaux.
le terroir : terre d'origine.
accordé à : en harmonie avec.

EXERCICES SUR LE CHAPITRE

Étude de chansons

1. Écoutez des chansons françaises et des chansons d'autres pays sur le même thème. Quelle importance accorde-t-on aux paroles et à la musique dans chaque cas ?
2. La chanson poétique a toujours attiré un public enthousiaste en France, que ce soit des poèmes mis en musique (comme ceux d'Éluard, de Prévert ou d'Aragon) ou des chansons dont les paroles ressemblent à des poèmes (Brassens, Brel...). Qu'est-ce qui pourrait expliquer la popularité de cette tradition ?

Voyages en France

1. Imaginez que vous ayez un voyage à faire en France dans le but de mieux connaître sa culture. Mettez au point votre programme d'activités et de déplacement pendant les dix jours de votre séjour, dont vous fixerez les dates.
2. Procurez-vous une brochure sur le Centre Pompidou. Que voudriez-vous y faire ?

Débats de civilisation

1. La télévision peut-elle enrichir la vie culturelle d'un pays ?
2. Y a-t-il aujourd'hui une forme de musique qui ait le monopole de l'expression musicale ? Quelles sont les différentes formes d'expression musicale ? Pensez-vous que les « mass media » donnent à chacune de ces formes la place qui correspond à son importance dans la vie culturelle ?
3. Analysez et discutez le rôle des formes d'art « à la mode » dans la vie culturelle contemporaine.
4. Pourquoi la presse fait-elle en général une grande place aux « nouveaux » courants littéraires ou artistiques ? Si l'on se limite à l'information qu'elle donne, ne court-on pas un risque ? lequel ?
5. Le livre est-il appelé à disparaître ? Qu'est-ce qui pourrait le remplacer ?

LE JEU DES PREUVES *cf.* p. 5

— Les intellectuels jouent-ils un rôle important dans la société française ?
— Les Français lisent-ils volontiers des livres ?
— Est-ce que Beaubourg (le Centre National d'Art et de Culture Georges Pompidou) a eu du succès ?
— Est-ce que la bande dessinée est très populaire en France ?
— Est-ce que les Français aiment aller voir des films comiques ?
— Les livres, les films ou les chansons en français sont-ils uniquement l'œuvre de Français ?

LE JEU DE L'INTERVIEW *cf.* p. 5

— Vous interrogez une vedette de cinéma sur son métier et les rôles qu'il (ou elle) aime jouer.
— Vous interrogez un libraire sur ses livres et ses clients.

LE JEU INTERCULTUREL *cf.* p. 6

— Quels loisirs culturels préférez-vous ?
— Quel genre de livres aimez-vous lire ?
— Allez-vous souvent au cinéma ? Pour voir quoi ?
— Pensez-vous que le gouvernement fait assez pour développer la vie culturelle du pays ?

sources de documentation

Nous voudrions signaler ici quelques sources de documentation qui permettront aux lecteurs de se tenir au courant **(a)** de l'évolution de la société française et **(b)** des nouvelles études qu'elle inspire.

a. *Quid* (Encyclopédie annuelle),
D. et M. Frémy, Robert Laffont, Paris.

Les Dossiers et Documents du « Monde ».
Publication mensuelle par *Le Monde*,
5, rue des Italiens, 75009 Paris.

Nouvelles de France,
Association pour la diffusion de la pensée française,
9, rue Anatole-de-la-Forge, 75017 Paris.

Notes et études documentaires,
La Documentation Française,
29-31, quai Voltaire, 75007 Paris.

b. *R.E.F.L.E.T.* (revue des enseignants de français langue étrangère, 5 numéros par an). Comporte pour chaque numéro une partie écrite et une cassette enregistrée de 60 minutes. Publiée par l'Alliance Française, le C.R.E.D.I.F. et la Librairie Hatier, 6, rue d'Assas, 75006 Paris.

Le Français dans le monde (huit numéros par an), Hachette/Larousse, 79, boulevard Saint-Germain, 75006 Paris.

The French Review (six numéros par an),
American Association of Teachers of French, 57, East Armory, Champaign, Il 61820. Vol. L, n° 1 (octobre 1976) et vol. L. II, n° 1 (octobre 1978), contiennent une bibliographie très complète commentée par le professeur G. Santoni.

Informations S.O.D.E.C.,
Centre international d'études pédagogiques,
1, rue Léon-Journault, 92310 Sèvres.

Civilisation contemporaine et la vie quotidienne. Éléments de documentographie.
Bureau pour l'enseignement de la langue et de la civilisation française à l'étranger, 9, rue Lhomond, 75005 Paris.

Littératures de langue française hors de France, anthologie publiée en 1977 par la Fédération internationale des professeurs de français, C.I.E.P.,
1, rue Léon-Journault, 92310 Sèvres.

documents sonores

Cassettes.

Radio-France, 116, avenue du Président-Kennedy, 75786 Paris Cedex 16. Citons en particulier les cassettes de *Radioscopie* (émission quotidienne de Jacques Chancel) et des *Dialogues de France-Culture*.

Disques.

Collection *Français de notre temps.* (Entretiens avec des personnalités françaises.) Réalisations sonores Hugues Desalle, 5, rue d'Artois, 75008 Paris.

documents visuels

Civilisation française quotidienne, Sermap-Hatier.
La vie de familles représentant des catégories socio-économiques différentes (cf. p. 7).

table des matières

la famille

à la maison

la cuisine et la gastronomie

les courses et la consommation

5 les loisirs et les vacances

6 l'environnement quotidien

7 activités professionnelles et groupes sociaux

8 le pouvoir à l'intérieur de l'entreprise

9 l'activité économique

10 le citoyen et le pouvoir politique

11 l'enseignement

12 l'information

13 la vie intellectuelle et culturelle

table des illustrations

COUVERTURE :
Dessin de J.-Cl. Sénée

Impression et reliure : Pollina s.a., 85400 Luçon - n° 14922 — Dépôt légal n° 11797 - Mai 1992